U0118942

交通遥感方法与应用

刘亚岚　谭衢霖　孙国庆　张　勇　周　翔　编著

科学出版社

北　京

内 容 简 介

本书以公路交通、铁路交通、水路交通、管道运输、航空交通及城市交通所构成的综合交通领域的遥感应用为立足点，通过总结国内外交通遥感应用研究中的成果与经验，以及作者研究与应用中所取得的成果，系统地形成了交通遥感的原理、方法与应用技术体系。内容上涵盖了综合交通领域卫星遥感、航空遥感、平流层飞艇遥感等不同的遥感平台，全色、多光谱、热红外、高光谱、雷达（包括新型激光雷达）等不同载荷，以及高、中、低分辨率的遥感技术方法与应用。力求对不同交通领域的遥感应用与研究具有一定的理论指导意义和应用参考价值。

本书适合于交通运输工程专业、遥感与地理信息系统相关专业人员使用，也可作为高等院校与从事遥感应用研究的科研院所教学、科研及应用的参考用书或培训教材。

图书在版编目（CIP）数据

交通遥感方法与应用／刘亚岚等编著 . —北京：科学出版社，2012
（地球信息科学基础丛书）
ISBN 978-7-03-035573-7

Ⅰ.①交…　Ⅱ.①刘…　Ⅲ.①遥感技术–应用–交通工程
Ⅳ.①U491-39

中国版本图书馆 CIP 数据核字（2012）第 219511 号

责任编辑：彭胜潮　陈婷婷／责任校对：宋玲玲
责任印制：钱玉芬／封面设计：王　浩

科学出版社 出版
北京东黄城根北街 16 号
邮政编码：100717
http://www.sciencep.com

骏杰印刷厂 印刷
科学出版社发行　各地新华书店经销
*

2012 年 9 月第　一　版　　开本：787×1092 1/16
2012 年 9 月第一次印刷　　印张：13 1/4　插页：8
字数：325 000
定价：49.00 元
（如有印装质量问题，我社负责调换）

序

    交通运输是社会、经济发展的基本需要和先决条件，现代社会的进步又使交通运输迅猛发展。信息技术在极大推动全球信息化进程、促进国民经济飞速发展的同时，也为综合交通系统的现代化和智能化带来了无限的生机和活力。遥感作为现代信息技术中时间序列空间数据获取手段，已进入了一个动态、快速、多平台地提供多时相、高分辨率的各种对地观测数据的新阶段。在渗入自然与社会和谐发展的过程中，也为自身开拓了更加广阔的应用前景。

    在国际上，遥感在交通领域中的应用与研究受到了广泛的重视。自 20 世纪 80 年代以来，美国、德国、日本、英国、瑞典等发达国家，在交通规划、交通信息获取、交通建设、运营管理与服务等领域里，已有效地应用了遥感技术。到 2002 年，在美国举行的国际摄影测量与遥感大会专门召开了"交通遥感"专题会议。2006 年，国际摄影测量与遥感杂志（ISPRS）出版了《航空和航天遥感监测地面交通》（*Airborne and Spaceborne Traffic Monitoring*）专刊。在国内，交通遥感应用在科技部、交通运输部、铁道部及国家自然基金委的资助下，取得了许多可喜的成果。20 世纪 80 年代以来，卫星遥感为我国港口等航道工程的监测和分析提供了新的手段；80 年代中期开始，遥感技术在西部输油管道工程中得到应用，明显地缩减了建设经费与周期；在交通部"六五"、"七五"、"十五"和国家"九五"重点攻关计划中，公路与铁路的遥感测量、遥感地质应用课题，都占有相当重要的位置。目前，新兴的机载激光雷达技术在公路、铁路的勘察设计领域，雷达干涉测量技术在青藏铁路线多年冻土区的形变监测、高铁路基形变与区域形变的测量等领域的应用，均取得了很好的效果。

    随着国民经济的快速发展和对基础设施建设投资力度的不断加大，遥感已成为我国交通运输发展迫切需要、亟待推广、深入应用的一种高新技术。在这种情况下，《交通遥感方法与应用》的问世，就显得非常及时、意义重大。该书是作者近几年来在总结、提炼国内外科技成果、成功经验的基础上，致力于交通遥感应用研究及其成果的集中体现，也是她多年来从事遥感信息提取、图像智能理解、遥感调查制图、遥感应急响应等领域的工作结晶。我相信，在推动遥感技术在交通领域更广泛、深入的应用，提升交通领域信息化建设的水平以及促进交通遥感产业化发展等方面，这部专著的出版将会发挥重要作用、做出积极贡献。

中国科学院院士　李小文

2012 年 8 月 1 日

前　言

　　交通运输作为国民经济发展的基础，不仅对保障国民经济持续健康快速发展、改善人民生活和促进国防现代化建设具有极其重要的作用，而且对社会发展起着支撑、保障和引导作用。当前，世界整体交通运输体系已经发展成为由公路交通、铁路交通、水路交通、航空交通、运输管道及城市交通等各种交通运输方式及其人流与物流共同组成的一个具有空间、动态、复杂等特点的网络巨系统，而且正朝着高速化、大型化、专业化和网络化的方向发展。

　　交通运输在促进全球一体化，使世界政治、经济、文化大融合的同时，交通运输安全、交通拥堵以及因交通排放导致的环境污染问题也越来越突出，已成为困扰当今交通运输发展的三大难题而备受国际社会关注。为适应现代交通管理与规划的需求，发展智能交通系统缓解日益严重的交通问题的技术和方法，也成为交通运输与管理中的研究热点。在能源短缺和环境保护的双重压力下，提高交通运输的科技含量和运输效率，坚持交通高速发展与可持续发展并举，实现绿色交通，成为各国交通系统发展的必然选择。可持续发展理念被各国普遍接受，很多国家开始审视交通运输发展模式，强调交通运输与经济、社会、环境之间的协调发展。为适应社会和国民经济发展需要，2007 年我国适时制定了《综合交通网中长期发展规划》，把节约型交通、可持续型交通和友好和谐型交通综合运输体系的建设，交通科技进步和智能交通、交通安全和交通应急反应体系等方面的建设，作为未来交通发展的重点。因此，构建以可持续、高速化、高效率和智能化为目标的综合交通运输体系，已成为当今世界交通运输发展的主要趋势。这一目标迫切需要借助现代高科技手段全面加以实现。

　　遥感技术获取信息具有现势性强、获取周期短、资料更新快，宏观性强、覆盖面积大，以及可提供丰富的地理信息等优势，已广泛应用于农林、水利、地理、地质、海洋、土地、测绘、地质矿产、全球变化、自然灾害、环境保护、军事侦察等 47 个领域，在经济、社会、国防建设和科学研究等多方面发挥着重要的作用，并与各级部门的规划、管理与决策工作以及大众的日常生活联系在一起，产生了显著的社会经济效益。随着我国国民经济的快速发展和对基础设施建设投资力度的加大，有效集成遥感与计算机技术、现代通信与控制技术、互联网技术与 GPS、GIS 等其他高新信息技术，已成为交通运输领域的主导技术方向，正引起生产效率的空前提高、市场范围的全面扩大、管理方式的根本变革、成本的大幅下降、资源配置的全面优化和管理体制、观念的重大变革。

　　交通领域的遥感研究与应用具体涉及公路交通、铁路交通、水路交通、管道运输、航空交通及城市交通的规划、设计、建设、运营管理与服务等各个环节，为合理的线路规划、优化设计、安全与高效的运营管理等提供了新的途径。一些重大交通工程项目利用遥感技术已取得了明显的社会经济效益，也有效地推动了遥感在交通领域研究与应用的发展。但目前的研究与应用还比较分散，缺乏系统性，未形成技术体系在很大程度上影响到遥感技术在交通领域的应用与发展。

　　在全球对地观测技术蓬勃发展的大背景下，遥感技术越来越受到重视，而且日益成为交通领域发展应用迫切需要的一种高新技术。可喜的是，在国家自然基金项目"基于小目标探测的高分辨率遥感影像交通参数提取研究"（40801121）和"汶川地震震害遥感判读知识谱系及其认知模型研究"（40971201）以及交通运输部西部交通建设科技项目"重大公路灾害遥感监测与评估技术研究"（2009318221097）等的联合资助下，本书作者开展了一系列的研究与应用工作，对国内外综合交通遥感关键技术和热点问题的研究与应用研究现状以及作者近年来的交通遥感应用研究与实践成果进行了系统总结与提炼，形成了交通遥感的原理、方法与应用技术体系。希望通过本书的出版，能为更多的学者了解、研究和应用交通遥感技术起到抛砖引玉的作用。

本书以综合交通领域的遥感应用为立足点，以交通遥感的技术方法及其应用为主线展开，按照交通运输方式的不同，分为公路交通遥感、铁路交通遥感、水路交通遥感、管道运输工程遥感、航空交通遥感、城市交通遥感。各章内容及写作分工如下：

第1章主要介绍国内外交通发展概况，交通信息技术的应用，国内外交通遥感应用概况，由刘亚岚和谭衢霖撰写。

第2章简介交通遥感基本原理、图像处理方法，地表高程信息等交通工程所需的基础信息以及道路、桥梁、交通场站、车辆和船舶等交通目标的遥感信息提取方法，交通遥感制图方法等，由任玉环、谭衢霖、刘珠妹、张勇、许清撰写，刘亚岚统稿。

第3章介绍公路规划、公路建设项目可行性研究、初步设计与施工图设计、施工建设、公路运营管理中的遥感应用，由孙国庆、王国锋、张蕴灵、周翔、孔亚平、任玉环、黄裕婕撰写，刘亚岚统稿。

第4章介绍铁路交通遥感应用模式、应用程序与方法，以及铁路勘测遥感图像判读、线路勘测遥感、铁路工程地质雷达遥感、隧道勘测遥感、铁路水文调查与桥梁选址、铁路线路运营管理、数字铁路建设等方面应用情况，由谭衢霖和任玉环撰写，刘亚岚统稿。

第5章介绍遥感在水运交通规划、建设与管理中的应用，包括港口、航道边缘以及舰船的检测，水上交通量监测，水体质量监测，水深探测及水下地形监测，近岸泥沙输运与海床滩槽稳定性分析，以及数字航道建设等方面的应用，由刘亚岚、任玉环、孙国庆、刘珠妹撰写。

第6章介绍遥感技术在机场规划与选址，机场建设、维护、运营以及空中交通管理中的应用，由任玉环、周翔、孙国庆、刘珠妹、张勇撰写。

第7章介绍遥感在管道规划、建设和运营管理等中的应用，由谭衢霖、孙国庆、刘萌萌撰写。

第8章介绍城市交通遥感应用，包括城市交通规划与优化、城市交通流参数监测、城市交通应急以及城市交通基础设施管理等应用领域，由张勇、周翔、刘珠妹、任玉环、宇林军、刘萌萌撰写。

第9章是对交通遥感应用与发展的展望，由刘亚岚、任玉环、刘珠妹、刘萌萌撰写。

本书在写作过程中，得到了许多专家和学者的大力支持。在此作者要特别感谢李小文院士、中国科学院遥感应用研究所阎守邕研究员、中国交通工程学会李梅秘书长对本书的编写给予的极大鼓励与支持。感谢原交通运输部公路局总工程师熊哲清高工、交通运输部科学研究院王辉主任、南京大学田庆久教授对本书提出的一些中肯的意见和建议，感谢中国科学院遥感应用研究所魏成阶研究员所做的文字修改，感谢中国科学院遥感应用研究所诸位同仁从不同方面给予的热情支持与帮助；同时还要特别感谢科学出版社的几位编辑为本书的出版所付出的辛勤劳动。

由于作者水平所限，国内外也缺少有关方面的参考书，书中难免存在错漏和不足之处，恳请交通领域专家和遥感同行的专家、学者及其他读者批评指正。

目　　录

第1章 概　　论

1.1　交通发展概况

交通与人们的生产、生活以及贸易活动、科技文化活动、社会交往和信息传递息息相关，涉及经济社会发展的方方面面。正如孙中山先生所说："交通是文明之母、财富之脉"，这是对交通的社会功能与经济功能的高度概括（徐吉谦和陈学武，2008；张轮，2007）。广义的"交通"包括人与物的运输以及语言、文字符号、图像等视听信息的传递。现在通常所说的"交通"仅指狭义上的"交通"，即我国历史上常用的"运输"含义。

现代交通诞生于19世纪初。一百多年以来，交通的发展使人类冲破了空间的限制，人类的生活空间和生产活动范围不断扩展，社会自然资源得到了再调整、再分配、再使用，促进了社会财富的增长、文明的进步和生活水平的提高。而现代社会的进步推动着交通运输的日益发展，随着公路、铁路、航空、管道运输等交通方式的相继出现，城市交通和水上交通运输也空前活跃。对于一个国家来说，交通是国民经济的基础产业和先行行业，是社会生产、流通、分配、消费各环节正常运转和协调发展的先决条件，对社会发展起着支撑、保障和引导的作用（陆化普，2009）。

目前，在各国政府的高度重视和大力投入下，世界整体交通运输体系日趋完善，交通运输已经发展成为由公路交通、铁路交通、水路交通、管道运输、航空交通及城市交通等各种交通运输方式及其各种流共同组成的一个具有空间性、动态性、复杂性等特点的网络巨系统。因而，它具有以下几个显著的特点：①其着眼点集中在交通运输线、交通运输线交叉点（多为或将为不同规模的城镇），以及通过它们的人流、物流和信息流；②其覆盖在不同地区、国家乃至全球范围的"面"上，具有空间特点，既会受这种面及其环境的严重制约，又能对其属性、状态、变化进行有效的调控，推动其可持续发展；③具有极为显著的复杂性和动态性，有来自作为网络本底或环境的"面"的客观性、多样性和易变性，也有来自网络本身，尤其是其上各种"流"的人为性、脆弱性和机动性；④作为国家生命线工程和重大基础设施，既是维持和保障整个国家生存、发展及其活力的血液循环系统，又是调整经济结构、城镇规划布局、缩小区域差异的重大举措，具有显著的基础性、战略性和连续性。

随着社会的进步与科技的发展，交通促使全球一体化，使世界政治、经济、文化融为一体，对加强国际联系、深化国际分工、促进国际贸易发展起到了十分重要的作用，并推动着社会经济的飞速进步。

1.1.1　国外交通发展概况

各国在发展经济的同时，都在不同程度上对发展交通基础设施建设给予重视。到目前为止，全世界已有近 80 个国家和地区拥有高速公路，形成了"国际高速公路网"；世界上机动化水平较高的城市大都拥有比较成熟与完整的轨道交通系统；高速铁路的飞速发展，也已突破了国界的限制；全球运输机场超过两万个，国际机场达千余个；不少国家的内河航道发展迅速；各种管网线更成为输送能源和战略物资的大动脉。

公路运输（highway transport）因其灵活性，在几种交通方式中占有不可替代的地位。目前，世界各国公路总里程约为 2000 万 km，约 80 个国家和地区修建了高速公路，建成通车的高速公路总里程已达 20 万 km。其中，美国、英国、德国、法国、意大利、日本、加拿大和澳大利亚等发达国家的公路里程约占全球公路总里程的 55%，高速公路总里程约占世界高速公路总里程的 80% 以上。美国现有公路总里程和高速公路总里程分别占全球公路总里程和高速公路总里程的 30% 以上和近 50%，形成了约 6.9 万 km 的州际高速公路网。西欧各国和日本，由于国土面积小，公路网建成后，其高速公路也逐渐成网，公路运输一直为其内陆运输的主力。许多发达国家的高速公路不再是互不相连的分散线路，而是向高速公路网的方向发展，以完善、维护和提高路网的通行能力为主要目标。欧洲正将各国主要高速公路连接起来，逐步形成国际高速公路网。相比之下，俄罗斯、印度和巴西等发展中国家的公路运输在整个交通运输体系中的地位和作用远低于美、日以及西欧诸国。在增加公路通车里程的同时，大力提高干线公路的技术水平和安全性已成为各国公路交通运输发展的重要措施（周伟和马召辉，2002）。

铁路运输（railway transport）是人类文明进步的重要产物，铁路的诞生对英国、美国、德国、俄罗斯等国家的经济发展起到了决定性的作用。因铁路运输安全性高、运输速度快、运输距离长、运输能力大、成本低、污染小、不受天气条件影响等优势，铁路建设在世界范围内广受重视，成为世界经济、社会发展的重要基础设施。全球 200 多个国家和地区中，近 150 个设有铁路运输，其中 90 个国家提供铁路客运服务。由于当前能源危机、环境污染、交通安全等问题的困扰，铁路因其技术优势及其与可持续发展战略的一致性，越来越受到各国的重视。在欧盟 27 国中，公路运输排放的 CO_2 约占全部交通方式的 71%；而铁路仅为 2%，却完成了 10% 的运输量。随着 1964 年世界上第一条高速铁路（简称"高铁"）——日本铁路新干线的成功运营，法国、德国、西班牙、意大利等国相继修建了高铁。20 世纪 90 年代以来，欧洲共同体一直致力于发展全欧洲的高铁网。目前，全世界运营中的高铁总里程已达上万公里，分布在 10 多个国家和地区。美国也在筹划修建高速铁路，韩国的高铁计划今年运营。中国高铁于 2007 年开始正式运营。预计到 2024 年，全球高铁总里程可达 4.2 万 km。舒适方便、能源消耗低、运输效率高，发展高铁已是当今世界铁路发展的共同趋势（张建平和黄民，2007）。

水路运输（waterway transport）是一种古老的运输方式，不仅具有占地少、成本低、能耗小、污染轻、运能大、效益高等优势，而且沿河水运发达地区的城市也会快速发展，对所经流域的经济具有明显的带动作用。水路交通运输作为现代综合运输体系的重要组成部分，在世界社会经济发展中一直发挥着举足轻重的作用，得到许多发达国家的高度重视。各水运大国均投入了相当大的财力。自 20 世纪 70 年代起，经过 30 多年的发展，不少国家的航运业发展迅速，尤其美国和德国、法国、荷兰、比利时等欧洲国家的内河运输较为发达。仅内河航道网的建设里程，美国现有 50 吨级以上的航道达 4 万多公里，几乎是全美内河总长。波兰内河航道长 3898km，荷兰 4387km，法国 8568km。欧洲内河航运年均货运量占欧洲地区货运总量的 24%。日本则把发展重点放在沿海运输方面，其沿海运输的货物周转占全国运输量的40%以上，仅次于汽车。

航空运输（air transport）以1918年5月5日的纽约—华盛顿—芝加哥航线飞机运输首次出现。同年6月8日，伦敦与巴黎之间开始有定期邮政航班飞行[①]。第二次世界大战结束后，以各国主要城市为起讫点的世界航线网遍及各大洲，形成了全球性航空运输网络。航空运输成为世界上快速发展起来的一种满足人们对长距离旅行时间、舒适性要求及快速货物运输需求的运输方式。近年来，民用航空运输在规模上以异常迅猛的速度发展，在现代社会、经济中具有重要的地位。机场作为民用航空运输和城市的重要基础设施，是国家及区域综合交通运输体系的重要组成部分。

管道运输（pipeline transport）是利用管道作为运输工具的一种由生产地向市场输送石油、天然气等的长距离运输方式，可省去水运或陆运的中转环节、缩短运输周期、降低运输成本、提高运输效率。全球的管道运输承担着很大比例的能源物资运输任务，包括原油、成品油、天然气等，完成的运量常常大大高于人们的想象（如在美国，接近于汽车运输的运量）。欧美发达国家和中东产油区的油品运输现已基本实现了管道化。目前，全球已建成230多万公里管道，总长度已超过世界铁路总里程。其中，输气管道占近60%，原油管道和成品油管道各占15%以上，化工和其他管道不足10%。

随着全球工业化发展，城市人口迅速增加，交通日益拥挤，城市交通问题尤为突出。许多国家都采取了发展轨道交通和快速公交系统、收取交通拥堵费和鼓励发展自行车出行等政策措施来缓解交通问题。日渐成熟的智能交通系统和先进的城市交通规划手段，有望从城市交通合理规划、高效运行和智能化管理三个层次系统地解决城市交通问题。

1.1.2 国内交通发展概况

进入21世纪以来，我国交通运输步入了快速发展的轨道，综合交通网络规模不断扩大，网络布局和结构得到改善，设施装备水平不断提高，运输能力显著增强。"十一五"期间，交通运输的发展进入了从传统交通运输经济向信息经济发展的关键时期，国家把交通运输放在了优先发展的地位，形成了以公路和高速公路为主，铁路、水路、航空为辅的，连接全国城乡的具有基本网络形态的综合交通运输网，形成了点、线、面相衔接，干支层次清晰，分工日趋明确，集疏运衔接配套的客货运输系统；并在长期的运输网络布局中逐步构建了东部沿海、沿长江、京沪、京广客货运输大通道和南北能源运输大通道，形成了围绕环渤海、长江三角洲、东南沿海、珠江三角洲和西南沿海地区五大港口群，和以北京、上海、广州等枢纽机场为中心的机场体系（国家发展与改革委员会综合运输研究所，2009）。截至2009年底，我国综合交通体系的运网规模已经超过400万km，交通运输网络布局和运输联系的时空分布都发生了巨大的变化，四通八达的立体交通网为我国经济和社会的发展奠定了重要的基础。

我国在公路建设技术水平和总体质量上大大缩短了与世界先进国家的差距，取得了跨越式的发展，规模已居世界第一位。公路网络实现全覆盖和细密化，"五纵七横"的国道主干线建设已基本完成。高速公路网发展迅速，城市交通实施全面优化，农村公路网现代

---

① 航空运输 . http://wiki.mbalib.com/wiki. 智库百科

化交通水平明显提升。2010 年底，全国公路网总里程达 398.4 万 km。其中，高速公路 7.4 万 km，农村公路总里程 345 万 km。全国公路密度为 41.75km/百 km²，通达水平进一步提高（交通运输部，2010）。全国通公路的乡（镇）占全国乡（镇）总数的 99.60%。另外，城市轨道交通发展迅猛，全国建成了或正在新建城市轨道交通的市城，或者拟就了建设规划的城市，已达 30 多座。

我国铁路网络逐步合理化，已覆盖内地所有省、直辖市、自治区。截至 2010 年底，铁路运营里程达 9.10 万 km，跃居世界第二位。其中，高铁投入运营总里程达 8358km，居世界第一。

水路交通运输也是我国交通体系的重要组成部分，与公路、铁路、民航和管道等交通运输方式共同组成了国民经济大动脉。我国在沿海港口建设、远洋运输和内河航运发展方面也取得了突破性的进展。沿海港口飞速发展，有力支撑着外向型经济发展的需要。2010 年底，全国内河航道通航里程 12.42 万 km，共有 4177 处枢纽，其中具有通航功能的枢纽 2352 处，港口吞吐量居世界第一。

我国已建成的长输油气管道达数万公里，10% 的天然气、9% 以上的石油通过长输管道进行运输。截至 2008 年末，全国输油（气）管道总里程已达 6.5 万 km，其中原油管道 1.97km，成品油管道 1.3 万 km，天然气管道 3.2 万 km，已建成了横跨东西、纵贯南北、覆盖全国、连通海外的油气管道干线网，初步形成了跨区域的油气管网供应格局（国家发展与改革委员会综合运输研究所，2009）。管道运输在我国综合运输体系中正发挥着越来越大的作用，如仅西气东输天然气管道就承担着向沿线 8 省 1 市（约 2 亿人口）提供生活用气的重任，发展管道运输已成为关系我国国民经济的大事。

我国航空运输亦取得了显著的成就。其中，民航航空业务规模快速增长，已成为全球第二大航空运输系统。截至 2010 底，已有民用机场 160 多个，覆盖了全国 91% 的经济总量、76% 的人口和 70% 的县级行政单元。航线四通八达，已建成了以北京、上海、广州为枢纽机场，省会城市为干线机场，干、支线机场相配合的机场布局，基本形成了连接各主要城市的国内航线网以及通达世界各主要国家的国际航线网，空中保障能力得到了较大提高。

综上所述，当前国际交通运输已形成亚欧运输通道和网络，实现了亚欧国家间的互联互通，正朝着高速化、大型化、专业化和网络化的方向发展。与此同时，交通运输安全、交通堵塞以及因交通排放导致的环境污染也成为困扰当今交通运输领域的三大难题，而备受国际社会关注。2009 年 12 月哥本哈根世界气候变化大会，让全球视角再度聚焦在"节能环保"这一世界主题上，加快建立以低碳为特征的交通运输体系成为全球范围内的热点问题。随着可持续发展理念被世界各国普遍接受，很多国家开始审视交通运输发展模式，强调交通运输与经济、社会、环境之间的协调发展，构建以可持续、高速化、高效率和智能化为目标的综合交通运输体系，已成为当今世界交通运输业发展的主要趋势（张建平和黄民，2007）。在能源短缺和环境保护的双重压力下，提高交通运输的科技含量和运输效率、坚持交通高速发展与可持续发展二者并举，实现绿色交通成为各国发展规划中的必然选择。我国适时制定了《综合交通网中长期发展规划》，把建设节约型交通、可持续型交通和友好和谐型交通综合运输体系作为未来一段时期的发展重点。

1.2 交通信息技术发展概况

1.2.1 交通信息技术

信息技术推动了全球信息化进程，极大地促进了国民经济的大力发展，同时也为综合交通系统的现代化和智能化带来了无限的生机和活力。交通运输行业是信息技术应用和发展的重要领域之一，信息化在转变发展方式、加快发展现代交通运输中具有重要的作用（张轮，2007）。发达国家非常重视信息技术在交通领域的应用，并达到了相当的应用规模与水平。如德国联邦长途公路上应用的交通自动控制设备是交通信息技术有效应用的例证，使交通繁忙路段出现事故和堵车的概率明显降低；在远洋和内河航运方面，远洋运输在世界防务内应用了自动识别系统（automatic identification system，AIS），使得从海岸运输中心可以更加快捷、简便地保证运输的安全与效率。

交通信息技术主要包括交通信息采集、处理、传输、传输网络、控制和管理等方面的技术（欧冬秀，2007）。

交通信息采集技术为交通管理、交通控制与预测、交通引导、交通指挥及信息服务等提供信息源，成为其基础。交通信息可以分为静态交通信息和动态交通信息。其中，静态交通信息包括交通空间信息和交通属性信息；动态交通信息是反映交通流状态特征的数据。

静态交通信息可以通过如下方式采集：从各系统、各部门已有的与道路交通信息相关的地理数据库中获得；通过基于遥感（remote sensing，RS）、数字摄影测量系统（digital photogrammetry system，DPS）、全球定位系统（global positioning system，GPS）和地理信息系统（geographical information system，GIS）等多种技术集成，建立包括基础道路网数据、交通附属设施数据以及交通属性等静态交通信息的交通基础信息空间数据库。

动态交通信息可以利用环型线圈、无线采集器、超声波采集器、光子式采集器、图像采集器、车辆牌照识别装置（automatic vehicledentification，AVI）、动态图像采集器、移动式采集系统、速度传感器及环境信息采集器等传感器采集。此外，还有移动电话获取路况信息，网络方式获取轨道交通、机场及港口客流信息等间接方式。

目前，基于多传感器的交通动态信息采集成为智能交通系统（intelligent transportation system，ITS）的趋势。ITS是以现代信息技术为核心，利用先进的通讯、计算机、自动控制、传感器技术，实现对交通的实时控制与指挥管理。交通信息采集被认为是ITS的关键子系统，是发展ITS的基础，成为交通智能化的前提。无论是交通控制还是交通违章管理系统，都涉及动态交通信息的采集。动态交通信息采集也就成为交通智能化的首要任务。

根据不同数据的特征、层次、状态进行筛选和融合，是对传统交通数据获取方法的重要拓展，丰富了交通数据采集的手段和方法，保证了高质量、高精度和现势性交通信息的获取（李德仁等，2008）。

随着汽车使用群体的迅速增长，城市交通面临着越来越大的压力，各地都在探索物联网技术在交通上的应用。1999年中国提出了"物联网"的概念。物联网是通过射频识别（RFID）、红外感应器、定位系统、激光扫描器等信息传感设备，按约定的协议，把任何物品与互联网相连接，进行信息交换和通信，以实现智能化识别、定位、跟踪、监控和管理的一种网络概念。物联网不仅仅是一个概念而已，已在很多领域得到应用，尤其是交通领域。利用物联网技术构建一个以全面"感知"为基础的新型智能交通系统，也成为交通信息技术应用的趋势。

交通信息化是计算机技术、现代通信技术与控制技术、互联网技术、物联网技术与遥感、GPS、GIS 等高新信息技术的有效集成，已成为交通运输技术体系的主导技术，在提升交通管理服务水平的同时，正引起社会生产效率的空前提高、管理方式的根本变革、成本的大幅下降和资源配置的明显优化。

交通行业在交通规划、勘查、设计、施工和养护等方面深入开展了现代信息技术的研究与应用，并取得了显著成效。如卫星定位、航测遥感和计算机辅助设计（computer aided design，CAD）集成技术的应用，实现了无纸化、可视化和智能化设计，改变了传统勘查设计的作业方式，极大地提高了设计的效率与质量。与此同时，信息技术的应用有力地支撑了交通运输信息化的发展，更好地推动了现代交通运输业的发展。在安全技术开发与应用方面，集成应用卫星定位、GIS、无线通信、互联网等技术，实现了道路客运车辆、危险品车辆的全程跟踪与安全监控；车辆装备信息水平的进一步提高，卫星定位系统、第三代移动通信技术（3G）等技术的广泛运用，增强了交通可持续发展能力（欧冬秀，2007）。

在信息化的时代主题下，交通信息化对整体提升交通系统的运行状况、提高资源利用率、降低能源消耗、减少环境污染、加速社会发展，都将起到举足轻重的作用。

1.2.2 3S 与虚拟现实技术的应用

空间信息技术又称"地理空间信息技术"，是 RS、GIS、GPS 技术与通讯技术、网络技术的综合集成，将空间对地观测信息的获取、处理、分析、应用集为一体的信息技术体系，也是国际上竞争最为激烈的领域之一（冯学智，2007）。RS、GIS、GPS 统称"3S"，是 20 世纪 90 年代提出的 3S 一体化技术，也是空间信息技术的核心。3S 在全球变化、资源调查、环境监测中发挥了其他技术无法替代的作用，正推动着交通运输科技与信息化的飞速发展。

高效便捷的综合交通运输体系的建设和管理，仅有各种运输方式基础设施建设的相互衔接是无法实现高效运转的，必须同时具有丰富、快速、客观、准确、直观的交通信息作为保障。交通建设和发展与经济、环境、人口等诸多因素有关，只有将这些信息与交通规划、设计以及日常管理和维护工作紧密结合，并利用信息技术，才能满足需要。而这些信息都依赖于其地理位置等信息而存在。空间信息是所有交通信息中最为重要的内容。只有当交通运输系统的信息（如交通基础设施等静态交通信息和交通流等动态交通信息）通过在空间上及时、准确、直观的信息表达为人们出行和货物运输提供服务时，才可能真正实现交通信息服务的现代化。这些空间信息都与 3S 密切相关。

遥感数据作为 GIS 数据更新的主要来源，是交通信息系统中必不可少的部分。近景摄影测量、有人机与无人机遥感、飞艇遥感、卫星遥感等数据的获取手段都被应用于交通信息采集。遥感不仅可以提供各种直观的可视化图像，并从中提取各种以图像地理位置为基础的信息，满足显示、查询和统计的需要，而且已成为交通路线及网络规划与设计、自然灾害对交通出行影响的实时监测、交通工程环境的监测与评估、基础设施的管理等方面的重要信息来源，从而使各种进一步的分析成为可能。遥感技术与多种技术的互补集成，为利用多数据的综合分析应用系统的开发提供了技术支撑，是现代交通信息化综合集成系统建设所不可或缺的。激光雷达测量技术作为一项新兴的遥感技术，由于不受阴影、太阳高度角和薄雾的影响，对天气要求相对宽松，在公路测设与铁路测设（徐祖舰等，2009）及其后期运营管理中得到了推广应用（星际空间地理信息工程有限公司，2011）。目前，遥感技术已成为发达国家政府与管理部门在交通规划决策、交通基础设施建设、交通运营管理、交通信息服务和突发性自然灾害监测的重要辅助手段。

GIS 是以地理空间数据为基础，按照地理特征的关联，将多方面的数据以不同层次联系起来，构成现实世界模型，并在此基础上采用地理模型分析方法，提供多种空间和动态的地理信息，为地理研究和空间辅助决策服务建立起来的计算机技术系统。它是解决空间问题的工具、方法和技术，具有数据存储、显示、编辑、处理、分析和输出等功能，可为各种交通相关信息的管理与分析及各类问题的辅助决策提供良好的技术支持。

GPS 是利用导航卫星进行测时和测距的一种结合卫星及通讯发展的技术，应用极其广泛，尤其在交通领域。通过安装 GPS/INS（inertial navigation system，惯性导航系统）和无线通信设备的移动车辆进行数据采集，具有采集效率高、精度高、实时性强等优点，可为车辆、船只的可视化导航提供服务。我国目前自主研发的北斗自主导航卫星，在定位精度与授时上可与 GPS 相媲美，已开始大范围应用于我国船只与车辆的定位导航与应急服务。

RS 为空间数据框架的采集和更新提供了必要的数据源，为建立应用系统及建设集成环境提供技术支持；GIS 技术为海量空间数据的存储、管理、分析和应用提供了强有力的技术手段；GPS 定位技术的发展和应用大大加快了数据采集的进程。利用 GIS、GPS 对 RS 的辅助测量功能，将三者有机地结合，从而使测量方法更科学、测量数据更准确。因此，RS 与 GIS、GPS 等技术的集成应用已成为当前国内外研究与应用的热点，适合交通系统的时空基准、时空数据模型和时空数据分析管理，以信息源采集、信息融合、数据挖掘、信息传输表达为代表的技术理论基础正在建立，其方法也逐渐成熟，并应用于交通管理、物流管理、智能导航、交通信息位置服务与交通安全等领域（李德仁等，2008）。3S 在交通领域的应用往往融为一体，在公路、铁路、水路、航空、管道运输、城市交通等领域中均得到了应用。

3S 技术在公路与铁路工程可行性研究（刘建军等，2000）、工程设计招标（周贤斌和陈楚江，2006）、线路工程生态环境调查（李潇等，2010）等方面应用广泛，促进了工程设计水平、工程质量及项目方案比选智能化程度的大幅提高。

水路交通中，3S 的集成应用包括船舶电子导航、数字航道建设。借助 3S 建立的船舶电子导航系统能综合处理海上地理信息、船只航行状态信息、多种目标船动态信息、航行环境信息，具有船舶导航、进出港引航、避碰辅助和航行管理功能，可保障船舶航行安全，提高营运效率。根据水运业务管理需要，如海事监管、水上搜救、船籍管理、水上航行通告发布及水上警务动态跟踪等，建设数字航道，可实现自动化和智能化航运管理，提高航道维护管理水平及航道对外服务水平（刘杨和胡宁，2007）；对水运环境进行监测管理，以保证港口航道的正常使用等。

管道运输工程中，3S 的集成应用包括管道选线、管道路线设计（Fereydoon，2003）、管道安全性评价等，以及开发集图形图像管理、显示、查询、分析、多时相动态演示、三维模拟飞行等功能为一体的遥感与 GIS 信息服务系统，为数字管道工程建设奠定了基础（王冰怀等，2004）。

航空交通中，3S 的应用主要包括选址分析（地形地貌分析、地质状况分析等）、净空分析和填挖方量计算，机场环境评价、空中交通管理（二维数据/三维数据的管理与分析），进出港飞机的飞行管控与安全性评价等（中国科学技术部，2011）。

随着社会经济的发展，道路基础设施建设已不可能从根本上解决目前的交通问题，需要建立高效、便捷的路网管理体系以满足日益增长的交通需求，在此背景下，ITS 应运而生。3S 技术为 ITS 提供了必要的基础空间数据和交通信息的获取方法，数据库的建设、处理与分析以及可视化技术的支持。其中，GIS 是构建 ITS 的重要基础，交通地理信息系统（GIS-T）是 GIS 技术在交通领域的拓展；遥感与 GPS 是交通信息采集的重要手段。借助 3S 处理和分析基础地理数据与路网数据等空间数据的优势，合理组织、管理和发布交通信息，以提高交通系统的运行效率，降低交通事故发生率；通过交通信息分析和数据挖掘，掌握人们在不同时段与区域的出行规律，为交通管理部门进行规划、交通诱导、车流量预测等提供信息与技术支持，为缓解交通拥堵提供理论依据（李德仁等，2008；徐吉谦和陈学武，2008）。

虚拟现实技术（virtual reality，VR）又称"虚拟环境"，是指由计算机实时生成的一个虚拟的三维空间。它是一种在综合计算机图形技术、多媒体技术、传感器技术、人机交互技术、网络技术、立体显示技术与仿真技术等多种技术的基础上发展起来的新技术。将 CAD 与 3S 技术及虚拟现实技术集成，如采用统一的数据格式标准，实现数据的兼容，使应用软件之间实现一定程度的集成，就可将道路周边环境及工程实体的造型以三维模型的形式展现出来，便可以突破 CAD 二维勘查设计技术的局限，而进行可视化与三维立体设计。近几年来，这种集成在公路、铁路、港口、机场、管道等的规划与设计中受到了极大的关注，同时也取得了较好的应用效果。

1.3　交通遥感历史与现状

20 世纪 60 年代，在航空摄影测量、航空地质探矿和航空像片判读应用发展的基础上，国际上正式提出了"remote sensing"（遥感）的概念，其很快被普遍接受和认同，并将遥感定义为"从空中利用遥感器来探测地面物体性质的现代技术"。1972 年美国发射了第一颗陆地卫星，标志着航天遥感时代的开始，遥感迅速成为一个新兴科学技术领域。经历了 20 世纪下半叶卫星遥感蓬勃发展的阶段，遥感已跨入了全球准同步观测（以美国对地观测计划 EOS 为代表）的新阶段。特别是 20 世纪 90 年代，全球环境问题向遥感提出了更高的要求，促使遥感技术产生了质的飞跃。随着世界各国发射遥感卫星的数量和种类的不断增多，卫星传感器的工作波段也几乎扩展到了电磁波的各个部分；遥感图像的空间分辨率、光谱分辨率和时间分辨率都得到了极大的提高。遥感空间定位精度达到厘米级，光谱分辨率达到纳米级；探测波段范围也从可见光波段，逐步延伸到红外、远红外乃至微波、超长波波段；空间分辨率则由公里级、百米级，发展到米级，甚至优于米级（如 QuickBird）。表 1.1 列出了目前主要在轨民用高空间分辨率遥感卫星的相关信息。

表 1.1 目前主要在轨民用高分辨率遥感卫星

卫星名称	国家/地区	发射年份	重访周期/d	幅宽/km²	传感器类型	地面分辨率/m
IKONOS-2	美国	1999	3~4	11×11	PAN/MS	1.0/4.0
EROS-A	以色列	2000	5	14×14	PAN	1.9
QuickBird-2	美国	2001	4~6	16.5×16.5	PAN/MS	0.61/2.44
SPOT5	法国	2002	26	60×60	PAN/MS	2.5
ENVISAT	欧洲太空局	2002	35	5×5	SAR	10
IRS-P6	印度	2003	5	23×23/70×70	MS	5.8
OrbView3	美国	2003	2~3	8×8	PAN/MS	1.0/4.0
IRS-P5	印度	2005	24	25×25	PAN	2.5
EROS-B	以色列	2006	3	14×14	PAN	0.7
Resurs-DK1	俄罗斯	2006	5~7	28×28	PAN/MS	0.9/1.5
ALOS	日本	2006	2	35×70/70×70	PAN/MS	2.5/10
OrbView5	美国	2007	3	15.2×15.2	PAN/MS	0.41/1.65
RadarSAT-2	加拿大	2007	24	20×20/50×50	SAR	3.0/8.0
COSMO-SkyMed	意大利	2007	1	10×10	SAR	1
TerraSAR-X	德国	2007	2~11	5×10/ 30×50/100×150	SAR	1/3/16
RapidEye	德国	2008	1	77×77	MS	5
WorldView-2	美国	2009	1.1	16×16	PAN/MS	0.5/1.8
GeoEye-1	美国	2008	2~3	15×15	PAN/MS	0.41/1.65
FORMOSAT	中国台湾	2004	1~6	24×24	PAN/MS	2/8
BJ-1	中国	2005	3~4	24×24	PAN	4
CBERS-02B	中国	2008	26	27×27	PAN/MS	2.36/19.5
天绘一号	中国	2010	5	60×60	PAN/三线阵立体测图/MS	2/5/10

注：PAN 为全色；MS 为多光谱。

与此同时，由于遥感在不同专业应用上要求的时域、空域、波谱域各不相同，需要解决的问题千差万别，在某种程度上成为遥感技术发展的动力；加上空间信息技术和计算机技术发展及应用的驱动，遥感进入了一个动态、快速地提供多平台、多时相、高分辨率的各种对地观测数据的新阶段。一个多层、立体、多角度、全方位和全天候的对地观测网正在形成。除卫星遥感之外，航空无人机遥感得到广泛应用，飞艇遥感也开始备受关注。

遥感技术的快速发展及技术优势的日益突出，促使其应用在世界范围内迅速扩展和深化，应用效益越来越明显。据美国国家航空航天局（National Aeronautics and Space Administration, NASA）统计，目前遥感已广泛应用于农林、水利、地理、地质、海洋、土地、测绘、地质矿产、全球变化、自然灾害、环境保护、军事侦察等 47 个领域，成为一门先进、实用的空间探测技术，在经济、社会、国防建设和科学研究等多方面发挥着重要的作用，并与各级部门的规划、管理与决策工作以及大众的日常生活联系在一起，产生了显著的社会与经济效益。遥感在为信息时代的发展与信息社会的建设创造巨大的资源与财富的同时，也为遥感本身开拓了更为广阔的应用前景，为交通领域的应用创造了极好的条件。遥感使交通设计的线路或选址更符合实际情况，减少拆迁、降低成本，并使设计方案时可以有效避开泥石流、滑坡、洪涝等地质灾害易发区，保证交通运输长期安全地运行。

2000年12月4～5日，美国交通运输研究委员会（Transportation Research Board，TRB）和美国国家科学院（National Academies of Sciences，NAS）在华盛顿举办了"遥感与空间信息技术在交通中的应用：产品与研究成果展示——未来的基础"（Remote Sensing for Transportation：Products and Results：Foundations for the Future）专题会议，发布了交通遥感研究成果报告，展示了遥感在交通领域的应用价值。2002年11月10～15日，国际摄影测量与遥感协会（International Society for Photogrammetry and Remote Sensing，ISPRS）在美国科罗拉多州丹佛市举办了交通遥感专题会议。会议主题包括交通流环境评价、生命线易损性和事件反应、基础设施管理与保护等①。此次会议受到国内外学者们的广范关注，为交通遥感的推广与应用奠定了良好的基础。2006年，国际摄影测量与遥感杂志（Photogrammetric Engineering & Remote Sensing，PE & RS）出版了《航空和航天监测地面交通》（Airborne and Spaceborne Traffic Monitoring）专刊，集中展示了相关研究成果。逐渐形成了以综合交通运输为应用对象的遥感应用新方向——交通遥感（remote sensing for transportation，RS-T）。它是以交通网络系统作为应用对象，是对综合交通遥感技术的总称，具体包括公路交通、铁路交通、水路交通、管道运输工程、航空交通及城市交通等领域中的遥感技术。

1.3.1 国外交通遥感概况

自20世纪80年代开始，美国、德国、日本、英国、瑞典等发达国家就将遥感技术应用于交通规划、交通信息获取、交通建设、交通运营管理与服务等方面。此外，奥地利、荷兰、印度、挪威等国家也非常重视遥感空间信息技术在交通领域的应用。

Mintzer等（1983）的研究表明，利用遥感技术可以进行路网更新，评价公路、铁路、机场跑道及其柏油路面情况，还可从隧道、桥梁、商业街和机场等的拥堵出发，研究城市交通模式（如引导停车等）。1997年，美国以4所高校为主成立了"国家级交通遥感联盟"（National Consortia on Remote Sensing in Transportation，NCRST），其成员单位包括数字地理研究公司（DGRC）、威斯康星麦迪逊分校、爱荷华州大学、Tetra Tech公司、佛罗里达交通部和马萨诸塞大学阿姆斯特分校等，研究领域涉及环境、基础设施、交通流和灾害应急。同年，由美国交通部与NASA联合发起的，由国会资助4000万美元启动的"遥感和地理空间信息技术在交通行业的应用"项目，旨在利用遥感和地理空间信息技术，探讨实现21世纪交通技术的进步。利用不同来源的遥感数据，开展了交通要素识别能力评价、环境评价、基础设施评价、交通建模、灾害安全与危险评价等研究，涵盖交通规划、设计、建设、管理和运营等各个阶段。近20个单位参与了该项研究，包括NASA-Stennis空间中心、华盛顿州交通管理局、明尼苏达交通管理局、得克萨斯交通研究所等单位，以及威斯康星大学、俄亥俄州立大学等10余所大学。其中，威斯康星大学负责路网数据更新课题，即利用遥感图像改善已有数据库中路网数据的位置精度，更新快速变化

---

① Remote Sensing for Transportation Program Track, Integrating Remote Sensing at the Global, Regional, and Local Scale Conference. http：//www. asprs. org/Pecora-ISPRS-2002

区域中的路网数据库。俄亥俄州立大学与华盛顿州交通管理局合作开展了车辆识别、分类与计数以及交通监管等研究，包括交通量研究，如年平均日交通量（annual average daily traffic，AADT）、年车辆行驶里程（vehicle miles traveled，VMT）监测和统计、道路使用效率评价、出行需求（origin destination，OD）调查、拥堵点车队长度实时测量、综合交通枢纽的监测等，旨在为交通规划提供科学依据。密西西比州立大学开展了交通环境遥感评价与集成方法研究。新墨西哥大学利用遥感更新了全州应急管理数据库，改善了规划、减灾以及威胁交通系统的灾害与风险的快速反应能力。犹他州州立大学将遥感技术用于交通网络和其他生命线系统的建设，建立、更新和维护生命线工程数据库，包括"9·11"数据库，并开展了应急服务应用研究（Transportation Research Board，2000）。同时，还开发了道路气象灾害监测系统、道路自然灾害影响评价系统及交通应急疏散系统。采用微波检测和视频检测等技术，提高紧急事件监测的质量和精度，丰富了信息采集手段及信息来源。在紧急事件的交通管理中，采用了基于 GIS 的 Web 信息发布系统，内容包括突发事件的处理状况、视频监控图像、交通拥堵信息、交通诱导信息等。

2000 年以后，NASA 利用航空影像与高分辨率 IKONOS 影像建立了单个交通工具的光谱数据库、目标与图像背景目标检测光谱数据库。Ray A. Williamson 探讨了利用遥感与地理空间信息技术辅助实现先进的安全运输，如通过卫星遥感和航空遥感进行交通网规划及其环境评价、高速公路网的运营管理（Pisano，2003）；对公路、河流、隧道、港口、机场等易遭受灾害区域和危险区域进行识别并更新数据库，以满足日常管理与应急管理的需要；利用遥感对河道内发生的洪水、水生植物生长情况等进行动态监测，以保证水运安全。

此外，美国还开展了高光谱、激光雷达遥感在公路中的应用研究，如利用 NASA 喷气推进实验室（Jet Propulsion Laboratory，JPL）的可见光/红外光谱成像仪（airborne visible/infrared imaging spectrometer，AVIRIS，有 224 个连续光谱带）所获得的图像，对加利福尼亚州的圣塔芭芭拉（Santa Barbara）地区的路面类型进行识别，再结合路面养护指数（pavement condition index，PCI）对路面等级进行评价（Gardner et al.，2001）。佛罗里达大学利用 LiDAR 技术开展了高速公路走廊带规划与设计应用研究，取代传统摄影测量技术获取 DEM，并同步获取了可见光遥感影像，以改善从 LiDAR 数据获取的高程数据，进而完成了正射影像图的制作（Uddinand and Emad，2002）。

相比美国，德国更侧重于高速公路与城市交通的遥感应用研究，如 Grote 和 Heipke（2008）利用遥感数据更新郊区道路数据库。德国宇航中心（Deutsches Zentrum für Luft- und Raumfahrt，DLR）卫星地面站利用 TerraSAR 雷达卫星图像，对德国德累斯顿（Dresden）段 A4 高速公路的车辆及其速度进行了检测试验。结果表明，在雷达数据获取几分钟后就可以获得交通信息（检测出了 57 辆车），以 RadarSAT 卫星作为补充来减少交通信息获取时间，可使交通监测得到明显改善，特别是可满足重大灾害和突发公共事件发生时对道路通行能力的监测（DLR，2008）。

在水运方面，英国国防科技集团 QinetiQ 开发了海洋监视工具（maritime surveillance tool，MaST），对船舶目标监视，还提供水冰、波浪、溢油等信息，其输出结果可与其他辅助数据，如 VMS、常规巡逻数据、溢油定位数据以及气象数据等融合，形成不同的产品。MaST 目前已经商业化，可提供船舶和溢油探测服务。其数据处理流程是：利用 QinetiQ 或其他地面站接收 SAR 图像，经处理后输入 MaST 系统进行自动分析，最后将分析结果通过电子通讯系统近实时地发送给相关部门。在欧洲空间局的资助下，挪威国防研究中心（Norwegian Defence Research Establishment，NDRE）开发了基于 SAR 的船舶监测系统，目前该系统已达到实用化水平。法国 BOOST 公司开展了一系列基于 SAR 遥感数据的海上应用研究，包括海洋溢油污染探测、船舶探测、船舶交通管理等。

2001 年，阿姆斯特丹举行的管道研究国际会议上，Zirnig 等（2011）报告了德国宇航中心等开发的"基于卫星传感器的管道监测系统"。该系统包括综合利用多种传感器提供的高分辨率遥感数据和面向上下文的图像处理技术方法对管道安全进行监测评价。国际上有不少与此相关的管道工程遥感研究与应用。利用基于卫星序列遥感影像，采用干涉合成孔径雷达（interferometric synthetic aperture radar，InSAR）测量技术成功监测了小尺度的管道地面位移，并与地面测量结果相吻合（OME，1999）。Smith（2002）提出利用 ENVISAT、RadarSAT-2、ALOS 和 TerraSAR 等雷达卫星遥感手段代替车辆和空中巡视，进行管道监测，并开展了可行性研究。2002～2004 年，欧盟资助 17 个单位联合开展了油气和天然气管道的安全与环境遥感。该项目旨在通过基于卫星遥感（包括 SAR、InSAR）的管道管理系统，对土壤移动、天然气泄漏等进行全天时的监测，为管理者提供潜在的管道损坏情况报警，以改善管道安全。同时，通过卫星遥感手段，增加监测频率、减少调查费用、提高管道运输效率[①]。

随着城市道路拥堵问题的突显，道路状况信息的自动获取需求越来越迫切。Reinartz 等（2006）和 Rosenbaum 等（2008）通过在有人机上安装航空宽幅相机获得序列图像，实现了自动监测道路交通状况信息的采集。但由于机动性及成本、费用受到限制，难以实现实时交通状态监测。飞艇遥感采用无人驾驶遥控飞艇携带专业摄影设备，进行空中遥感拍摄，以其操控简单、安全性高、运行成本低，以及可在任何地点起降、飞行高度低、能够获取高分辨率遥感影像等突出优点，为城市交通监测和预测预报提供了一种有效途径（佚名，2007）。近年来，DLR 交通研究所利用飞艇遥感技术实现了车流量、速度和车辆类型等交通数据的实时采集，通过地面交通目标分析与识别以及交通疏散与调度策略，实时监测并显示在数字地图上，通过 Web 网络、交通台广播、诱导屏等方式对外发布信息，服务于交通管理和出行者。随着全球环境问题的突显，交通、大气与气候关系的研究受到了重视。2003 年、2006 年、2009 年在德国腓特烈港、英国牛津、德国亚琛与荷兰马斯特里赫特分别举办了"交通、大气与气候（Transport，Atmosphere and Climate，TAC）会议"，"交通对气溶胶的影响"是其主要议题[②]。采用多光谱卫星遥感数据反演气溶胶混浊度是大气环境污染监测领域的一项高新技术，利用 LiDAR 技术测量监测交通污染也成为当前的研究热点。

1.3.2　国内交通遥感概况

从遥感发展之初，我国就非常重视遥感在交通领域的研究与应用，先后在公路交通、铁路交通、水路交通、管道运输工程、航空交通、城市交通领域分别开展了应用研究，涉及交通规划、选线、选址、环境评价、灾害调查、生态评估、景观评价等方面，并取得了丰硕的成果。

---

① Pipeline remote sensing for safety and the environment（PRESENSE）. http：//cordis. europa. eu/data/ projfp5 /actio neqdnd sessioneq112362005919nddo ceq1452ndtbleqen_proj. htm（2002—2004）

② 2nd International Conference on Transport，Atmosphere and Climate. http：//www. pa. op. dlr. de/tac/2009/links. html

相比国外，我国的公路交通遥感应用更全面、更广泛，主要涉及规划、工程可行性研究、灾害风险调查、勘测设计与选线、公路建设过程中的环境评价、公路建成后的生态环境评估、公路区域安全监测、公路沿线灾害应急监测等（刘亚岚等，2008）。交通运输部在"六五"、"七五"、"十五"时期，分别支持了公路遥感测量、公路工程遥感地质等方面的重点科技攻关。"十五"国家重点科技攻关项目支持并开展了"国道主干线设计集成系统开发研究"，包括"GPS、航测遥感、CAD 集成技术开发研究"。经过近十年的努力，利用遥感技术获取公路分布、公路交通量信息，辅助公路设计、高速走廊设计、地质调查、交通现状调查、灾害监测评估等，在我国得到了不同程度的应用，并相继应用于交通状况监测和信息服务系统中。利用高分辨率卫星遥感数据快速生成数字高程模型（digital elevation model，DEM），进一步生成数字地面模型（digital terrain model，DTM），可达到 1：2000 的精度。在这个尺度上，可代替航空摄影测量。DEM 与 GIS、GPS、CAD 结合，利用三维地形、地貌，实现三维景观设计、数字化公路选线、坡度及坡向计算、工程量计算、动态拆迁量计算。随后，以选线应用为主，如川藏公路选线（周日平和牛宝茹，2001），进一步建立了相应的 GIS（刘丽珍和郑丽亚，2007）和三维管理系统（廖树忠和张志和，2010）。

我国铁路交通遥感应用始于 20 世纪 50 年代兰—新铁路玉门至乌鲁木齐段首次采用航测方法进行铁路勘测选线，主要通过与摄影测量方法相结合编制各种比例尺的地形图。后来，发展到近景摄影测量图像、正射影像图、DTM 等的生成，遥感信息提取也从单一的航空黑白像片的判读发展到陆地卫星图像、彩红外、红外扫描、多光谱、微波遥感影像等的判读和自动、半自动的信息提取，应用范围从线路勘测扩大到包括隧道、枢纽等工点的勘测以及运营铁路的管理中。运营铁路管理中的遥感应用主要是病害普查（李寿兵，2005）、路基形变与区域沉降监测（陈强，2006）、铁路建设工程生态环境评价（李潇等，2010）。基于星载合成孔径雷达（synthetic aperture radar，SAR）差分干涉测量地表形变具有高精度（达 mm 级）、高空间分辨率和高形变敏感度的特点，目前已有不少专家学者在路基形变监测方面开展了一些试验研究，如对青藏铁路线多年冻土区的形变监测（谭衢霖等，2008）。

20 世纪 80 年代以来，卫星遥感逐渐成为我国港口与航道工程监测和分析的一种新手段，在水路交通运输中发挥着重要的作用，应用主要包括水路交通参数的监测、水运环境监测、港口航道规划以及数字航道建设等。例如，利用多时相 Landsat TM 卫星影像研究闽江口在不同时相、不同径流和不同时刻悬浮泥沙来源、分布、扩散和潮汐动力，据此分析影响闽江口深水航道的演变因素，为航道整治和航道规划提供依据（陈一梅，2003）；利用卫星和航空遥感手段获取的光学与雷达遥感数据，对 2008 年青岛奥帆赛区发生的浒苔自然灾害进行连续监测，对 2007 年韩国西部海域油轮漏油、2008 年广西北部湾石油管道破裂泄漏、2010 年大连新港输油管道爆炸溢油等进行评估[1]。针对目前时有发生的海洋溢油污染，交通运输部在"十二五"规划中提出了"充分利用卫星和航空遥感资源信息，提升海区船舶溢油监视监测能力"的目标，这将有利于加强对溢油的实时监管。除此以外，基于遥感与 GIS 技术，我国首条数字航道已于 2006 年在长江干线南京至浏河口 300km 江段初步建成，极大地提高了港口与航道的全行业信息化应用水平。

---

① 中国科学院遥感应用研究所. 2011. 海洋环境应急天空地遥感立体监测技术系统及应用技术报告

基于管道运输工程建设的迫切需要，遥感技术因此得到了深入而系统的应用，并取得了良好的经济、技术和社会效果，对中国长输管道工程建设产生了深远的影响。其应用包括在选线、设计和勘查阶段提供数据服务。例如，管道全线遥感影像图及地理地貌、地质条件综合解译图，多方案线路比选，管道沿线的地形图修测等。我国先后开展了油气管网规划、西气东输管道运输工程选线等方面的遥感应用，明显地缩减了建设经费和周期（王冰怀等，2004）。

航空交通遥感应用主要包括机场规划、选址勘查（张彦军，2009；李天华和杨武年，2011）、备选机场比选（戴晓爱，2005），机场及其跑道或机场区域识别，以及环境评价与地表景观的三维可视化（陈旭光，2005）等。在机场勘查中的应用有区域地形地貌、地质信息的提取，并通过遥感三维可视化技术进行工程量计算，净空分析，展示机场位置宏观布局等。如在高原机场建设工程与腾冲机场建设工程中的应用（李天华等，2006；戴晓爱等，2008），将实地影像数据映射到 DEM 透视表面，并叠加各种人文与自然特征信息等，实现虚拟三维飞行，计算出机场周围地区的最低飞行限制高度，进而实现可视化的三维机场飞行导航，为机场选址提供技术支持[①]。

城市交通遥感应用主要侧重于城市路网规划与优化、交通参数监测、城市交通应急监控和城市交通基础设施的养护与管理。遥感可为城市交通规划提供所需的正射影像图（市域的 1∶25000，规划市区的 1∶2000、1∶5000 等），可对中心城区交通现状进行调查，为交通运输及交通基础设施调查、社会经济及土地利用资料调查、交通需求量预测、交通网络布局规划、交通影响调查、交通网络分析评价及时而客观地提供了必要而精确的信息；提供规划区域内公路运输网的里程、站点布置等基础信息及其周边环境等的客观评价信息，智能导航与交通信息位置服务中所需的遥感影像地图（戚浩平等，2004），城市路网、车辆目标交通流、车速与交通状态及车辆污染物排放等诸多方面的信息。

表 1.2 对上述应用从内容、空间分辨率、时间分辨率与光谱分辨率要求等进行了梳理。

表 1.2　交通遥感应用范围及最小分辨率要求

阶段	遥感应用内容	最小空间分辨率	最小时间分辨率	最小光谱分辨率
规划	土地利用、DEM、地质概况、地质灾害、土壤类型、环境评价（1∶5 万～1∶1 万）	1～10m	1～10 年	V～IR
	交通量/交通流密度及港口、路网、枢纽等调查	0.2～0.5m		
设计	地质概况、地质灾害、地表覆盖与环境的调查（1∶1 万～1∶5 万）	1～10m	1～2 年	V～IR，SAR
	制作 DEM（1∶500～1∶2000）	0.2～0.5m		
建设	制作影像地图，工程形象进度的三维显示，占地动态监测，施工效果动态监测	0.2～1.0m	动态	V～IR

---

① 民航地理信息系统解决方案．2010．ESRI

阶段	遥感应用内容	最小空间分辨率	最小时间分辨率	最小光谱分辨率
运营	制作DEM，获取道路中心线与道路宽度（1：500～1：2000）	0.05～0.3m	1～5年	LiDAR
	路面类型识别（1：500～1：2000）	2～10m		PAN
	道路、机场及跑道、桥梁、港口的识别	0.1～10m	3～6月	V～IR
	绿化设施：行道树/分隔带绿化/苗圃等的调查			
	安全设施：护栏、分隔带、交通标志等的调查			
	沿线设施：养护房屋、收费站、服务区、加油站等的调查			
	区域形变、路基形变测量	30m	根据需要	InSAR
	病害调查	0.1～0.5m	动态	V～IR，SAR
	灾害监测与风险评价	0.5～10m	动态	V～IR，SAR
管理	路政权属调查（包括建筑物位置、高度，地籍制图）	0.5～1m	3～6月	PAN
	交通标志调查			
	交通设施调查			
	车辆统计、交通量估算、拥堵状况评价等；特殊车辆识别	0.25～0.5m	动态	V～IR，SAR
	停车监测，施工养护地段识别、船只目标监测	0.25～2m	动态	V～IR，SAR
环境评价	交通动脉、机场、航道、港口识别及其周边环境评价	1～10m	动态	V～IR，SAR

注：V为可见光；IR为近红外；PAN为全色；MS为多光谱；SAR为合成孔径雷达；InSAR为干涉合成孔径雷达；LiDAR为激光雷达。

1.4 小　结

国内外交通遥感应用涉及公路交通、铁路交通、水路交通、管道运输工程、航空交通、城市交通等综合交通运输系统中的规划、设计、建设、运行管理与服务的各个环节，为各国社会经济的发展提供服务。我国的一些交通重大工程项目利用遥感技术取得了明显的社会和经济效益，反映了我国遥感空间遥感信息技术在交通领域应用的进步，遥感和其他信息技术的集成，成为国家空间信息基础设施的重要组成部分和智能化、可持续交通的核心技术。

参 考 文 献

陈蓓青，张穗．2004．长江口卫星遥感综合解译技术研究．长江科学院学报，21（3）：26～28
陈强．2006．基于永久散射体雷达差分干涉探测区域地表形变的研究．西南交通大学博士论文
陈旭光．2005．卫星遥感图像中机场区域的识别方法研究．南京理工大学硕士论文
陈一梅．2003．利用卫星遥感分析闽江口深水航道演变．水运工程，357（7）：30～32
戴晓爱．2005．遥感图像三维可视化及在腾冲机场建设中的应用研究．成都理工大学硕士论文

戴晓爱，杨武年，刘汉湖，等 . 2008. 遥感图像三维可视化及在腾冲机场建设中的应用研究 . 遥感信息，
　（2）：60~63

冯学智 . 2007. "3S" 技术与集成 . 北京：商务印书馆

国家发展与改革委员会综合运输研究所 . 2009. 中国交通运输发展改革之路——改革开放 30 年综合运输
　体系建设发展回顾 . 北京：中国铁道出版社

交通运输部 . 2010. 解读《公路安全保护条例》. http：//www. moc. gov. cn/zhuzhan/ft2010/baohutiaoli/
　[2011-03-14]

李德仁，李清泉，杨必胜，等 . 2008. 3S 技术与智能交通 . 武汉大学学报信息科学版，33（4）：331~336

李寿兵 . 2005. 航测遥感技术在运营铁路管理上的应用 . 铁道勘察，31（1）：1~3

李天华，杨武年 . 2011. 遥感与 GIS 技术支持下的机场选址与工程地质分析 . 物探化探计算技术，33
　（1）：79~82

李天华，廖崇高，杨武年，等 . 2006. 多类型遥感影像在高原机场选址中的应用初探 . 地质找矿论丛，
　（3）：220~223

李潇，尹坚，卢少飞 . 2010. 遥感卫片在铁路建设项目生态评价中的应用 . 铁道工程学报，143（8）：
　34~37

廖树忠，张志和 . 2010. 基于 VR 的高速公路三维可视化进度管理系统 . 公路，（1）：114~116

刘建军，李春来，刘荣高，等 . 2000. RS 和 GIS 支持的喀斯特山区公路建设可行性研究 . 遥感技术与应，
　15（2）：136~139

刘丽珍，郑亚丽 . 2007. 山西省公路地质卫星遥感 GIS 系统的研究 . 山西交通科技，187（4）：14~16

刘亚岚，张勇，任玉环，等 . 2008. 汶川地震道路损毁遥感监测评估与信息集成 . 遥感学报，33（2）：
　111~120

刘杨，胡宁 . 2007. 数字航道技术在内河航道管理中的应用 . 水运工程，（10）：52~54

陆化普 . 2009. 城市绿色交通的实现途径 . 城市交通，7（6）：23~27

欧冬秀 . 2007. 交通信息技术，上海：同济大学出版社

戚浩平，王炜，田庆久 . 2004. 高空间分辨率卫星遥感数据在城市交通规划中的应用研究 . 公路交通科
　技，21（6）：109~113

谭衢霖，沈伟，杨松林，等 . 2007a. 摄影测量与遥感在我国铁路建设中的应用综述 . 铁道工程学报，24
　（1）：13~19

谭衢霖，杨松林，魏庆朝 . 2007b. 青藏线多年冻土区路基形变星载 SAR 差分干涉测量应用探讨 . 铁道工
　程学报，（8）：13~19

谭衢霖，杨松林，魏庆朝 . 2008. 合成孔径雷达干涉测量技术及铁路工程应用分析 . 铁道工程学报，112
　（1）：12~16

王冰怀，王卫民，程仲元，等 . 2004. 遥感技术在西气东输管道工程中的应用评价 . 见：中石油学会石油
　储运委员会 . 中国国际油气管道技术会议论文集 . 中国西安 . 124~126

星际空间地理信息工程有限公司 . 2011. 车载移动激光雷达测量应用于道路管理 . http：//www. stargis.
　com. cn/Show. asp? News_ ID=16 [2011-09-29]

徐吉谦，陈学武 . 2008. 交通工程总论 . 北京：人民交通出版社

徐祖舰，王滋政，阳锋 . 2009. 机载激光雷达测量技术及工程应用实践 . 武汉：武汉大学出版社

佚名 . 2007. 合肥拟用飞艇 "遥感" 市区交通 . http：//news. sina. com. cn/c/2007-04-03/010711551302s.
　shtml [2007-04-03]

于泉，石若川，荣建 . 2010. 基于近景摄影测量的交通信息采集系统，http：//www. sdjd. net/Article/
　xueshu/201006/1768. html [2011-06-11]

张建平，黄民 . 2007. 国外交通运输发展战略及启示 . 北京：中国经济出版社

张轮 . 2007. 现代交通信息网络与通信技术 . 上海：同济大学出版社

张彦军. 2009. 基于 ArcEngine 的机场选址与规划三维辅助决策支持系统的设计与实现. 中国科学院遥感应用研究所硕士论文

中国科学技术部. 2011. 我国空中交通管理系统技术取得重大突破. 中国科技通讯，（613）：2～3

中国民生银行交通金融事业部课题组. 2010. 中国交通运输业发展报告（2010）. 北京：社会科学文献出版社

周日平，牛宝茹. 2001. 国道 318 线海竹段公路整改遥感选线研究. 西北地质，34（3）：68～72

周伟，马召辉. 2002. 世界各国公路建设的发展特点分析. 交通世界，6：23～25

周贤斌，陈楚江. 2006. 3S 技术在西藏 S306 线勘察设计中的研究. 公路交通技术，（5）：17～22

周拥军，朱兆达，丁全心. 2008. 遥感图像中港口目标识别技术. 南京航空航天大学学报，40（3）：350～353

Dennis D T, RepakaSR, Charles G O. 2002. Analysis of remotely sensed data for planning transportation networks. Integrating Remote Sensing at the Global, Regional and Local Scale. Pecora 15/Land Satellite Information IV/ISPRS Commission I/FIEOS

DLR. 2008. TerraSAR-X Remote Sensing Satellite for Traffic Surveillance. Research and Economic Development 2007—2008

Fereydoon R D. 2003. Pipeline routing using geospatial information system analysis mahmoud. http：//www. scangis. org/scangis2003/papers/12. pdf ［2011-11-02］

Gardner M E, Roberts D A, Funk C, et al. 2001. Road extraction from AVIRIS using spectral mixture and Q-tree filter techniques. In：Proceedings of the AVIRIS Airborne Geoscience Workshop：145～150

Grote A, Heipke C. 2008. Road extraction for the update of road databases in suburban areas. Archives of Photogrammetry, Remote Sensing and Spatial Information Science, XXXVII-B3b：563～568

Mintzer O W. 1983. Manual of Remote Sensing. Second Interpretations and Applications. American Society of Photogrammetry, Falls Church VA, 2：1955～2109

OME. 1999. Proceedings of the 18th international conference on offshore mechanics and arctic engineering. Pipeline technology, 4

Peter R, Lachaise M, Elisabeth S, et al. 2006. Traffic monitoring with serial images from airborne cameras. ISPRS Journal of Photogrammetry & Remote Sensing, 61：149～158

Pisano P. 2003. Best Practices forRoad Weather Management, US Department of Transportation Report

Rosenbaum D, Kurz F, Thomas U, et al. 2008. Towards automatic near real-time traffic monitoring with an airborne wide angle camera system. European Transport Research Review, 1（1）：11～21

Sarkka P, Esko L. 1999. Optimal routing of pipeline. Helsinki University of Technology, GIM, 6th Feb：6～9

Sharma G, Merrybc C J, Goeld P, et al. 2006. Vehicle detection in 1-m resolution satellite and airborne imagery. International Journal of Remote Sensing, 27（4），779～797

Smith A J E. 2002. Gas pipeline monitoring in Europe by satellite SAR, Remote sensing for environmental monitoring, GIS applications, and Geology II ［2002-01-01］

Transportation Research Board. 2002. Remote Sensing for Transportation：Report of a Conference. Washington, D. C.

Uddin W, Emad A. 2002. Airport Obstruction Space Management Using Airborne LiDAR Three-dimensional Digital Terrain Mapping. CD Proceedings, Federal Aviation Administration Technology Transfer Conference. Atlantic City, May 2002

Zirnig W, Hausamann D, Schreier G. 2001. A Concept for Natural Gas Transmission Pipeline Monitoring Based On New High-Resolution Remote Sensing Technologies. International Gas Research Conference 2001, Amsterdam, Netherland

第2章 交通遥感原理与方法

2.1 交通遥感基本原理

广义的遥感泛指一切无接触的远距离探测，包括对电磁场、力场、机械波（声波、地震波）等的探测。狭义的遥感是指不直接接触目标，从远离地面的不同工作平台上（如高塔、气球、飞机、火箭、人造地球卫星、宇宙飞船、航天飞机等）通过传感器接收来自目标地物的电磁波信息，并经过对信息的处理与分析，判别出目标地物的几何、物理性质和相互关系以及变化规律等有关特征的综合性探测技术（赵英时，2003）。

利用遥感技术从空中乃至太空探测地面物体和现象、开展交通领域的各种应用，其理论依据是利用地物反射或辐射电磁波的固有特性，通过传感器观测其电磁波信息来识别物体以及物体所在的环境条件（孙家炳，2003）。遥感传感器视场内所探测到的交通相关目标或现象的特征信息，通过电磁波及其变化特征在遥感影像上可得到真实地反映。从遥感影像上获得的信息包括交通相关目标地物的大小、形状和空间分布特点，交通走廊带的地质地貌条件，目标地物和地貌的变化动态特点等。这些信息具有几何特征、物理特征和时间特征，表征它们的参数分别为空间分辨率、光谱分辨率、辐射分辨率和时间分辨率。在实地调查或事先测定并掌握各地物波谱特征的基础上，通过综合分析与判断，或在 GIS 与专家系统的支持下，可以提取相关的交通专题信息，进而编制交通专题地图或相关的统计图表。

2.1.1 交通遥感技术分类

遥感技术是从地面到高空，对地球和天体进行观测的各种综合技术的总称，由遥感平台、传感器、信息接收与处理、应用等部分组成。

交通遥感一般是通过利用可见光、近红外及雷达传感器在全色、多光谱及高光谱波段获取的遥感数据，为公路与城市交通、铁路、航空、水运和管道运输等工程领域的规划、设计、建设、运营管理，以及交通运输宏观规划、区域交通环境协调发展、交通运输基础设施管理、交通信息化与智能化等提供相应的信息服务。

除此之外，遥感与 GIS 相结合，在 GIS 空间分析和三维仿真技术支持下，建立 DTM 和大范围场景模型，进行地形与流域分析、空间选址等，不仅提高了交通工程设计与建设的预见性，还可进一步缩短与现实世界的差距。

可以从以下几个方面对交通遥感分类。

1. 按遥感平台高度分类

可分为航天交通遥感、航空交通遥感和地面交通遥感。

航天交通遥感泛指利用以各种太空飞行器为平台的遥感技术系统，以地球人造卫星为主体，包括人造地球卫星、载人飞船、航天飞机和太空站等，有时也包括各种行星探测器。航空交通遥感泛指从有人飞机、无人机、飞艇、气球等空中平台进行对地观测的交通遥感技术系统。地面交通遥感主要指以高塔、车、船为平台的交通遥感技术系统。

无人机遥感是指利用先进的无人驾驶飞行器技术、遥感传感器技术、遥测遥控技术、通讯技术、GPS差分定位技术和遥感应用技术，快速获取国土、资源、环境等空间遥感信息，完成遥感数据处理、建模和应用分析能力的应用技术，目前在交通领域的应用正在逐渐兴起。

2. 按探测波段分类

按所利用的电磁波可分为紫外遥感（探测波段为$0.05 \sim 0.4 \mu m$）、可见光遥感（探测波段为$0.38 \sim 0.76 \mu m$）、红外遥感（探测波段为$0.76 \sim 100 \mu m$）、微波遥感（探测波段为$0.1 mm \sim 1 m$）和多波段遥感（探测波段在可见光波段与红外波段范围内，再分成若干窄波段来探测目标）（梅安新等，2003）。

目前，交通遥感主要应用可见光光谱段、红外线和微波波段。其中，可见光光谱段应用较多，后两种应用相对较少。

3. 按传感器工作方式分类

根据传感器工作方式，可分为主动遥感和被动遥感两种。主动遥感是由传感器主动发射一定电磁波能量，并接收目标的后向散射信号来实现对地观测。被动遥感的传感器不向目标发射电磁波，仅被动接收目标物自身发射的和对自然辐射源反射的能量而达到目标探测目的。这两种方式的传感器适用于交通遥感。

4. 按研究对象分类

根据研究对象，可分为公路交通遥感、铁路交通遥感、水路交通遥感、管道运输工程遥感、航空交通遥感、城市交通遥感等。

由于针对的研究对象不同，遥感应用范围和所侧重的技术方法也各不相同，本书将按研究对象分别介绍交通遥感技术方法与应用。

2.1.2 交通遥感数据获取方式

交通遥感数据获取方式主要分为成像方式和非成像方式。前者具体地分为三种方式：摄影成像、扫描成像和微波成像。非成像方式主要是激光雷达获取方式（包括航空和车载的激光雷达获取方式）。

1. 成像方式

1）摄影成像

摄影成像是通过放置在焦平面的光敏元件，经过光电转换，以数字信号的形式来记录交通地物的影像。依据探测波长的不同，可分为近紫外摄影、可见光摄影、红外摄影、多光谱摄影等。目前，摄影成像还发展了近景摄影测量成像技术，即以摄影测量为手段，确定目标的形状、大小、几何位置和运动状态的一种摄影测量方式。通过将近景摄影测量系统 CCD 相机、激光扫描仪及定位导航系统 GPS/INS 集成在车辆上的车载三维数据采集系统，可完成对地物三维数据、纹理数据的采集及建模，实现集成化的三维空间信息的快速获取。在交通领域的主要应用是交通标志的自动提取、识别与入库等（韩冰，2007）。

2）扫描成像

扫描成像是依靠探测元件和扫描镜对交通目标及其环境，以瞬时视场为单位进行的逐点、逐行取样，从而得到交通目标与环境背景地物的电磁辐射特征信息，形成一定谱段的图像。其探测波段包括紫外、红外、可见光和微波波段。

3）微波成像

微波成像是指通过微波传感器获取交通目标地物发射或反射的微波辐射的成像技术。微波遥感采用的是无线电技术，按工作方式可分为主动微波遥感和被动微波遥感。

遥感技术应用中的雷达系统为侧视成像雷达系统（side-looking radar 或 side-looking airborne radar，简称 SLR 或 SLAR），即只能观测飞行平台左侧下方（或右侧下方）一定角度范围内的地面。侧视雷达按其天线工作方式的不同，可分为真实孔径雷达（real aperture radar，RAR）和合成孔径雷达（synthetic aperture radar，SAR）两类。当前，遥感技术应用中所有的现代机载、星载雷达都是 SAR。

因此，雷达遥感一般指 SAR 遥感。SAR 影像得到的高方位分辨力相当于一个大孔径天线所能提供的方位分辨力，与光学遥感相比，具有完全不同的特征。光学传感器接收的是地物反射太阳光的能量，而雷达则是一种工作在微波波段的主动式传感器，通过发射某一特定波长的微波波段的电磁波，接收来自地面的后向散射电磁波能量。SAR 可以全天候工作，受天气的影响小，可有效地识别伪装和穿透掩盖物等，有利于特定的交通目标识别和交通工程选线中地质构造识别、岩性识别等。

干涉合成孔径雷达（interferometric synthetic aperture radar，InSAR）是以 SAR 复数据含有的相位信息为信息源，获取地表的三维信息和变化信息的一种遥感测量技术。不仅可以由卫星雷达影像生成大范围高精度 DEM，而且，在此基础上发展起来的雷达差分干涉测量（differential interferometric synthetic aperture radar，D-InSAR）方法可以使用二次差分干涉相位图及基线数据来测量地表的微小形变。

2. 非成像方式

激光雷达（light detection and ranging，LiDAR）技术是遥感测量界的一项新兴遥感技术，通过激光扫描器和距离传感器来获取被测目标的表面形态。激光扫描器一般由激光发射器、接收器、时间计数器、微电脑等组成。目前，以机载激光雷达应用为主，车载激光雷达为辅，星载激光雷达比较少见。

在机载系统中，激光扫描测量系统、差分全球定位系统（difference global positioning system，DGPS）、惯性导航系统（intertial navigation system，INS）以及电荷耦合器件（charge coupled device，CCD）数字相机集成在一起，激光扫描测量系统获得地面三维信息，DGPS 实现动态定位，INS 实现姿态参数的测定，CCD 相机获得地面影像（李清泉等，2000）。LiDAR 所获取地表数据的精度高，适合条件复杂地区的公路与铁路的勘查设计，以及后期运营管理。

2.2　交通遥感图像处理

遥感影像是各种成像传感器所获信息的产物与探测目标的信息载体。实际应用中，需要通过影像获取三方面的信息，即目标地物大小和形状、空间分布特点和属性特点、目标地物的动态变化特点。因此，遥感影像中包含三方面的信息内容：

（1）空间信息。包括空间频率信息、边缘和线性信息、结构或纹理信息以及几何信息等。

（2）辐射与波谱信息。影像中每个像元的亮度值代表该像元中地物的平均辐射值，随地物成分、纹理、状态、表面特征以及电磁波段的不同而变化。

（3）时间信息。即影像中对应像元在不同时间获取的影像上辐射值的变化信息。

空间分辨率指像元所代表的地面范围的大小，即扫描仪的瞬间视场，或地面物体能分辨的最小单元。它反映出目标地物的大小、形状及空间分布等几何特征。

波谱分辨率指传感器在接收目标辐射的波谱时能分辨的最小波长间隔。间隔越小，分辨率越高。辐射分辨率指传感器接收波谱信号时，能分辨的最小辐射度差，即对信号强度差异的敏感性。在遥感影像上表现为每一个像元的辐射量化级。

光谱分辨率和辐射分辨率反映出目标地物的属性等物理特征。

时间分辨率指卫星的重访周期，即重复获得同一地区影像的最短时间间隔。时间分辨率反映出目标地物的动态变化等时间特征。彩图 2.1 显示了同一座城市立交桥的遥感影像随时间不同所反映出来的变化。

交通遥感影像处理是利用计算机模式识别与人工智能等技术对图像进行运算处理，以达到判读分析与提取交通相关信息的目的。图像运算处理是在图像处理系统中进行的。图像处理系统是由硬件（计算机、显示器、数字化仪、磁带机等）和软件（具有数据输入、输出、校正、增强、变换、分类等功能）两部分构成（孙家炳，2003）。

通常所说的"遥感图像处理"是指对遥感图像进行辐射校正和几何纠正、增强、融合、投影变换、镶嵌、特征提取、分类及各种专题处理。在交通遥感应用中，离不开遥感图像处理。通过对遥感图像进行辐射校正和几何纠正，使其具有真实的地表辐射和准确的空间参考及物理意义；通过图像增强和融合可突出感兴趣的交通目标与交通环境背景信息，为相关信息的提取做准备；图像投影变换和裁剪分幅等是专题制图的基础；通过特征提取、分类等各种专题处理，可以将相关的信息从复杂的地物中提取出来，这些信息是专题制图的内容来源。以下简要介绍遥感图像处理的基本原理与方法。

2.2.1　遥感图像校正

由于受大气、遥感传感器、遥感平台等因素的影响，遥感影像与实际地面辐射能量的分布及几何特征之间存在畸变，造成图像失真，为纠正这种失真而进行的处理称为"遥感图像校正"，又称"遥感图像恢复处理"。遥感图像校正包括辐射校正和几何纠正。

1. 辐射校正

遥感传感器在接收来自地物的电磁波辐射能时，电磁波在大气层中传输和在传感器测量中受到遥感传感器本身特性、地物光照条件以及大气作用等的影响，会导致遥感传感器测量值与地物实际的光谱辐射值不一致，这种现象称为"辐射失真"。

辐射校正是为了正确评价目标的反射和辐射特性，消除图像中辐射的失真而进行的遥感图像校正，一般包括辐射定标和大气校正两个过程。辐射定标就是将记录的原始图像的DN 值（digital number，遥感影像像元亮度值，记录的是地物的灰度值）转换为大气外层表观反射率，以消除传感器本身产生的误差，可采用实验室定标、星上定标、场地定标等多种方法进行定标。

一般辐射定标过程的参数会在原始遥感数据中提供。而大气校正是将辐射亮度或者表观反射率转换为地表实际反射率，目的是消除由大气散射、吸收、反射引起的误差。由于遥感器在获取信息过程中受大气分子、气溶胶和云粒子等大气成分吸收与散射的影响，其获取的遥感信息中带有一定的非目标地物的成像信息，数据预处理的精度达不到定量分析的要求，因此需要通过大气校正来消除这些影响。彩图 2.2 所示为 AVIRIS 高光谱图像大气校正前后的对比结果：彩图 2.2（a）为大气校正前的图像；彩图 2.2（b）为大气校正后的图像。大气校正后，消除了薄云的影响，地物更清晰。

2. 几何纠正

由于遥感传感器（如扫描线速度的不均匀影响等）、遥感平台（如卫星运行姿态的变化影响）以及地球本身（如地球自转的影响）等方面的原因，遥感成像时往往会引起难以避免的几何畸变，即地物在几何位置、形状、尺寸、方位等特征上产生的几何变形。遥感影像的几何纠正就是给图像数据加地理坐标，消除大气传输、传感器本身、地球曲率等因素造成的几何畸变。包括几何粗纠正、几何精纠正和正射校正，是图像融合、镶嵌与变化检测处理的前提。

1）几何粗纠正与精纠正

几何粗纠正即"系统纠正"，是将传感器相关的校正参数（传感器的校准数据、遥感平台的位置及卫星运行姿态等一系列测量数据）代入已知图像的构像公式，对原始图像进行几何纠正。

几何精纠正是利用控制点进行的几何纠正，它是用一种数学模型来近似描述遥感图像的几何畸变过程，即定量地确定图像上的像元坐标与目标物的地理坐标的对应关系。其基本环节包括像元坐标转换和像元亮度值重采样。

几何精纠正控制点的选择要以配准对象为依据。以地面坐标为匹配标准的，其控制点称为"地面控制点"（ground control point，GCP）；有时也用地图作为地面控制点标准；或用经过校正的遥感图像（如用航空像片或图像）作为控制点标准。无论用哪一种坐标系，关键在于建立待匹配的两种坐标系的对应点关系。通常的图像几何精纠正是通过人工选取地面控制点或者直接从控制点数据库中读取控制点信息进行的。

几何精纠正模型包括一般多项式模型、改进多项式模型、有理函数模型（RPC 模型）和共线方程严格几何模型等。

（1）对于多项式模型，其阶数可以根据具体图像的情况分别采用 1、2、3 阶进行纠正处理（实际工作中，一般采用二次多项式）。

（2）将地面高程值引入一般多项式中，得到改进二次多项式模型，不但运算简便，而且考虑了地形起伏的影响，可以获得较高的几何定位精度。

（3）有理函数模型是将地面点大地坐标与与其对应的像点坐标用比值多项式关联起来。为了增强参数求解的稳定性，将地面坐标和影像坐标正则化到−1和1之间。

（4）严格几何校正模型是根据传感器成像特点描述像点和地面点之间的几何关系，其优点是克服了传统回归模型耗时、费力的缺点，而其局限是需要精确获取卫星轨道的参数（有些卫星轨道的参数往往难以获取）。

由于几何校正后影像的像元往往无法与原图的像元一一对应，或像元中心位置有所偏差，因此必须通过重采样对新位置的亮度值重新计算。一般来说，新位置像元的亮度值介于邻点亮度值之间，所以常用内插法计算。常用的有最邻近内插法、双线性内插法、三次卷积内插法。

（1）最邻近内插法以与距内插点最近的观测点的像元值为所求的像元值。该方法简单易用、计算量小，在几何位置精度上精度为 0.5 个像元，但处理后图像的亮度具有不连续性，从而影响精度。

（2）双线性插值法是对最近邻法的一种改进，即用线性内插方法，根据点的四个相邻点的灰度值，分别在 x 和 y 方向上进行两次插值，计算出像元的值。

（3）双线性内插法虽然计算量增加，但精度明显提高，特别是对不连续现象或线状特征的块状化现象有明显的改善。同时也会使图像对比度明显的分界线变得模糊。

（4）三次卷积内插法使用内插点周围的 16 个观测点的像元值，用三次卷积函数对所求像元值进行内插，其具有均衡化和清晰化的图像效果，可得到较高质量的图像，但破坏了原始的数据。三次卷积内插法要求控制点的选取均匀度较高，如果中间有的控制点选取不准确，会对整体纠正效果产生影响。

总的来说，前两种方法较为常用。

2）正射校正

正射校正是在加地理坐标的同时，利用高程点或者 DEM 来消除地形起伏引起的图像变形。图像获取时，探测器定位所需的几何参数由探测器模型、GCP、轨道或飞行平台数据（位置、速度和方位）确定。为修正影像中的地形错位，需要影像中每个像素点的高度，然后再参考基准点来调校，可以通过 DEM 来完成。因此，正射校正就是使用几何模型和 DEM 将原始影像转化成正交投影。在正交投影中，影像中的每一点都是近似垂直观察的结果，这种影像称为"正射影像"（digital orthophoto map，DOM）。其比例不受高度影响，保持恒定，从而得以精确计量距离和方位。对于一些地形变化地区的图像，尤其需要进行正射校正。否则，该影像的比例尺就不是一个常数，距离和方位也无法精确计量。

为进行正射校正，需要考虑各种可能在影像获取时导致偏差的因素，建立转换模型。这些因素包括（但是不仅限于）：探测卫星定位、地形轮廓、地球形状及自转、卫星轨道姿态的变化、卫星探测器的系统误差。

一般的，平原区地形平坦，地形的微弱起伏对影像的变形影响不大，只需进行几何纠正即可。而丘陵和山区地形起伏较大，需对图像的几何形态与变形误差进行处理，通过赋予高程数据，来纠正或限制其投影误差，提高其纠正精度，即完成精确的正射校正。

2.2.2　遥感图像配准

图像配准是将不同时间、不同传感器或不同条件下（天气、照度、摄像位置和角度等）获取的两幅或多幅图像进行匹配的过程。由于各传感器通过的光路不同，或成像机制不同等原因，图像间可能出现相对平移、旋转、比例缩放等，影像镶嵌或融合不能直接进行，必须进行图像配准。

待配准图像相对于参考图像的配准可定义为两幅图像在空间和亮度上的映射。两幅图像可定义为两个二维数组，分别用两幅图像的亮度值（或其他度量值）$I_1(x, y)$ 和 $I_2(x, y)$ 表示，则两幅图像间的映射可表示为

$$I_2(x, y) = g(I_1(f(x, y))) \tag{2.1}$$

式中，f 为二维空间坐标变换（如仿射变换）；g 为一维亮度或其他度量值变换。

按照配准原理的不同，可将图像配准分为相对配准和绝对配准。相对配准是选择多个图像中的某一分量作为参考图像，将其他的分量图像与之配准，其坐标系是任意选择的，也称为"图像对图像的配准"。具体方法，可在两幅图像上选取若干同名控制点，用多项式模型建立两个图像同名像元之间的关系，进而实现图像的配准。绝对配准是在一个统一的地理坐标系下，对多个图像进行几何纠正，从而实现不同图像的配准。

常用的图像配准方法主要有基于图像灰度的配准和基于图像特征的配准两种。前者通常直接利用局部图像的灰度信息建立两幅图像之间的相似性度量，然后采用某种搜索方法寻找使相似性度量值最大或最小的变换模型的参数值。后者则是提取各类图像中保持不变的特征（如边缘点、闭区域的中心等）作为两幅图像配准的参考信息。

2.2.3　遥感图像增强

遥感图像增强是指为突出图像中的某些信息（如强化图像高频分量，可使图像中地物轮廓清晰、细节明显），同时抑制或去除某些不需要的信息，来提高遥感图像质量、改善图像视觉效果的处理方法。分析遥感图像时，为使分析者能容易确切地识别图像内容，需要按照分析目的对图像数据进行增强处理，使图像更适合特定的应用，更适于人的视觉或机器识别系统。图像增强并不增加图像数据中的相关信息，但将增加所选择特征的动态范围，从而使这些特征的检测和识别更加容易。主要方法包括空域增强、频域增强、色彩增强等。

1. 空域增强

在图像处理中，空域指由像素构成的空间。空域增强包括空域变换增强与空域滤波增强。

空域变换增强是基于点处理的增强方法，常用的方法有灰度与对比度增强、直方图增强和图像算术运算等。灰度与对比度增强是指对图像的亮度调整（加亮或减暗图像）和对比度拉伸（提高或降低对比度）。直方图增强包括直方图均衡化和直方图匹配。图像算术运算是将两幅或多幅单波段影像完成图像空间配准后，通过对应像素的一系列算术运算（如差值、比值等），达到提取某些信息或去掉某些不必要信息的目的。

空域滤波增强是基于邻域处理的增强方法，是在图像空间几何变量域上直接修改图像数据、抑制噪声、改善图像质量。其主要方法有图像卷积运算、边缘增强、平滑滤波、定向滤波等。

2. 频域增强

频域增强是指通过频域滤波实现图像增强的方法，它通过修改遥感图像频域成分来实现遥感图像数据的改变，达到抑制噪声或改善遥感图像质量的目的。其主要方法有低通滤波、高通滤波和带阻滤波与带通滤波。

1）低通滤波

低通滤波又称"高阻滤波器"，是抑制图像频谱的高频信号而保留低频信号的一种模型（或器件）。在遥感图像中，物体边缘和其他尖锐的跳跃（如噪声）对频域的高频分量具有很大的贡献。通过低通滤波，可以抑制地物边界剧烈变化的高频信息以及孤立点噪声，可起到突出背景或平滑图像的增强作用。常用的低通滤波包括理想低通滤波器、巴特沃思（Butterworth）低通滤波器、指数低通滤波器、梯形低通滤波器等。

图 2.1 是低通滤波前后的效果对比：图 2.1（a）是单波段 QuickBird 图像；图 2.1（b）是经过低通滤波后的图像，图中道路目标信息得到了增强，但车辆目标信息遭到了抑制。

(a) 单波段图像 (b) 低通滤波后的图像

图 2.1 QuickBird 图像低通滤波效果图

2）高通滤波

高通滤波又称"低阻滤波器"，是抑制图像频谱的低频信号而保留高频信号的一种模型（或器件）。高通滤波可以使高频分量畅通，而频域中的高频部分对应着图像中灰度急剧变化的地方，这些地方往往是物体的边缘。因此，高通滤波可使图像得到锐化处理。常用的高通滤波包括理想高通滤波器、巴特沃思高通滤波器、指数高通滤波器、梯形高通滤波器等。图 2.2 是图 2.1（a）高通滤波后的效果，滤波后更突出了车辆目标的边缘信息。

图 2.2　QuickBird 图像高通滤波效果图

3）带阻滤波与带通滤波

带阻滤波器是一种抑制图像频谱的中间频段，而允许高频与低频畅通的滤波器。其作用是滤除遥感图像中特定频谱范围内的信息。带通滤波器是一种抑制图像频谱中的高频与低频，而允许中间频段畅通的滤波器。该滤波器通常用于突出遥感图像中特定频谱范围内的目标。

3. 彩色增强

人的视觉对彩色的分辨能力远远高于对灰度的分辨能力。通常，人眼能分辨的灰度有十几个等级，但可以分辨 100 多种彩色层次。彩色增强就是根据人的视觉特点，将彩色用于图像增强之中，这是提高遥感图像目标识别精度的一种有效方法。

彩色增强包括伪彩色增强和彩色合成增强。前者是将灰度图像变换为彩色图像的处理技术，如单波段灰度遥感图像可按亮度分层，对每层赋以不同的色彩，使之成为一幅彩色图像。后者是将多波段灰度图像变换为彩色图像的处理技术。根据合成影像的彩色与实际景物自然彩色的关系，彩色合成分为真彩色合成和假彩色合成两种。真彩色合成是指合成后的彩色图像上，地物色彩与实际地物色彩接近或一致；假彩色合成是指合成后的彩色图像上，地物色彩与实际地物色彩不一致。通过彩色合成增强，可以从图像背景中突出目标地物，有利于遥感图像的判读。

彩色合成增强分为 RGB 模型增强和 HSI 模型增强。

（1）在 RGB 模型上，增强是指对 R（红）、G（绿）、B（蓝）各分量直接使用对灰度图像的增强方法。该方法可以增强图像中可视细节的亮度，但色调有可能完全没有意义。因为增强图像中，对应同一个像素的 R、G、B 三个分量均发生了变化，它们的相对数值与增强前不同，从而导致图像的颜色发生了较大的改变。彩图 2.3 是单波段 QuickBird 彩色增强图像，突出显示道路目标。其中，灰度值范围为 0～63 的像素赋以红色；64～95 的像素赋以蓝色；96～159 的像素赋以黄色；160～223 的像素赋以品红色；224～255 的像素赋以绿色。

（2）在 HSI 模型上，增强是指先将图像从 R、G、B 分量图转换为 H（色度）、S（饱和度）、I（强度）图，然后对其中的分量进行增强处理，再将结果转换为用 RGB 模型来表示。彩图 2.4 是 QuickBird 多波段 RGB 真彩色合成效果图。

2.2.4 遥感图像融合

来自不同传感器的遥感数据具有不同的时间、空间、光谱分辨率以及不同的极化方式。单一传感器获取的图像信息量有限，往往难以满足应用的需要。利用图像融合可从不同遥感图像中获得更多有用信息，进而弥补单一传感器的不足。

遥感图像融合（image fusion）是将不同类型传感器获取的同一地区的影像数据进行空间配准，然后采用一定算法将各影像数据中所含的信息优势或互补性有机结合起来，生成新影像数据的技术。面对海量数据，融合多光谱图像（高的光谱分辨率）和全色图像（高的空间分辨率）是最佳选择。遥感图像融合通过将单一传感器的多波段信息或不同类传感器所提供的信息进行综合，发挥各自的优势（即获得高光谱和高空间分辨率图像），并消除多传感器信息之间可能存在的冗余和矛盾，以增强影像中的信息量，改善判读精度、可靠性及使用率。

图像配准是数据融合处理中的关键步骤，图像的几何配准精度直接影响到融合影像的质量。通常情况下，不同类型的传感器影像进行融合时，由于成像方式的不同，其系统误差类型也不同。如 SPOT 影像的 HRV 传感器是以 CCD 推扫式扫描成像的，而 TM 影像则是通过光机扫描方式成像的。因而，将 SPOT 影像与 TM 影像等不同类型影像进行融合时必须经过严格的几何校正，分别在不同数据源的影像上选取控制点，用双线性内插或三次卷积内插运算对分辨率较低的图像进行重采样，改正其误差，将影像投影到统一的地面坐标系统上，为图像配准奠定基础。在实践中，可以统一采用数字化地形图作为基础底图，分别对不同传感器获得的图像进行几何精校正，使它们具有统一的投影方式和坐标系统，以便不同类型或不同时相的遥感影像之间的几何配准和精确融合。

遥感图像融合方法包括像素（pixel）级融合、特征（feature）级融合和决策（decision）级融合三类。像素级融合对原始图像及预处理各阶段所产生的信息分别进行融合处理，以增加图像中有用信息成分，改善图像处理效果。特征级融合能以高的置信度来提取有用的图像特征。决策级融合允许多源数据在最高抽象层次上被有效的利用（孙家炳，2003）。目前，主要采用像素级融合（Klein，1993）。像素级图像融合的主流方法有 IHS-RGB 变换、主分量变换（principal component analysis，PCA）、Brovey 变换、小波变换和高通滤波（high pass filter，HPF）五种。根据数据源的不同，可从中优选不同方法。彩图 2.5（a）为 2006 年 5 月 14 日福卫 2 号（FORMOSAT-2）8m 多光谱影像；彩图 2.5（b）为 FORMOSAT-2 2m 全色影像；彩图 2.5（c）为 Brovey 变换方法融合影像。融合后的图像与原来的多光谱合成图像相比，空间分辨率提高到 2m，图像更清晰。

仅用遥感数据，往往会使综合分析的依据不足，可通过加入非遥感数据进行融合来解决。非遥感数据包括地质、气象、水文等自然专题信息及地图，也包括行政区划、人口、经济等人文与社会经济数据，它们作为遥感数据的补充，有助于综合分析客观规律，提高图像判读的科学性。因此，遥感数据与地理数据的融合也是遥感分析过程中不可缺少的手段。

航空与航天数据是以网格的形式记录的，而由地面采集的地理数据则常以多等级、多量纲的形式反映下垫面的状况，数据格式也呈多样化。为使各种地理数据与遥感数据兼容，要将获取的非遥感数据按照一定的地理网格系统重新量化和编码，以完成各种地理数据的定量和定位。它们可以作为与遥感数据类似的若干独立的波段，与遥感数据进行融合。融合的步骤具体如下：

第一步，地理数据的网格化。使非遥感的地理数据与遥感数据融合，前提条件是必须使地理数据可作为遥感数据的一个"波段"，即通过一系列预处理，使地理数据转化成为网格化的数据，且其空间分辨率与遥感数据一致，对应地面位置与遥感数据配准。

第二步，最优遥感数据的选取。进行融合的遥感数据常常只需一个或两个波段，以达到减少数据量、保持信息量的目的。

第三步，非遥感数据与遥感数据的融合。在完成分辨率与位置配准处理后，多采用两种方法完成数据融合：一是非遥感数据与遥感数据共同组成三个波段（不同数据源波段数目比例为 1 : 2 或 2 : 1）进行假彩色合成；二是两种数据直接叠加，如波段之间作加法或其他数学运算，也可以波段之间做适当的"与"、"或"等布尔运算。

2.2.5　遥感图像投影变换

地球投影方法多种多样，为满足不同用途的不同来源数据的投影系统也可能是不同的。由于不同投影系统的遥感数据一般不能直接用作分析计算，因此不同投影系统的影像需要变换到统一的投影系统中，以便处理与应用。投影变换方法有多种，主要可分为以下三类：

（1）直接变换。即通过在两种投影之间直接建立解析关系式来实现从一种投影向另一种投影的变换，又称"正解变换"。

（2）反解变换。即通过中间过渡的方法，首先由一种投影坐标 (x, y) 反解出地理坐标 (B, L)，然后再将地理坐标代入另一种投影的坐标公式中，以实现不同投影坐标之间的变换。

（3）数值变换。即首先在两投影系统之间建立线性方程组，然后根据两种投影在变换区的若干同名点解算出方程组系数，来实现由一种投影坐标到另一种投影坐标的变换。

2.2.6　遥感图像镶嵌、裁剪与分幅

1. 图像镶嵌

当工作区超出单幅遥感图像所覆盖的范围时，通常需要将两幅或多幅图像镶嵌起来，形成一幅或一系列覆盖全区的较大的图像。遥感图像镶嵌（image mosaicking）是将两幅或多幅遥感图像（它们有可能是在不同的成像条件下获取的）拼在一起，构成一整幅图像的技术过程。图像镶嵌技术是近年来发展迅速的图像处理技术之一，其主要工作流程包括图像预处理（辐射校正与几何校正）、确定参考图像和镶嵌顺序、确定拼接线与色调调整。

在进行图像镶嵌时，需要确定一幅参考图像，作为镶嵌过程中的对比度匹配，镶嵌后

输出图像的地理投影、像元大小和数据类型的基准。镶嵌的一个很重要的问题是在待镶嵌图像的重叠区内选择出一条曲线（即拼接线），按照这条曲线把图像拼起来，待镶嵌图像按照这条曲线镶嵌后，曲线两侧的亮度变化不显著或最小时，将改曲线作为拼接线。

镶嵌的两幅或多幅图像尽量选择相同或相近的成像时间，使得图像色调保持一致。在接边色调相差较大时，可以利用直方图均衡、色彩平滑等处理使接边尽量一致。但当图像用于变化信息提取时，相邻影像的色调则不允许平滑，以避免信息变异。

2. 图像裁剪与分幅

图像裁剪即构建图像的空间子集，目的是将工作区之外的区域去除，通常按照行政区划边界、自然区划边界或研究区域等进行图像的裁剪，可分为矢量数据栅格化和掩膜计算两个过程。矢量数据栅格化是将面状矢量数据转化成二值栅格图像文件，其像元大小与被裁剪图像的像元大小一致。掩膜计算是把二值图像中的裁剪区域的值设为1，区域外取值0，与被裁剪图像做交集运算，计算所得图像就是图像裁剪结果。

图像分幅是指按一定方式将大范围遥感图像划分成尺寸适宜的若干单幅图像，以便于地图制作和使用。常见的分幅形式有矩形分幅和经纬分幅。矩形分幅图廓呈矩形，相邻图幅间以直线划分，各图幅间接合紧密，便于拼接使用。但图廓线没有明确的地理坐标，整个制图区域只能投影一次。经纬分幅是指图廓线由经线和纬线组成，每个图幅都有明确的地理位置概念，便于检索，是当前世界各国地形图和大区域的小比例尺分幅地图所采用的主要分幅形式。经纬网国际分幅原则如下（张荣群，2002）：

（1）1∶100万比例尺地形图的分幅和编号采用国际标准分幅的经差6°、纬差4°为一幅图。从赤道起，向北或向南至纬度88°为止，按纬度差每4°划作一横列，共划分为22个横列，依次用A，B，…，V表示；从经度180°起，向东按经度差每6°划作一纵行，全球共划分为60个纵行，依次用1，2，…，60表示。每幅图的编号由该图幅所在的"行号列号"组成。例如，北京某地的经度为116°26′08″、纬度为39°55′20″，其在1∶100万地形图中的编号为J50。

（2）1∶50万～1∶5000地形图的分幅和编号均以1∶100万地形图编号为基础，采用行列式编号法。将1∶100万地形图按所含各种比例尺地形图的经纬差划分成相应的行和列，横行自上而下，纵列从左到右，按顺序均用阿拉伯数字编号，皆用3位数字表示，凡不足3位数的，则在其前补"0"。各大中比例尺地形图的图号均由5个元素（10位码）构成。从左向右，第一元素1位码为1∶100万图幅行号字符码；第二元素2位码为1∶100万图幅列号数字码；第三元素1位码为编号地形图相应比例尺的字符代码；第四元素3位码为编号地形图图幅行号数字码；第五元素3位码为编号地形图图幅列号数字码。各元素均连写，如J50B001001。

2.3 交通遥感信息提取

2.3.1 遥感信息提取概述

光学遥感图像通过像元亮度值的高低差异（反映地物的光谱信息）及空间变化（反映地物的空间信息）来表示不同地物的差异，这是区分不同图像中不同地物的物理基础。

遥感图像中目标地物的特征是地物电磁波辐射差异在影像上的反映。遥感信息提取是依据图像上的地物特征，识别地物类型、性质、空间位置、形状、大小等属性的过程。常用的遥感信息提取方法有两大类：一种是目视解译，又称"目视判读"，有时也称为"目视判释"。目视判读是专业人员通过直接观察或借助判读仪器获取遥感图像上特定目标地物信息的过程。另一种是计算机解译，也称"自动判读"。计算机解译以遥感数字图像为研究对象，在计算机系统支持下，综合运用地学分析、遥感图像处理、GIS、人工智能技术，实现地学专题信息的智能化获取。计算机解译的目的是实现计算机支持下的图像智能化识别，最终目的是实现图像理解，其基础工作是图像分类。

图像分类的主要方法包括传统监督分类、非监督分类，以及神经网络分类、分形分类、模糊分类和面向对象分类方法等新方法（梅安新等，2003）。对由图像分类处理等计算机解译得到的结果，需要运用目视判读的方法进行抽样核实或检验，核查计算机解译的精度。

图像目视判读需要判读者具有丰富的地学知识和判读经验，所花费的时间长，而且图像判读质量受判读者的经验、对判读区域的熟悉程度等各种因素的制约。为解决这些问题，自20世纪70年代起，人们开始重视计算机获取遥感图像中有用信息的方法研究。起初主要是利用统计模式识别方法（Strahler，1980；Engle，1985），由计算机完成。20世纪80年代后期，Goodenough（1988）与Ehlers（1989）提出"遥感与GIS一体化"的构想，对GIS与遥感技术的结合方式进行了研究。20世纪90年代以来，遥感图像计算机解译有了较大的发展。秦其明于1991年提出运用目标地物多种特征和地物背景知识进行遥感图像智能识别，并于1993年进一步提出遥感图像多种特征抽取方法以提高计算机解译精度（秦其明，1991、1993）。Murai和Omatu（1997）提出利用神经网络与专家知识进行图像分析。曹五丰和秦其明（1998）随后提出了利用目标地物知识指导计算机获取遥感图像信息的方法。21世纪以来，一些学者从智能化判读的角度，研究了遥感影像智能分析方法（骆剑承，2000）、判读专家系统（关泽群等，1993；范俊川和刘亚岚，2010；刘亚岚等，2007；谭衢霖等，2008）等，并开发了一些侧重于不同应用的原型系统。

智能化识别地物的关键在于如何模仿人类认知。这方面的研究也是最近几年来，遥感信息提取研究中的热点。德国学者Gerd Binnig领导的团队，模仿人类认知原理，采用面向对象的分析和分类程序，运用语义网络结构表述知识的方法，开发了遥感影像分析软件eCogniton。该软件可根据上下文，反复搜索图像，将像素归并到一组中，作为一个对象。正如人类思维是通过颜色、形状、纹理、尺寸大小等特征，即组成对象的上下文关系，把对象归并到不同的类中。这一思路为从卫星影像中快速提取对象信息创造了条件，对高分辨率遥感数据具有较好的实用性（关元秀和程晓阳，2008）。从模拟生理视觉的角度实现对遥感影像的地学认知，骆剑承（2000）初步提出了融合地学知识的遥感影像生理认知模型及其方法体系；张本昀和王家耀（2006）应用现代认知理论，建立了遥感影像认知信息处理的结构模型，并对模型的作用和特点进行了简单分析。这些思路都可归结为对遥感图像判读的语义结构认知，即按影像的物理特性（如颜色、光谱、形状、空间特征等），分层次地与地物本身的语义特征相关联，实现语义特征的重建，从而达到对地物识别的目的，推动了遥感判读专家系统的发展。

就交通应用而言，遥感信息提取的内容主要包括：交通基础信息（如DEM、地表形变等）、交通要素目标信息与交通环境背景信息等，可以采用目视判读、自动分类或图像判读专家系统等来获取。公路、铁路等交通要素目标在中低分辨率的可见光图像上一般与周围环境背景有亮度上的区别，并且具有显著的线性特征，易于目视识别。雷达图像上的色调则反映地物散射强度的高低，灰度值变化对应散射强度的变化，纹理结构反映地物目标的结构特征。因此，线状地物在 SAR 影像上易于判读，如公路、铁路等；机场等光滑表面的后向散射能量很少，在 SAR 影像上呈暗色调，也容易识别。

随着未来人工智能技术的发展，将专家知识与经验引入各种相关知识库，并利用遥感数据和其他数据等建立数据库，为自动判读提供知识与数据的基础，可以更好地模拟人工目视判读，实现具有普适性的专家判读系统。

2.3.2 交通基础信息提取

交通基础信息提取包括地表高程信息的提取和地表形变信息的提取。

DEM 是道路交通工程综合勘测设计一体化和实现数字化公路、铁路最为重要的基础数据之一。目前常用方法主要有以下几种，如表 2.1 所示。

表 2.1 DEM 获取方式比较

生产方式	DEM 的精度	速度	成本	更新程度	应用范围
地面测量	非常高（cm 级）	耗时	很高	很困难	小范围区域、特别的工程项目
航空摄影测量	比较高（cm~m 级）	比较快	比较高	周期性	大的工程项目
卫星遥感立体像对	低~中（m 级）	很快	低	很容易	国家范围乃至全球范围内的数据收集
GPS 测量	比较高（cm~m 级）	很快	比较高	容易	小范围区域、特别的工程项目
地形图数字化	比较低（图上精度 0.1~0.4mm 级）	非常快	比较低	周期性	国家范围内以及军事上的数据采集，中小比例尺地形图数据获取
雷达干涉测量	中~高（cm~m 级）	很快	比较高	容易	高分辨率、根据需要选择
机载激光雷达测量	中~高（cm~m 级）	很快	比较高	周期性	高分辨率、根据需要选择

（1）地面测量。用全站仪或经纬仪、激光测距仪、GPS 导航仪在野外进行观测，获取地面点数据，一般用于小范围，大比例尺（一般大于 1∶2000）的数字地形测图。

（2）基于立体像对的 DEM 获取。基于航空、航天摄影测量遥感（主要指航摄像片和遥感影像立体像对）一直是道路勘测设计过程中各种比例尺地形图测绘和更新最有效，也是最主要的手段，其获取的立体像对是高精度大范围 DEM 生产最有价值的数据源。

（3）地形图数字化采集。地形图数字化采集的高程精度主要取决于地形图的高程精度。但地形图可能会存在覆盖范围不够、高程数据精度低和等高线模糊等问题。这种方式一般难以满足现势性要求。在发展速度快的地区，由于土地开发利用使地形、地貌变化剧烈而且迅速，已有地图往往不宜作为 DEM 的数据源。

此外，随着 InSAR 干涉测量技术的发展，基于 InSAR 干涉测量技术的 DEM（包括地表形变信息）获取方法受到重视。随着 LiDAR 技术的问世，基于机载激光雷达技术的 DEM 获取方法得到广泛应用。

以上几种 DEM 获取方式中，基于立体像对获取 DEM 和地形图数字化的方法是目前大规模 DEM 采集最为普遍的方式。

1. 基于立体像对提取 DEM

通常，单眼观察景物不能正确判断景物的远近，而双眼观察景物才能得到景物的立体效应，这种现象称为"人眼的立体视觉"。同理，在摄影测量中，利用不同角度拍摄的、具有重叠区域的相邻像片组成像对，在一定条件下可获得地面的立体模型。同一目标在相邻像片中的像点称为"同名像点"。立体像对同名像点的坐标差即为"视差值"，它是由于观测位置变动造成物体位置相对于背景的视位移，是立体观测和提取高程信息的基础。同名像点的横坐标差为左右视差，用于推算地面两点间的高差；纵坐标差为上下视差，用于推算立体像对的相对方位。

利用立体像对建立 DEM 时，首先，需要对立体像对数据进行精校正处理，以确保立体像对影像具有统一的坐标系，并消除地形起伏造成的影像畸变。其次，进行立体像对的相对定向，即核线重采样，对左右原始影像沿核线方向保持 x 不变，在 y 方向进行核线重采样。然后，生成核线影像，以恢复图像采集时像对的相对位置关系。这就要求出像点在地面坐标系中的绝对位置，还需要进行像对的绝对定向，把像点坐标换算到地面参考坐标系中，该过程需要 GCP 的参与。最后，在满足共线关系的立体像对中寻找同名点，再根据同名点的高程用内插法计算出 DEM。

数字表面模型（digital surface model，DSM）是指包含了地表建筑物、桥梁和树木等高度的地面高程模型。DEM 只包含了地形的高程信息，并未包含其他地表信息；而 DSM 是在 DEM 的基础上，进一步涵盖了除地形以外的其他地表信息。在一些对建筑物高度、桥梁高度等有需求的领域，DSM 的获取得到了很大程度的重视。利用立体影像进行 DSM 提取，可以充分利用卫星影像时效性强、成本低和观测范围广的优点，如纪松等（2009）基于自适应三线阵影像匹配模型进行了 DSM 的自动提取。

由于高分辨率卫星搭载的传感器可以获取同轨和异轨立体影像，因此，利用高分辨率卫星影像可以实现地面目标的三维重建。随着城市的不断发展，高分辨率卫星影像在城市地区的应用需求越来越大。高精度的几何定位是高分辨率卫星影像数据各种应用的基础，也是人们利用这种数据时最关心的指标。

2. 激光雷达技术获取 DEM

除了用传统航空摄影测量和卫星立体测图获取 DEM 之外，三维激光扫描成为近几年应用的新趋势。将激光扫描仪、GPS 接收机、惯性导航系统（即惯性测量装置，inertial measurement unit，IMU）集成在一起后安装到航空平台上，再加上机电设备使激光器以一定角度摆动或者作圆周旋转。随着航空平台的飞行，激光扫描仪可获取具有一定宽度的扫描条带数据。

其工作原理如图 2.3 所示。LiDAR 系统所获得的数据是表示地面点三维坐标的点云数据或波形数据。它是主动式测量系统，无需接触目标，可在复杂的现场环境中完整地采集各种大型的、复杂的、不规则的实景三维数据，以高密度、高精度的方式获取目标表面特征点云数据。观测过程中，无人工干预，由扫描仪内部电子设备自动控制，减小了人工干预的不确定性。激光雷达的搭载平台除航空平台外，还可以是卫星、汽车或架设于地面的固定站点，分别为星载、车载和地面激光雷达。

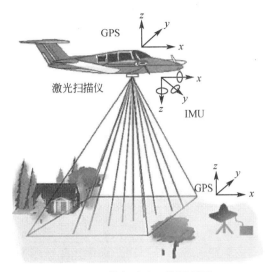

图 2.3　激光雷达工作原理图

用点云数据构建实体三维几何模型时，针对不同应用对象、不同点云数据的特性，三维激光扫描数据处理的过程和方法也不尽相同。概括地讲，整个数据处理过程包括数据采集、数据预处理、几何模型重建和模型可视化（赵永艳和张金良，2011）。

其中，数据采集是模型重建的前提。数据预处理为模型重建提供可靠、精选的点云数据，降低模型重建的复杂度，提高模型重构的精确度和速度。数据预处理阶段涉及的内容有点云数据的滤波、点云数据的平滑、点云数据的缩减、点云数据的分割、不同站点扫描数据的配准及融合等。模型重建阶段涉及的内容有三维模型的重建、模型重建后的平滑、残缺数据的处理、模型简化和纹理映射等。

在实际应用中，先用 LiDAR 软件自动去除地表上绝大部分的多余激光脉冲点数据，从而获取裸露点三维数据信息，并构建不规则三角网（TIN）图形。LiDAR 软件根据脉冲点的高程值将其分成不同的高差段，并赋以不同颜色值来渲染 TIN。再进行图像预处理，识别非地表裸露点，如大部分树高端点、树中端点、建筑物点、桥面点等，经人工剔除后归类。经处理后，所有剩下的 LiDAR 数据都是地面点数据，既可生成高精度的 DEM 和地形图等高线，又可以进一步制作成正射影像图。DEM 与同时获取的正射遥感影像相叠加，可以生成三维立体效果图，见彩图 2.6（中交宇科空间信息技术有限公司，2009）。

LiDAR 系统作为一种领先的数据获取系统，是继 GPS 以来在测绘领域的又一个技术革命，主要表现在能直接获取地面三维地理信息，从而为快速建立精准的 DSM 创造了条件，大比例尺地形图的绘制与路面的自动生成，可以在室内快速测算出路面的弯沉、纵断高程、宽度、平直度、边坡及横坡的坡度、挡土墙的高度和面积等一系列参数。同时，可以大大减少工作量，缩短整个公路的质量检测时间，并提高精度，相关检测的数据也可以得到完整的保存。激光雷达技术作为获取空间三维信息的重要手段，除了在数字城市建设、土地更新调查等相关领域中发挥重要作用外，还在与公路建设类似的线形工程，如铁路、电力等领域得到推广应用。

3. InSAR 干涉测量技术获取 DEM

与上述 DEM 生成方式比较，InSAR 是快速获取高精度、高分辨率 DEM 最为有效的数据源，其优势在于能够全天候、全天时、快速、全数字化地获取大面积的地表的高空间分辨率、高精度三维信息，对大气和季节的影响不敏感。因此，特别适于环境恶劣、难以获取光学遥感影像和森林面积覆盖较广地区的地形测量。从技术发展来看，进行地形测量以建立高精度 DEM 是 InSAR 技术目前的主要应用领域，其数据处理流程已经成熟且可用于生产。

InSAR 是利用复数雷达数据中含有的相位信息，通过干涉处理来提取地表三维地形信息。如果雷达两次发出的微波频率相等，在成像期间波动不中断且平台轨道近似，那么，在相遇处两雷达波会产生干涉现象。其基本原理是：利用雷达传感器的两副天线同时成像，或一副天线相隔一定时间重复成像，获取同一区域的干涉雷达复数图像对。由于两副天线与地面某一目标之间的距离不等，使得在干涉雷达复数图像对同名像点之间产生相位差，形成干涉条纹图，干涉条纹图中的相位值即为两次成像的相位差测量值。根据两次成像相位差与地面目标的三维空间位置之间存在的几何关系，利用飞行轨道的参数，即可测定地面目标的高程（谭衢霖等，2008）。

InSAR 基本几何原理如图 2.4 所示。其中，O_1 和 O_2 为卫星两次对同一地区成像的天线位置；两次位置之间的距离 B 称为"基线距"；H 为第一个成像天线的相对高度；ξ 为基线 B 的倾角；r_1 和 r_2 为雷达天线与地物点之间的距离；B_x 和 B_z 为基线 B 在 x 和 z 方向上的分量；θ 为区域入射角。两天线接收同一地面信号的相位分别为

$$\phi_1 = \frac{4\pi r_1}{\lambda} \tag{2.2}$$

$$\phi_2 = \frac{4\pi r_2}{\lambda} \tag{2.3}$$

相应地，相位差为

$$\phi = \phi_2 - \phi_1 = \frac{4\pi}{\lambda}(r_2 - r_1) = \frac{4\pi}{\lambda}\delta_r \tag{2.4}$$

其中，λ 为波长；δ_r 为路径差。相位差可以通过由两副复图像生成的干涉条纹图求得，因此由公式（2.4）可以计算斜距差（$r_2 - r_1$）。由于，$\sin(\theta-\xi) = f((r_2-r_1), B)$，则 $z(x, y)$ 的高度可以定义为

$$z(x, y) = H - r_1\cos\theta = H - r_1\left[\cos\xi\sqrt{1 - \sin^2(\theta - \xi)}\right] = \sin\xi\sin(\theta - \xi) \tag{2.5}$$

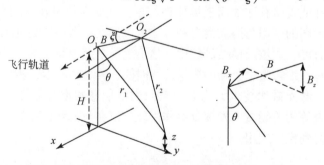

图 2.4　InSAR 几何关系示意图（据谭衢霖等，2008）

InSAR 数据获取方法因平台与使用条件的不同可以分为沿轨道干涉、正交轨道干涉和重复轨道干涉三种。地形高度测量的数据处理主要包括相位差确定、基线确定和地面高度确定三个部分，具体流程有复数图像的配准、复数共轭相乘、生成干涉条纹图、平地相位消除、相位噪声抑制、相位解缠和计算地形高度，最终生成 DEM（谭衢霖等，2008），如图 2.5 所示。

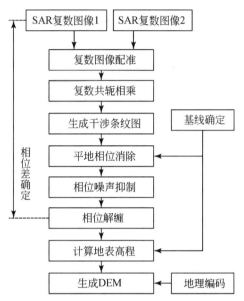

图 2.5　SAR 干涉测量 DEM 获取流程（据谭衢霖等，2008）

为便于应用，在实际数据处理中，一般是用成像间隔内未发生地表形变的图像对提取出 DEM；或利用该区形变前已有的 DEM，然后利用做变化检测的图像对的基线关系模拟出仅由地形引起的干涉条纹图，再在主干涉条纹图中减去生成的模拟条纹图，则最后得到的干涉条纹图只包含地表形变信息。

彩图 2.7 采用西藏玛尼地区的 ERS-1/2 重复轨道串行干涉模式数据，成功提取出该试验区的 DEM，与 1∶10 万地形图比较，均方根误差为 17.6m。

目前，航天飞机雷达地形测绘使命（shuttle radar topography mission，SRTM）以航天飞机为平台，对全球进行了同轨 InSAR 立体测绘（汪凌，2000）。目前，可免费获取中国境内的 SRTM3 数据，平面精度为 30m。其中，有部分点没有高程值，可利用 SRTMFill 或 Matlab 修复空洞，对其赋值（SRTM3 原始数据为 .fgt 格式文件，可用 Global Mapper 将其转换成 .DEM 格式文件，再用 ArcToolbox 转换成 grid 格式文件）。

4. D-InSAR 差分干涉测量地表形变

D-InSAR 技术即"合成孔径雷达差分干涉测量技术"，是在上述高程干涉测量的基础上发展起来的，利用复数雷达图像的相位差信息来提取地面目标微小地形变化信息的技术。通过两副天线同时观测，或两次近平行的观测，获取地面同一景观的复图像对。在地表未发生形变前获取第一幅 SAR 图像，在地表发生形变后获取第二幅 SAR 图像。这两幅 SAR 图像形成的干涉条纹图的相位包含如下信息：

（1）由相对轨道位置所起的传播路程差。

（2）由地形引起的立体路程差。同基线距有关，可通过数字高程模型或另一幅干涉图消除地形影响。

（3）数据获取时，由地表形变引起的路程差。每个干涉条纹相当于沿雷达视向的半个波长的位移量。

如能够消除掉前两方面的信号，那么剩下的第三个因素产生的干涉条纹可用来监测地表动态变化。

假设，在发生形变前获取第三幅图像，由第三幅图像与第一幅图像形成干涉条纹图，那么，其干涉相位则只包含地形信息。利用第三幅 SAR 图像，采用相位相差的方法消除地形的影响，只得到相位差与地表形变之间的关系，称为"三轨法"。

近年来，国际上基于 D-InSAR 技术又发展了"永久散射体干涉测量技术"（统称"PS-InSAR 技术"）。具体地，还可分为稳定点网络（SPN）方法、小基线子集（SBS）方法和角反射器（CR）方法等，这些方法大大增强了 D-InSAR 地表形变监测分析的适用性。特别是角反射器干涉测量（CR-InSAR）方法，对于有限数据条件下的低相干地区，当不存在稳定天然散射体目标（permanent scatterer，PS）或者 PS 点较少但又必须监测的形变区域的情况下，可以通过设置人工目标——角反射器（由 3 块相互垂直的金属三角平面板构成，图 2.6 所示）作为雷达监测对象，从而根据 CR 干涉相位变化来测量地表变形。角反射器干涉测量可以应用在相干目标极少的低相干特殊地区，对一些重点地物目标进行变形监测。目前，这些技术和方法在相关领域的变形研究正在世界各地蓬勃开展。

图 2.6　角反射器测量示意图

差分干涉测量从整体上可以分为两大步骤，流程如图 2.7 所示。图中虚线框表示可以分别选择利用干涉图和用 DEM 两种途径消除地形效应。首先，将地表形变前后的两幅聚焦雷达图像进行配准，共轭相乘，生成主干涉图；然后，利用生成的地表形变前的干涉图或 DEM 模拟干涉图，在主干涉条纹图中减去生成的模拟条纹图，以消除地形影响；最后得到的干涉条纹图只包含地表形变信息，即地表形变检测图。

与水准测量和 GPS 测量相比，D-InSAR 测量所得图像是连续覆盖的，由此得到的地表形变图也是连续覆盖的，这对把握大范围地表形变分布的时空变化特征及发展规律以及进行模拟预测分析和沉降变形灾害范围的评估具有重要作用。

此外，D-InSAR 可监测或识别出潜在或未知的地面形变信息。水准测量和 GPS 测量在没有掌握变形大概位置的情况下，难以事先安排地面现场变形测量工作，而 D-InSAR 技术可获取大范围区域的地面沉降趋势信息，从而为地面水准测量、GPS 测量等现场实测手段的布设监测提供指导。表 2.2 对分别利用地面水准测量、GPS 测量和 D-InSAR 测量方法进行地表沉降变形监测的特点进行了归纳与对比。

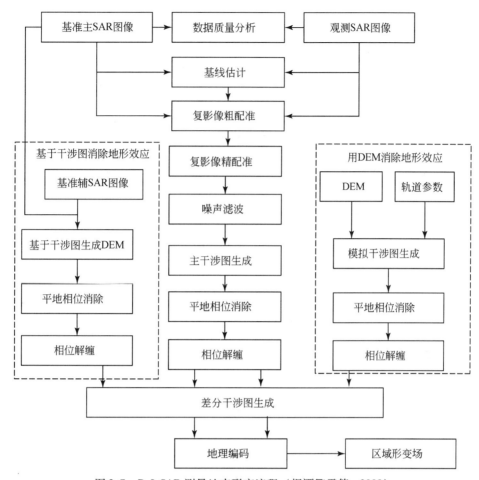

图 2.7　D-InSAR 测量地表形变流程（据谭衢霖等，2008）

表 2.2　地表沉降变形监测方法比较

测量方式	沉降信息	精度	周期/速度	作业条件	成本	数据处理
地面水准测量	点、线信息	$1 \sim 10\text{mm}$	长/慢	根据条件	高	慢
GPS 测量	点、线信息	$5 \sim 20\text{mm}$	长/慢	全天候	较高	快
D-InSAR 测量	点、线、面信息	$1 \sim 10\text{mm}$	短/快	全天候	低	快

2.3.3　典型交通目标影像特征及其信息提取

对地物特征的认识是识别和提取地物的基础，也是地物区别于其他类别地物的基础。一般地，将地物影像特征分为辐射特征、空间几何特征、关联特征或上下文特征（赵英时，2003）。交通要素遥感信息提取技术从指遥感影像上获取满足应用需求的相关专题信息的提取，包括环境背景信息（如地质环境、地貌形态、土地利用类型等）及交通目标本身的信息提取。前者根据应用目的的不同，提取的内容和方法有所不同，在后面各章相应部分将分别介绍，本节仅针对道路、桥梁、站场（地表建筑物和地面构筑物）、船舶、车辆等典型交通目标的影像特征及其提取方法加以介绍。

1. 道路目标影像特征与信息提取

道路是供各种车辆和行人通行的工程设施，可分为无轨（公路等）、有轨（铁路）两大类。本节主要针对公路类型的道路提取展开叙述。根据《公路工程技术标准》（JTG B01-2003），公路可分为高速公路、一级公路、二级公路、三级公路、四级公路五个等级。若按行政等级，公路可分为国家公路、省公路、县公路和乡公路以及专用公路五个等级。一般，将国道和省道称为"干线"，县道和乡道称为"支线"。不同级别的道路建筑规格不同，包括路面铺设材料、道路宽度、车道个数等。公路主要的铺设材料包括水泥、沥青、土等三大类，另外也存在少量砖面、砾石等特殊材料。二级及以上道路多为水泥或沥青路。

在遥感影像中，道路属于线状地物，其特征包括辐射特征、空间几何特征、上下文关联特征。辐射特征指遥感影像中的道路内部灰度比较均匀，与其相邻区域相比，灰度反差较大，一般有两条明显的边缘线。水泥、沥青和土这三大主要的道路铺设材料各具有不同的光谱特性，其反射波谱曲线如图2.8所示。从整个全色波段来看，沥青路面的反射率整体较低；而在近红外波段，沥青路面与水泥或与土质路面的反射率差别尤为明显。

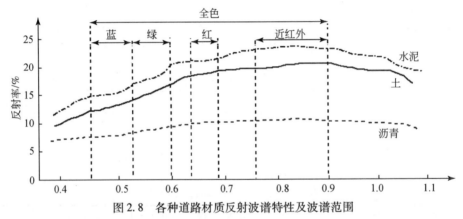

图2.8 各种道路材质反射波谱特性及波谱范围

全色：0.45~0.9μm；蓝：0.45~0.52μm；绿：0.52~0.6μm；红：0.63~0.69μm；近红外0.76~0.9μm

道路作为车辆与行人穿行的通道，其功能特征要求道路必须具有一定的宽度、长度等空间几何特征，包括：由两条相互平行的边缘线组成，且边缘方向相反；呈长条状，有一定的长度，且有大的长宽比；宽度基本不变，或变化较小，城市主干等级道路的宽度有固定值，例如，一级公路为4车道以上，宽度最小为20m（中华人民共和国交通部，2004）；曲率基本不变，或有一定的限制，但岔路口或十字路口的道路曲率变化明显；有连续性，不会突然中断，相互有交叉，连成道路网络。彩图2.8所示为几种不同几何形状的道路的HJ-1遥感图像。

对于高分辨率遥感影像来说，道路的上下文特征比较明显。上下文关联特征信息指对象与其存在的周围环境产生的关系，或指与对象产生特定关系的环境与背景。因此，可以在存在先验知识或已有的GIS数据的前提下，将上下文特征作为提取道路的推理依据之一。比如，城市主干道路两旁一般有道旁树，城区道路与道路沿线建筑之间有最近距离限制，不同地域的城市主干道路有不同的宽度规范等。

根据这些上下文关联特征信息可以推断：连续的平行植被带所在地可能为主干道路；

与已提取道路对象的距离大于等于一个阈值的不透水对象有可能为居民建筑；初步提取出的矩形非渗透对象只有宽度大于一个阈值的才有可能是城市主干道路等。另外，道路表面可受到遮蔽或覆盖，如树、建筑物产生的阴影可能遮断道路表面，这就增加了道路信息提取的难度。道路的上下文关联特征随不同的遥感影像和地域差异而不同。因此，在进行道路提取前，应具备规范、明确的上下文关联特征信息。

根据道路特征提取的自动化程度，将道路特征提取分为自动特征提取和半自动特征提取两大类（史文中等，2001）。

1）半自动道路特征提取

半自动道路特征提取是利用人机交互的形式进行特征提取和识别。人机交互就是采用人工方式标记道路点、交叉点作为算法的初始种子点，标明道路的延伸方向，最终确定典型的区域路段，再由计算机完成整条道路的识别。这方面已有很多研究，并取得了较好的效果。以下是对几种半自动道路特征提取方法的简要介绍，包括区域增长法、基于树结构的特征判别模型法、基于直线检测法、基于最小二乘样条曲线法、Snake 模型法、LSB-Snake 模型法和基于类与模糊集的道路网络提取方法等。

A. 区域增长法

区域增长法是在人工选择初始道路点后，将相邻的具有同样性质的像素或其他区域归并到确定的道路区域中，从而逐步增长成整个道路段，直至没有可以归并的点或其他小区域为止。区域增长法是一种较为普遍的方法，在没有先验知识可利用时，可以取得最佳性能，但空间和时间开销都比较大。

B. 基于树结构的特征判别模型法

基于树结构的特征判别模型法利用初始点和方向获得道路的统计模型特征，建立主动试验的树结构的试验规则和统计模型，并建立"决定树"。然后，基于决定树进行道路跟踪。该算法需要大量的道路先验知识，对中、低分辨率遥感影像有效果，但对高分辨率影像则有较大困难（Donald and Jedynak，1996）。

C. 基于直线检测法

基于直线检测法根据道路在低分辨率影像中呈现较为平直的线特征，首先，在图像二值化基础上进行直线检测，提取出长度和方向一致的直线；然后，将直线连接成道路网；最后，通过形态学处理优化道路网（吕健刚和韦春桃，2009）。

D. 基于最小二乘样条曲线法

首先，人工给定道路曲线上的一些初始种子点；然后，由这些点用最小二乘法构造样条曲线，并设定适当的宽度，得到有一定宽度的带状初始道路；然后，利用影像匹配、活动控制模板匹配、GIS 数据支持等方法得到道路曲线；最后，得到道路的中心线。针对这种方法开展的研究较多（胡翔云等，2002）。

E. Snake 模型法

Snake 模型法也称"主动轮廓模型"（active contour model），它定义了一个由外部影像约束力和内部几何力共同引导的能量样条函数，对道路识别比较有效。

$$E_{\text{snake}} = \int_0^1 \left[E_{\text{int}}(v(s)) + E_{\text{ext}}(v(s)) \right] \mathrm{d}s \tag{2.6}$$

$E_{\text{int}}(v(s))$ 为内部能量函数：

$$E_{\text{int}}(v(s)) = \frac{[\alpha(s) \mid v'(s) \mid^2 + \beta(s) \mid v''(s) \mid^2]}{2} \tag{2.7}$$

其中，α、β 分别控制参数曲线的弹性和刚性（连续性和光滑性）；$v'(s)$ 和 $v''(s)$ 分别为 $v(s)$ 对 s 的一阶导数和二阶导数，表示曲线的弹性和刚性。

$E_{\text{ext}}(v(s))$ 为外部能量函数：

$$E_{\text{ext}}(v(s)) = v(s) \; E_{\text{image}}(v(s)) \; + E_{\text{constrain}} \; (v(s)) \tag{2.8}$$

其中，E_{image} 为反应图像的梯度特征；$E_{\text{constrain}}$ 是人为赋予的 Snake 外部能量约束；$v(s)$ 表示轮廓单位参量域 s（取值范围 $[0, 1]$ 到图像表面的映射）。

F. LSB-Snake 模型法

LSB-Snake 模型是对 Snake 模型的改进，其利用人工选择道路初始点得到 LSB-Snake 模型的初始曲线，并获得道路宽度、方向、灰度等初始信息，作为 Snake 模型优化的约束条件，最终通过迭代将曲线收敛到能量最小的道路边缘位置（张海涛等，2008）。

G. 基于模糊集的道路网络提取方法

首先，用一般的道路特征提取方法提取影像道路；然后，利用模糊集理论给出道路连接的权函数作为定量评价，确定连接的道路网络。有试验表明，该方法能很好地连接复杂地区的主要道路网络（Steger et al.，1997）。

2）自动道路特征提取

自动道路特征提取包括道路的自动定位和理解。即，首先分析出影响道路的特征，有多种方法可以利用，分为局部的和全局的。自动定位方法的优劣直接影响后续过程的理解。理解过程包括人工智能、计算机视觉、数学模型等内容。具体方法包括基于统计学习的区域聚类、基于灰度梯度、基于平行线对、基于窗口模型匹配、面向对象的道路提取方法等。

A. 基于统计学习的区域聚类道路提取方法

基于统计学习的区域聚类道路提取方法是根据建立一定的学习规则对遥感影像进行自动聚类来提取道路区域。为了获得这些统计信息，往往需要事先选择足够多的训练样本，建立学习规则，对其他区域进行有监督的影像分类。

常用方法包括自适应聚类算法（iterative self organizing data analysis technology，ISODATA）、神经网络分类（aritifical nueral network，ANN）、支持向量机（support vector machines，SVM）分类等。彩图 2.9 是利用 SVM 进行提取道路的试验结果。

B. 基于平行线对的道路提取方法

道路的本质特征从边缘上看是一组平行线，由此特征产生许多相关的道路提取算法。其关键在于在连接好的边缘中产生表示道路的平行线对这一特征，以及识别平行线对是否为道路的识别策略。因此，已有研究者将道路识别分为低水平的图像处理过程和高水平的模式识别过程两个步骤。

首先，利用离散拉普拉斯变换进行低通滤波以消除噪声，在平滑图像上进行聚类得到二值化的图像；然后，建立道路跟踪规则以决定搜索过程，产生线性模型；最后，对线性模型利用知识建立识别模型，进行处理和分析，识别出道路。试验表明，该算法对直线型道路有较好的识别效果，对一般道路的识别还有待进一步深入研究（Wang and Newkirk，1988）。

C. 基于窗口模型匹配的道路提取方法

道路在影像中呈一定概率分布规律，可利用几何、概率分布模型，建立检测窗口算法，研究自动提取遥感影像的主要道路特征的方法。

这种方法要求对道路作一些假设，如要求宽度变化小、方向变化缓、局部灰度变化小、道路与背景差异较大、道路较长等。基于这样的假设，已有学者研究了道路几何性质和道路模型，并将这些作为进一步识别道路的基础。然后，基于 Gibbs 分布和 Gauss 分布等概率模型，建立道路检测窗口。应用上述方法对几种实际影像进行试验，结果表明影像中的主要道路能够被准确识别。

D. 面向对象的道路提取方法

该方法成为目前遥感信息提取中的一项研究热点，对高分辨率影像的道路提取取得了较好的效果。面向对象的方法是综合利用道路对象的光谱信息和空间几何特征等，对道路信息进行提取。

例如，首先可以利用最大似然法将某一材质的路面提取出来，对于道路与建筑物相连的部分则采取形态学开运算或者多尺度分割技术进行图像分割；然后，根据形状指数，如紧致度、长宽比、矩形度去除非道路目标；最后，用方向性延伸去除小图斑（刘亚岚等，2008）。彩图 2.10 显示的是利用面向对象方法从 FORMOSAT-2 多光谱图像中提取道路的示意图。

除上述几种自动道路特征提取的算法外，还有一些改进的算法或新的算法。但到目前为止，大多数仍处在试验研究阶段。因此，主要采用半自动线性特征提取方法及一些特征较为简单的道路自动提取方法；提取结果主要为一些线性特征，而较完整的道路目标（如道路网络）还很难自动提取，至今还没有一套功能完善的系统能实现此目标，需要以人机交互的方式辅助提取。

2. 桥梁目标影像特征与信息提取

桥梁与道路相比，其独有的特征在于桥梁与水体的空间关系：即桥梁一般跨过水域，且与水流方向相垂直；部分桥梁两端与道路相连接，且方向保持一致。根据这些上下文关联特征信息，我们可以推断横跨水域之上的线状或平行线状地物有可能为桥梁。目前，已有一些桥梁目标的识别方法，大部分都是针对某类特定图像的提取方法，可以总结为以下几种。

1）数学形态学方法

基于数学形态学的桥梁目标识别方法是从桥梁与河流的空间位置关系出发，结合桥梁目标的形状特征和遥感图像的成像特点，根据影像中桥梁和河流两岸陆地的灰度特征关系，利用模糊理论进行水体和桥梁的二值化提取，在二值化影像的基础上进行数学形态学变换，从而得到粗略的桥梁区域。图 2.9 显示的是谭衢霖等（2010）针对 HJ-1 卫星 30m 多光谱数据进行图像分割和数学形态学方法提取桥梁的试验结果。

2）基于知识的方法

根据光学卫星遥感影像的特点及桥梁与河流之间的关系建立知识规则，以河流区作为桥梁识别的范围，运用分割和形态学算子提取河流，沿河流中心线对桥梁进行检测，经过

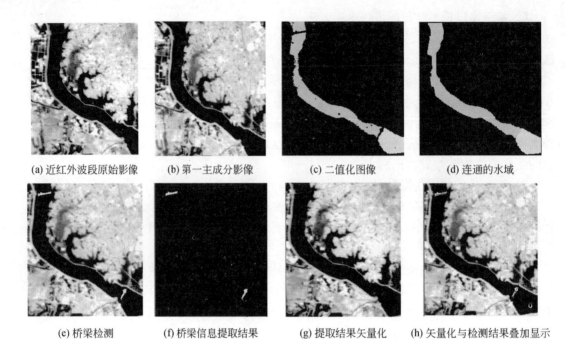

| (a) 近红外波段原始影像 | (b) 第一主成分影像 | (c) 二值化图像 | (d) 连通的水域 |
| (e) 桥梁检测 | (f) 桥梁信息提取结果 | (g) 提取结果矢量化 | (h) 矢量化与检测结果叠加显示 |

图 2.9　基于形态学的桥梁检测与提取（据谭衢霖等，2010）

边缘提取、线段跟踪、直线拟合、边线配对等处理后，对检测出的桥梁进行定位（吴樊等，2006）。

对于复杂背景中的桥梁，可采用红外图像进行识别（袁再华和杨树谦，1998）。首先，对桥梁红外图像进行预处理，再充分利用桥梁红外图像的二值化图和二值化方差图进行图像分割；然后，根据图像上桥梁与河流两岸陆地的灰度特征、河流的面积及灰度特征、桥梁跨越水域的空间关系等知识特征，建立桥梁知识库；最后，运用知识驱动型的识别方法进行桥梁识别。该方法在有限桥梁样本的图像中的识别率达到了100%，但在复杂背景下仍有待进一步探索。

3）基于对象关系特征的方法

该方法适用于高分辨率卫星遥感影像中水上桥梁的提取。首先，利用多尺度分割算法对影像进行分割，利用水体知识或同质性纹理特征区分河流和陆地；然后，利用对象形状特征和相邻关系特征提取出潜在桥梁区域，并将河流片段和桥梁潜在区二值化，利用数学形态学算子实现河流水面的连续化；最后，利用叠加分析的方法获取桥梁目标（周小成等，2010）。

4）面向对象的方法

该方法是一种基于图像对象的水上桥梁识别方法，适用于高分辨率遥感影像。首先，采用区域生长方法对影像进行分割，对分割后产生的图像对象为基本处理单元进行分类，提取出水体类别；然后，在分析桥梁目标特征的基础上，利用图像对象的形状特征（如长宽比、密度等），以及桥梁和水体的空间关系特征（如邻接关系、距离等），提取出影像中的桥梁目标。

5）基于 LiDAR 数据的提取方法

Sithole 和 Vosselman（2006）针对机载 LiDAR 数据提出了基于剖面分析的桥梁点提取算法。该算法与桥梁形状无关，对陆地桥梁的提取取得了良好的效果。

但提取水面桥梁时，水面的镜面反射导致激光无回波或回波极少，使点云数据产生大量空隙，从而无法进行断面分析。可以先采用滤波分类的方法，对非地面脚点进行初步提取；再利用形状分割和面积阈值，提取出桥梁主体；最后采用顾及地形特征的点云区域生长算法，提取桥梁主体与地面连接部分。该方法对水面和陆地桥梁提取均取得了较好的提取效果（李云帆等，2011）。

综上所述，对于影像中的桥梁目标，大部分还是从桥梁跨越水域的空间关系以及影像中桥梁与河流两岸陆地的灰度特征出发，结合多光谱影像的特点来提取，在简单背景和有限的桥梁图像中取得了较好的结果。

3. 交通场站目标影像特征与信息提取

机场、车站等场站都属于重要的交通设施，在光谱信息上与其他房屋建筑物并无差别，多由水泥材质构建。其自动检测在飞机导航、交通运输、军事侦察和精确打击等领域有着重要的实用价值。相对而言，国内机场和场站的检测研究起步较晚，但随着遥感影像空间分辨率的提高及众多学者的不懈努力，提出了多种检测方法（马洪超和郭丽艳，2005；杨桄等，2006），但通用性和自适应性不强。

绝大多数的场站提取都是采用空间分辨率优于 5m 的高分辨率的航空或航天遥感图像，特别是分辨率为 1m 左右的遥感图像。这类图像中，场站建筑都有比较明显和完整的边缘，与周围其他地物的边界能清晰区分。并且场站在图像上具有相近的灰度值，同一建筑物图像灰度值变化较小。因此，为了检测和提取场站，可以先检测出图像边缘。

传统边缘检测方法是检测图像中由于灰度不连续而反映出的边缘点。其中，有代表性的方法包括 Sobel 算子、Roberts 算子、Prewitt 算子、Canny 边缘检测算子、高斯-拉普拉斯（Gauss-Laplace）算子等。在完成边缘检测的基础上，对检测出的边缘点按照一定的准则进行跟踪，进一步将同属于一个建筑目标轮廓的边缘点连接成轮廓线，如图 2.10 所示。

  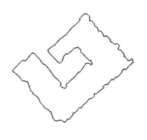

(a) 原始图像　　　　　　　(b) 场站边缘检测　　　　　　(c) 场站边缘提取结果

图 2.10　场站边缘的检测与提取

对于基于遥感图像的机场目标的识别，一般可通过检测机场跑道来确认机场的存在。图像中的机场跑道模型可用五个特性来描述：①跑道在图像中的灰度值较高；②跑道表面具有相近的灰度值，也就是说沿着跑道方向（有多个跑道时具有多个方向）在一定的距离内，图像灰度值基本保持恒定；③跑道的长度在一定范围内（通常为 900～4200m）；④跑道的长度远远大于跑道的宽度；⑤当机场跑道数大于 1 个时，可能会相交或平行等。对全色航空影像中机场目标的提取，有研究表明特征提取方法和模板匹配方法较为有效。

特征提取法是通过比较标准图像目标与实时图像目标的特征来实现目标识别的。对预处理和特征提取有较高的要求，比较适合目标特征明显、噪声较小的场合。模板匹配法是对图像进行较小均值滤波和直方图均衡化，并进行灰度直方图分析，判定图像中是否存在机场，在机场提取的基础上进行机场图像分割，并对各个分割区域进行主成分分析，将其主轴旋转成水平方向，然后和模板库进行匹配，进而进行机场识别。根据飞机跑道在高分辨率图像中的特征（几何性质、灰度性质等）可以建立机场跑道一般模型，并通过机场跑道的一般模型来检测机场的存在与否，再使用 ROI 算法可以初步地确定机场存在的区域，最后通过人机交互方式修正不精确区域、剔除误检区域和增加漏检区域，从而获得目标区域（邓湘金和彭海良，2002）。

值得一提的是，利用结构特征的机场提取方法提取机场信息也较为有效。该方法先采用数学形态学方法提取机场的边缘线，再通过非监督聚类方法将直线段动态分组，最后进行直线段修复和跑道配对等后处理工作，以实现机场的识别（肖志坚等，2005）。机场与一般的场站建筑或构筑物在结构上差异较明显：机场不仅包括普通建筑物，还包括具有典型特征的机场跑道。因此，可充分利用机场跑道特征，基于几何特征和上下文依赖关系，来识别机场目标，如图 2.11 所示。

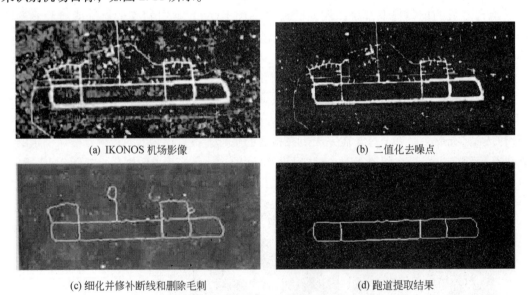

(a) IKONOS 机场影像　　　　　　　　　　　　(b) 二值化去噪点

(c) 细化并修补断线和删除毛刺　　　　　　　(d) 跑道提取结果

图 2.11　基于结构特征的机场和跑道提取（据叶斌等，2001）

4. 车辆目标影像特征与信息提取

车辆目标在大尺度遥感影像中表现为点状地物，在小尺度高分辨率影像中表现为面状地物，其影像特征可从辐射特征、空间几何结构特征、上下文关联特征、时相特征等方面说明。

由于车身颜色不一,车辆目标在遥感影像上的反射光谱值分布范围较广,但多集中在高亮和暗色两个极端。因此,在车辆检测过程中,多将车辆目标分为浅色车与深色车两类(Sharma et al.,2006)。深色车的光谱易与沥青、水泥等暗色材质的路面混淆,浅色车则易与高亮的路面交通标志混淆,这些都为车辆目标检测带来难度。

在分辨率达0.2m的航空遥感影像中,车辆的空间几何结构特征(即三维细节结构)比较明显。而在0.5~1m的高分辨率卫星遥感影像中,车辆多为椭圆形或类矩形,结构细节难以识别。且车辆长宽并没有统一标准,多以统计信息来区分不同车型,如客车分为微型(车身长<3.5 m)、轻型(3.5 m<车身长≤7 m)、中型(7 m<车身长≤10 m)客车等①。从结构上来说,不均质的车辆目标与均质路面相比,光谱变化频率较高,纹理信息更为丰富。密集车队中,车辆的排列具有一定的规律,其纹理结构更为明显。图2.12中,黑色框中为QuickBird卫星影像中的车辆队列。

图2.12　QuickBird卫星影像中的车辆队列

上下文关联特征车辆与道路、阴影、其他车辆之间及道路周边环境也存在着一定的空间关系:如车辆行驶方向与道路方向一致,或两者夹角在一定范围之内;同一车道上的车辆行驶方向一致;车辆与车辆之间具有一定的距离;车辆与其自身阴影总是相伴存在的;行驶至路边的车辆有可能被路旁树或者路旁建筑的阴影遮挡。

遥感对象的时相特征反映为地物的反射光谱值或空间特性随时间发生变化。单个车辆的时相特征主要表现在车窗反光和车辆阴影上:在一定的太阳高度角和车窗倾角下,前后车窗的反光比较明显,在图像上呈现出高亮的图斑;而阴影的位置大小与不同时刻的太阳高度直接相关,导致车辆呈现为阴影、反光与车体等小斑块的混合,从而影响车辆目标的识别。

一般来说,车辆目标提取包括图像预处理、道路掩膜处理和车辆提取等步骤。预处理包括几何校正和辐射增强。对于一幅卫星遥感影像来说,首先,进行几何校正与辐射增强预处理是必需的;然后,为了降低无关噪声,减少计算量,需要对目标区域的道路进行分割提取,再对道路掩膜区域进行一定的滤波降噪操作;最后,根据车辆目标特征进行车辆检测与提取。

不同的车辆影像特征在车辆检测中的作用不同。光谱特征、几何与纹理结构特征直观明显,易于计算和建立模型,它们是车辆提取过程中应用最基本的特征。空间关系特征与时相特征涉及目标与背景的拓扑关系和空间距离等问题,描述较为抽象,一般多以条件的形式辅助车辆检测及噪声的排除。很多车辆检测研究方法都利用了其中多个特征,而不仅是简单的某一类。利用光谱或几何特征的车辆检测方法可以归为基本方法,而综合运用多种特征的智能化检测方法主要包括机器学习方法和面向对象方法两大类。

①　国家质量监督检验检疫总局.2001.汽车和半挂车的术语及定义车辆类型(GB/T 3730.1-2001)

1）基本方法

车辆检测的基本方法可分为基于光谱特征的阈值分割法、背景差异法以及基于几何结构特征的形状匹配法等三种。

A. 阈值分割法

阈值分割法是在灰度统计的基础上，通过选择合适的阈值，将前景目标从背景影像中分割出来的方法。一般地，先采用最大类间方差法计算阈值，再对原始影像或者一阶差分梯度影像进行图像分割。Alba-Flores 提出，利用多阈值分割法进行车辆检测（Alba-Flores，2005），设置高、中、低三个阈值分别对浅色车和深色车进行提取，取得了一定的效果。阈值分割法的算法简单、直观，运行速度快，但对影像质量要求较高，对路基、行道树、路面标识等其他干扰地物较为敏感。

B. 背景差异法

通过一系列变换使目标与背景差异达到最大，从而达到车辆目标分离的目的。目前，应用于车辆检测的图像变换包括主成分分析法、贝叶斯背景转换（BBT）方法等（Sharma et al.，2006）。相较而言，BBT 方法通过对比含车辆影像与纯路面的背景影像，迭代计算某像素的后验概率，从而判断该像素属于静态（背景）或动态（车辆）目标，检测精度较高。但这些方法不但费时，而且对数据质量有一定的要求，其精度也有待考证。

C. 几何结构特征形状匹配法

由于车辆目标具有明显的几何特征，因此 Larsen 和 Salberg（2010）对尺度空间圆斑匹配法进行了改进，用来检测 QuickBird 全色影像中的椭圆形车辆目标。首先，对图像进行高斯−拉普拉斯滤波，令椭圆方向与道路方向一致，检测出候选车辆目标。然后，对候选点做一定宽度的空间生长，便得到整个车辆的轮廓。最后，根据对象的其他特征，区分车辆和非车辆目标。该方法的车辆检测精度可达90%以上，但对背景环境有较高要求。

2）机器学习方法

目前，针对高分辨率卫星影像检测车辆目标，研究提出的方法主要有形态共享权神经网络（morphological shared-weight neural network，MSNN）方法（余勇和郑宏，2006）、免疫抗体网络（antibody network，ABNET）（郑宏和胡学敏，2009）方法等。

A. 形态共享权神经网络方法

MSNN 方法由特征提取子网络和前馈型分类子网络组成，能在同一训练体系中将数学形态学的特征提取功能与神经网络的函数映射功能结合起来。前者包括一个或多个特征提取层，每一层又包括多个特征图。用于腐蚀和膨胀的结构元素通过对上一层图像做"击中−击不中"变换得到特征图的值。最后一层特征图的值输出给 MSNN 的前馈型网络进行最后的分类。

B. 免疫抗体网络方法

由于神经网络方法对训练样本的数量与质量要求较高，而实际的车辆检测往往不能获得满意的样本（尤其是非车辆样本）用于学习，进而会影响到检测效率。因此，郑宏和胡学敏（2009）从生物自适应免疫的抗体网络构架入手，提出了一种抗体网络车辆检测方法。首先，在物理防御即图像预处理阶段，采用双边滤波方法，将路面标记和明显的油污进行抑制或消除；然后，在自适应防御层，通过形态学膨胀操作提取车辆轮廓特征，截取不同方向的车辆目标抗体模板，依据公式（2.9）计算抗原（待检测影像）上每个像素点（x，y）对所有抗体模板的亲和力值，通过不断的比较和删除，得到与抗原最具亲和力的抗体，即最适合车辆检测的特征检测器；最后，通过匹配算法实现对车辆目标的识别。

$$R - \frac{\sum_{x=0}^{L-1}\sum_{y=0}^{K-1}[w(x,y)-\bar{w}][f(x,h)-\bar{f}]}{\sqrt{\sum_{x=0}^{L-1}\sum_{y=0}^{K-1}[w(x,y)-\bar{w}]^2 \sum_{x=0}^{L-1}\sum_{y=0}^{K-1}[f(x,y)-\bar{f}]^2}} \tag{2.9}$$

式中，K 和 L 分别为"抗体"模板的长和宽；$w(x,y)$ 与 $f(x,y)$ 分别为模板和抗原影像中 (x,y) 处的灰度值；$\bar{w}$ 为模板的灰度均值；$\bar{f}$ 为抗原图像中以 (x,y) 为中心的 $K\times L$ 范围内的灰度均值。R 值越大，则表示亲和力越大。

图 2.13 为基于抗体网络的车辆检测学习和检测流程图。该方法只应用于车辆目标样本，但与 MSNN 检测方法相比，车辆检出率高出 7.1%，总体误检率降低为以前的 50% 以上。在样本数量有限的情况下，免疫抗体网络的车辆检测方法优势比较明显。

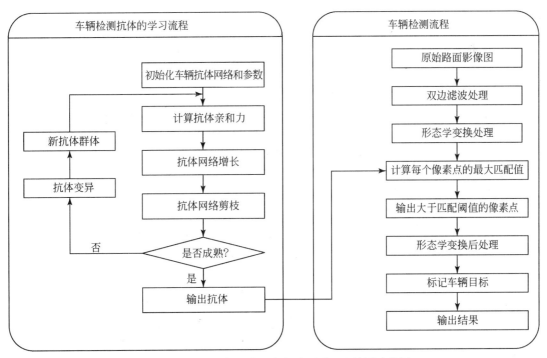

图 2.13 基于抗体网络的车辆检测学习和检测流程图

3）面向对象方法

由于车辆对象在高分辨率遥感影像上的细节表现较明显，其所具有的矩形形状特征、空间关系特征有利于利用面向对象的方法与其他地物相区分。首先，通过多尺度分割技术将遥感影像分为合适多种尺度的对象；然后，根据一定的对象特征，将车辆目标与背景分离，得到车辆与非车辆两类；最后，根据统计的平均长度和平均宽参数，将提取出的车辆目标划分为不同车型的对象（Tan and Wang，2009）。

彩图 2.11 显示的是利用面向对象方法对航空遥感影像中车辆检测与提取的流程示意图。首先对图像进行预处理，再采用多分辨率分割算法对生成的城区道路掩膜影像进行二次不同尺度的影像分割，获得两个分割图像对象层。第一次以较大尺度对影像进行分割，提取道路车道条带目标层；第二次以提取路面车辆为目的，采用较小的合适尺度分割，获得车辆探测对象基本层。由于同一车辆的不同车体部分在影像上的对比度不同，分割时难以做到把属于同一车辆的车体部分全部合并为同一分割区域。尤其是大型车辆，多数被分割为分离的两个区域（一个为车头对应的小对象区域，另一个为车头后部的较大对象区域）。因此，为了能够进行车辆自动计数及探测不同类型的车辆，需要在上述分割的基础上对结果继续进行分类处理。在分类的车辆探测对象基本层上，融合相邻的同类对象生成车辆探测融合对象层，在车辆探测融合对象层上按对象的辐射和几何特征分类车辆，最终获得完成车辆探测的影像。图中，红色为大型车辆；绿色为中等车辆；蓝色为小型车辆。面向对象方法对车辆的检测效率较高，但是需要人工经验选择合适的特征与参数，其自动化程度有待提高。

4）车辆提取关键性问题

能否实现在整幅高分辨率卫星影像上分割得到准确的道路区域，是车辆检测的关键性因素。但空间分辨率越高，影像地物特征及其细节对道路提取造成的影响也越多，现有道路提取策略在自动化程度、算法速度、适用性及准确性等方面与实际应用要求尚存在差距。目前对车辆提取的研究，一般是利用 GIS 矢量路网数据做一定宽度的缓冲区得到道路掩膜。

为了排除绿化带对道路的遮挡，通常利用归一化植被指数（normalized difference vegetation index，NDVI）阈值分割法生成植被掩膜。但是，即使道路宽度恒定，且排除了路中绿化带的影响，道路边缘仍会受行道树、建筑的遮挡而不够准确，因此，某些情况下仍需要手工勾绘道路边缘。

由于城市道路中，路面上存在大量亮色交通标志物等，它们的光谱特征与浅色车类似，对车辆目标提取造成较大的噪声干扰。Alba-Flores（2005）提出的滑动邻域操作，将 3×3 邻域内的最亮值代替当前像素值，使车辆目标亮度得到增强，而交通标志则保持不变或变暗，在一定程度上可以减弱交通标志的影响。

对图像中的车辆进行检测常常会受到图像中阴影的干扰。影响车辆检测的阴影包括道路上行驶车辆自身的阴影以及行道树或沿路建筑物在路面上的投影。阴影与深色车辆光谱相近，不易区分。遥感影像的空间分辨率与拍摄角度不同导致阴影形状大小存在差别。

因此，Larsen 等（2008）根据 QuickBird 影像拍摄时的太阳高度和方位角，预测正在行驶的车辆阴影的长度和方向，并构建阴影结构作为运算核对浅色车二值化图像进行膨胀操作，其结果与原图像的差值即为阴影区域。若暗色区域与浅色车目标相邻且与阴影区域重合，则认为是阴影，否则属于深色车辆。对于行道树与建筑物的投影，Larsen 等（2008）利用适当的结构元素对手工勾绘的道路进行膨胀操作，恢复被阴影遮挡的边缘带。为解决暗色车与道旁树阴影混淆的问题，Larsen 和 Salberg（2010）又提出了基于曲率与法向量定位车辆法，认为暗色区域轮廓曲率小于 -0.2，且法向量方向与道路方向一致的区域为车辆目标，从而将车辆与植被阴影分割开。

当道路上车辆密度较大时，车辆间距变小，路面裸露部分减少，使得背景与前景目标更加难区分，单个车辆的提取较为困难。Leitloff 等（2005）在获得道路位置和方向的前提下，根据车辆队列的宏观线状特征，借用线型检测的方法，以车宽作为线宽，以车辆与路面的灰度对比作为线型光谱，建立队列模型，提取车队；之后，为了检测单个车辆目标，用边缘检测方法得到队列轮廓，计算队列长度方向上每段的宽度，宽度出现的每一个高峰点就是一辆车，如图 2.14 所示。

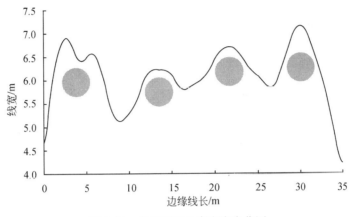

图 2.14　车辆队列轮廓宽度变化图

5）车辆提取常用数据源和软件

除光学传感器外，卫星搭载的其他传感器也可以为车辆检测提供有效的数据源。光学遥感影像主要提供车辆光谱和几何信息；热红外影像适合在夜间获取车辆信息；雷达影像不受天气状态和昼夜的影响，不仅能够提取车辆目标，还能检测车辆运行速度。Hinz 和 Stilla（2006）针对 1m 分辨率的红外影像，根据车辆个体的椭圆形状特征和车辆队列的整体线性特征，利用改进的霍夫变换（Hough transform）提高了车辆目标检测的正确性。其检测完整性达 80%，正确率高达 94%。

LiDAR 技术在交通监测领域也是一个研究热点。如俄亥俄州立大学的 Toth 等人将具有高性能目标检测优势的 LiDAR 与较高的空间分辨率光学卫星相结合，进行车辆检测和交通监测实验（Toch and Grejner-Brzezinska，2006）。一般来说，雷达数据与光学影像相比，能够在缺乏光谱信息的情况下，生成精确的三维测量信息。因此，根据已知的车辆高度信息，就可精确地将道路上的车辆检测出来。

目前，尚没有专门针对卫星影像中车辆信息提取的商业软件，而在众多的遥感信息提取软件中，德国 Definiens 公司开发的 eCognition、美国 Visual Learning Systems 公司开发的 Feature Analyst 以及 ITT Visual Information Solutions 公司开发的 ENVI Feature Extraction（FX）已成为当前高分辨率卫星影像目标识别与提取的主流软件。这三种软件不但利用了影像的光谱信息，同时考虑到对象的多种几何与空间特征（如尺寸、形状、纹理、模式、空间关系和阴影等）。其中，eCognition 更侧重于地物的分类；Feature Analyst 侧重于对象的提取；FX 模块建立了快速和可重复的分类流程，提高了对象提取的自动化程度。

5. 船舶影像特征与信息提取

船舶的自动识别与提取可用于海船的动态监测与跟踪，在民事方面对于海上安全和渔业资源管理具有重要意义，在军事方面可为军事作战指挥、控制提供服务。遥感手段为船舶的识别与检测提供了丰富的数据源和有利的识别条件。

船舶分为离岸船舶和靠岸船舶两类。前者由于和周围水域的差异较为明显，因此利用灰度特征以及雷达后向散射特征提取目标较为容易；后者由于和港口的灰度纹理特征较为接近，因此目标提取有一定的困难。目前，多采用高分辨率光学遥感影像、SAR 图像以及红外遥感影像等进行船舶的检测。其中，前两者研究的应用范围更为广泛。利用高分辨率光学遥感图像进行船舶检测多依据海上船舶和水体的不同灰度特征，结合部分纹理、形状特征进行目标的区分与识别；而针对 SAR 图像来，则主要通过检测传播目标的反射信号来实现，可通过移动窗口滤波法和概率密度函数法，对有船舶的海域进行检测和目标提取。

在 SAR 影像上，金属质船舶具有很多二面角形状结构，能够明显反射雷达信号，从而呈现出高亮的斑点。传统的 SAR 图像船舶检测算法核心是寻找出与背景相比高亮的异常斑点，即 CFAR 算法（constant false alarm rate，恒虚警技术），可利用自动门限法将SAR 图像根据不同情况采取不同准则进行图像分割，获得船舶目标，利用矩不变自动门限法对海洋中的舰船进行目标检测与识别（邹焕新等，2003）。由于 SAR 图像受相干噪声及水面背景杂波的影响，基于纹理分析，可利用扩展分形特征检测船舶目标，利用多尺度 Hurst 参数来量化不同尺度下的图像纹理粗糙程度，从而在更广的适应范围内快速检测船舶目标（杨文等，2004）；基于小波分析的船舶目标检测，可以有效抑制背景杂波，提高船舶的检测率（张凤丽等，2007）。

目前，针对海上航行舰船的检测和识别研究，主要利用中高分辨率（20m 以上）SAR图像进行（Tello et al.，2006）。而停靠船舶的检测则采用更高分辨率的光学影像。单个船舶目标一般与平直的港口岸线衔接，呈现米粒形状；但对于靠岸船舶来说，由于船舶与码头相接部分的轮廓缺失，导致船舶轮廓呈现半米粒或半椭圆状。因此，在岸线上向海域方向突出的椭圆或半椭圆状的部分可以认为是靠岸的停泊船只。利用这一形状特点，蒋李兵等（2007）改进了可变夹角链码生成算法，使其更好的描述靠岸船舶轮廓，从而在一定程度上解决了靠岸船舶检测问题。

英国 BOOST 公司开发了用于海上船舶监测和溢油探测的软件系统——BOOST 船舶探测系统。仅利用高分辨率 SAR 图像进行船舶目标探测及大小的估算，并对后向散射系数较低的目标特别标记；利用局部扫描法自动探测算法或基于 IDL 开发的 SARTool 软件包手工探测尾迹，并进而估算速度。主要步骤包括：①陆地隔离；②根据 SAR 产品类型采用合适的 CFAR 算法进行目标探测；③根据到海岸线的距离调整探测结果；④通过对复数产品的分析剔除虚影目标。

在高分辨率全色遥感影像上提取船舶通常采用如图 2.15 所示的流程。

由于船舶与水体相比灰度值较高，对于离岸船舶的提取，一般利用灰度特征采取二值化阈值分割、区域填充、形态学处理（提取边界）等方法将水体背景与船舶相区分；对于靠岸船舶，采用边界跟踪等算法。在此基础上，对于由少量的噪声所造成的伪船舶目标，再根据形状指标，如面积、矩形相似度、长宽比等进一步筛选，最终检测得到真实的船舶目标。

对于停靠于港口码头的舰船，由于其背景区域除水域外还有大量的人造目标，尤其是码头与停靠舰船灰度特征差别不大，又都与港口区域的海面灰度特征对比度明显，一般的

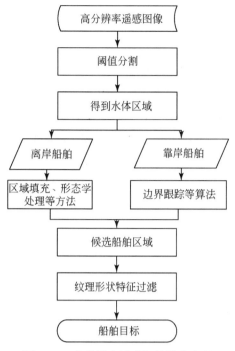

图 2.15　高分辨率遥感船舶提取流程

自动阈值分割会使码头与舰船被标记为同类区域。因此，港口停靠舰船的自动提取面临很大困难。对此，可采用基于地理信息的解决方案（隆刚和陈学俭，2007），即将港口轮廓以模板的形式预先存储起来，通过地理坐标匹配后，再在海面背景下进行后续的目标分割。此算法可大致分为四步：①先验地理信息获取；②目标粗分割；③目标修整；④结果入库。如图 2.16 所示是利用 QuickBird 影像进行舰船检测的实例。

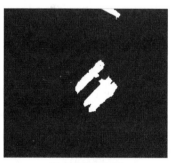

(a) QuickBird图像　　　　　(b) 港口轮廓矢量部分边界　　　　　(c) 舰船检测结果

图 2.16　QuickBird 图像舰船检测

2.4　交通遥感制图

遥感技术的发展，导致了地图制作方法的变化。1943 年德国开始利用航空像片制作各种比例尺的影像地图。1945 年前后美国开始生产影像地图。中国在 20 世纪 70 年代开始研制影像地图（梅安新，2003）。利用航空或航天遥感图像可制作或更新各种相关的交通专题地图，包括交通遥感影像地图和交通遥感专题地图。

2.4.1　交通遥感影像地图

交通遥感影像地图是一种以遥感影像和一定的地图符号来表现交通制图对象地理空间分布和环境状况的地图。在交通遥感影像地图中，图面内容要素主要由影像构成，辅助以一定地图符号来表现或说明制图对象。由于遥感影像地图结合了遥感影像与地图各自的优点，比遥感影像更具可读性和可测量性，比普通地图更加客观真实，信息量更加丰富，内容层次分明，因此日益受到人们的重视。交通遥感影像地图具有以下主要特征：

（1）具有丰富的信息量。与普通线划地图相比，没有信息空白区域，彩色影像地图的信息量远远超过线划地图。利用遥感影像地图可以解译出大量交通环境及交通要素信息。因此，影像地图具有补充和替代地形图的作用，也是交通规划与设计中不可或缺的数据。

（2）具有直观形象的特点。遥感影像是制图区域地理环境与制图对象进行"自然概括"后的构像，通过正射投影纠正和几何纠正等处理后，它能够直观形象地反映地势的起伏，河流蜿蜒曲折的形态，增加了影像地图的可读性。

（3）具有空间参考。经过投影纠正和几何纠正处理后的遥感影像，每个像素点都具有自己的坐标位置，根据地图比例尺与坐标网可以进行量测。

（4）现势性强。遥感影像获取地面信息快，成图周期短，能够反映制图区域当前的状况，具有很强的现势性，对于人迹罕至地区，如沼泽地、沙漠、崇山峻岭，利用遥感影像制作遥感影像地图，更能显示出遥感影像地图的优越性，可为交通领域的各种相关应用提供最新的交通现状影像地图。

一般可根据需要选择航空或卫星遥感影像制作交通遥感影像地图。主要步骤为选择必要的地理基础地图以显示制图要素的空间位置和区域地理背景，对图像进行几何纠正处理。同时，增加必要的注记，如行政区划界限和境界线，叠加交通路网等。需要时，还要进行图像镶嵌以得到所需区域的交通影像地图。

2.4.2　交通遥感专题地图

图像判读只是完成了从遥感影像图到交通专题要素线划图的转换过程。为了说明交通环境及相关专题要素的空间分布规律，通过人机交互目视判读或计算机处理得到的专题图，必须与地理底图文件复合，复合后的图形文件，经过符号设计、色彩设计、图面配置等一系列编辑处理过程，最终形成交通专题地图文件。

交通遥感专题地图的制作可以大致分为五个阶段：①遥感信息源的选择；②遥感图像处理；③图像判读与交通信息提取；④基础底图的编制；⑤交通专题图与地理底图的复合。具体到目视解译和计算机信息提取的专题地图制作程序在细节上有所区别。

基于目视判读专题制图程序大致分为影像预处理、目视判读、地图概括以及地图整饰四个阶段。

影像预处理包括遥感数据的图像校正、图像增强，有时还需要实验室提供监督或非监督分类的图像，目的是增强遥感图像中的交通信息，有利于判读工作的进行。目视判读阶段包括建立影像判读标志、野外判读、室内判读，得到绘有图斑的交通专题图。地图概括指按比例尺及分类的要求进行专题图的概括。专题地图需要正规的地理底图，所以地图概括的同时也进行图斑向地理底图的转绘。地图整饰阶段任务则是在转绘完专题图斑的地理底图上进行专题地图的整饰工作。

计算机信息提取的专题制图程序大致分为影像预处理、影像分类、地图概括、栅格/矢量变换以及地图整饰五个阶段。

影像预处理与目视判读类似，影像经过图像校正、图像增强，得到供计算机分类用的遥感影像数据。影像分类则利用计算机图像处理技术按专题要求，对影像分类提取交通专题信息。地图概括包括在预处理中消除影像的孤立点，依成图比例尺对图斑尺寸的限制进行栅格影像的概括。栅格/矢量变换则将提取的交通要素信息及交通环境背景信息按照制图需要转化为矢量轮廓形式。最后，将交通信息处理结果与地理底图叠加，生成专题地图。

目前，不少国家利用航空像片生产了1：500、1：1000和1：2000的超大比例尺正射影像地图以满足城市发展和工程建设的需要。也有一些国家利用卫星遥感影像制作了1：100万或1：400万卫星遥感影像地图，以反映国家所处的地理环境。不少区域和部门利用SPOT或TM等卫星影像制作了彩色影像地图，以了解区域发展和地埋坏境特征。

2.5 小 结

交通遥感是综合交通领域遥感应用技术方法的总称，其数据采集、图像处理技术以及制图技术源于遥感图像的获取、处理与制图。如何从遥感影像中获取到准确的交通目标及其环境的相关信息，是开展交通遥感应用的前提，也是目前遥感信息提取中较受关注的研究课题之一。本章简述了交通遥感的基本原理方法，并重点对交通领域遥感应用中的图像处理方法及地表高程信息、地表形变信息和道路、桥梁、交通场站、车辆和船舶等交通要素目标的识别与信息提取方法进行了详细介绍。

参 考 文 献

曹五丰，秦其明 . 1998. 基于知识的卫星数字图像公路信息提取研究 . 北京大学学报（自然科学版），34（2）：254~262

邓湘金，彭海良 . 2002. 一种基于遥感图像的机场检测方法 . 测试技术学报，16（2）：96~99

杜培军 . 2006. 遥感原理与应用 . 徐州：中国矿业大学出版社

范俊川，刘亚岚 . 2011. 基于ASP . NET的遥感影像震害识别专家系统的构建 . 微计算机信息，27（1）：230~232

关元秀，程晓阳 . 2008. 高分辨率卫星影像处理指南 . 北京：科学出版社

关泽群，李德仁，林开愚 . 1993. 基于空间推理的专题影像解译 . 测绘学报，22（1）：41~45

韩冰 . 2007. 车载CCD相机对标定研究 . 南京师范大学硕士学位论文

胡翔云，张祖勋，张剑清 . 2002. 航空影象上线状地物的半自动提取 . 中国图象图形学报，7（2）：137~140

纪松，范大昭，张永生，等 . 2009. 基于AMMGC三线阵影像多视匹配模型的DSM自动提取 . 测绘科学，34（2）：1~6

蒋李兵，王壮，胡卫东 . 2007. 一种基于可变夹角链码的靠岸舰船目标检测方法 . 遥感技术与应用，22（1）：88~93

李清泉，李必军，陈静 . 2000. 激光雷达测量技术及其应用研究 . 武汉测绘科技大学学报，25（5）：387~392

李云帆，马洪超，邹建伟，等 . 2011. 顾及地形特征的机载LiDAR数据桥梁提取算法研究 . 武汉大学学

报（信息科学版），36（5）：552~555

刘亚岚，任玉环，胡蕾秋，2008. 公路灾害遥感监测技术报告. 中国科学院遥感应用研究所

刘亚岚，阎守邕，王涛，等.2007. 遥感影像群判读系统的设计与实现. 计算机工程与应用，43（24）：
182~184

隆刚，陈学俭.2007. 高分辨率遥感图像港内舰船的自动检测方法. 计算机仿真，24（5）：198~201

吕健刚，韦春桃.2009. 基于 Hough 变换的高分辨率遥感影像城市直线道路提取. 遥感应用，（3）：15~
18，91

骆剑承.2000. 遥感影像智能图解及其地学认知问题探讨. 地理科学进展，19（4），290~297

马洪超，郭丽艳.2005. 人工神经网络信息融合及其在机场识别中的应用研究. 武汉大学学报（信息科
学版），（8）：682~684，698

马洪超.2011. 激光雷达测量技术在地学中的若干应用. 地球科学（中国地质大学学报），36（2）：347~354

马吉平，关泽群.2000.3S 与遥感影像理解专家系统设计. 遥感技术与应用，15（1）：51~54

梅安新，彭望琭，秦其明，等.2003. 遥感导论. 北京：高等教育出版社

秦其明.1991. 一类基于知识制导的遥感图像自动识别. 见：王光谦. 中国博士后论文集. 第四集. 北
京：北京大学出版社，540~547

秦其明.1993.TM 图像特征抽取研究. 北京：国防工业出版社

史文中，朱长青，王昱.2001. 从遥感影像提取道路特征的方法综述与展望. 测绘学报，30（3）：257~262

孙家炳.2003. 遥感原理与应用. 武汉：武汉大学出版社

谭衢霖，杨松林，魏庆朝.2008. 合成孔径雷达干涉测量技术及铁路工程应用分析. 铁路工程学报，
（1）：11~16

汪凌.2000. 美国航天飞机雷达地形测绘使命简介. 测绘通报，（12）：38~40

吴樊，王超，张红.2006. 基于知识的中高分辨率光学卫星遥感影像桥梁目标识别研究. 电子与信息学
报，28（4）：587~591

肖志坚，周焰，隋东坡，等.2005. 基于结构特征的遥感图像机场目标识别. 红外与激光工程，34（3）：
314~318，332

杨桄，张柏，王宗明，等.2006. 基于全色航空影像的机场目标自动提取研究. 遥感信息，（1）：9~
11，16

杨文，孙洪，徐新，等.2004. 星载 SAR 图像船舶及航迹检测. 武汉大学学报（信息科学版），（8）：682~685

杨晓明.1998.INSAR 原理、技术及应用. 遥感信息，（3）：17~30

叶斌，彭嘉雄.2001. 基于结构特征的军用机场识别与理解. 华中科技大学学报，29（3）：39~41

余勇，郑宏.2006. 基于形态神经网络的高分辨率卫星影像车辆检测. 哈尔滨工程大学学报，27（B07）：
189~193

袁再华，杨树谦.1998. 桥梁红外图像的自动识别跟踪方法探讨. 红外与激光工程，27（1）：4~8

张本昀，王家耀.2006. 交互式遥感影像解译认知模式研究. 测绘科学技术学报，23（6）：411~414

张凤丽，吴炳方，张磊.2007. 基于小波分析的 SAR 图像船舶目标检测. 计算机工程，33（6）：33~34

张海涛，董明，祝晓坤.2008. 自动赋初值的 LSB-Snake 模型的道路半自动提取方法研究. 北京测绘，
（2）：1~4

张荣群.2002. 地图学基础. 西安：西安地图出版社

赵英时.2003. 遥感应用分析原理与方法. 北京：科学出版社

赵永艳，张金良.2011. 机载激光雷达测绘技术初探. 中国石油和化工标准与质量，（4）：125~126

郑宏，胡学敏.2009. 高分辨率卫星影像车辆检测的抗体网络. 遥感学报，（5）：913~927

中交宇科空间信息技术有限公司.2009.LiDAR 技术简介. http://www.chtgeo.cn/ArticleShow.asp?
ArticleID=104 [2009-10-17]

周小成，汪小钦，骆剑承，等.2010. 基于对象关系特征的高分辨率光学卫星影像水上桥梁目标识别方

法. 遥感信息，（2）：36～42

邹焕新，匡纲要，蒋咏梅，等. 2003. 一种基于矩不变的 SAR 海洋图像舰船目标检测算法. 计算机工程，29（17）：114～116

Alba- Flores R. 2005. Evaluation of the Use of High- Resolution Satellite Imageryin Transportation Applications. Department of Electrical and Computer Engineering University of Minnesota Duluth：Duluth，Minnesota

Barzohar M，Cooper D B. 1996. Automatic finding of main roads in aerial images by using geometric- stochastic models and estimation. IEEE Transform on Pattern Analysis and Machine Intelligence，18（7）：707～721

Donald G，Jedynak B. 1996. An active testing model for tracking roads in satellite images. IEEE Transform on Pattern Analysis and Machine Intelligence，18（1）：1～14

Ehlers M. 1989. Remote sensing and geographic information systems：towards integrated spatial information processing. Proceedings of IGARRS，89：63～66

Engle S W. 1985. CERBERUS Release Note，Version 1. 0 . NASA Ames Research Center，Moffett Field，CA

Goodenough D G. 1988. Thematic Mapper and SPOT integration with a geographic information system. Photogrammetric Engineering and Remote Sensing，（54）：167～176

Hinz S，Stilla U. 2006. Car detection in aerial thermal images by local and global evidence accumulation. Pattern RecognLett，（27）：308～315

Klein L A. 1993. Sensor and data fusion concepts and applications. New York：SPIE Optical Engineering Press

Larsen S Ø，et al. 2008. Mapping Road Traffic Conditions Using High Resolution Satellite Images，In Geobia 2008. Calgary Alberta，Canada

Larsen S Ø，Salberg A. 2010. Vehicle Detection and Roadside Tree Shadow Removal In High Resolution Satellite Images，In Geobia 2010. Ghent，Belgium

Leitloff J，Hinz S，Stilla U. 2005. Vehicle queue detection in satellite images of urban areas. International Archives of Photogrammetry. Internation Journal of Remote Sensing，18：811～828

Murai H，Omatu S. 1997. Remote sensing image analysis using a neural network and knowledge- based processing. International Journal of Remote Sensing，18（4）：811～828

Sharma G，Merry C J，Goel P，et al. 2006. Vehicle detection in 1- m resolution satellite and airborne imagery. International Jounal of Remote Sensing，27（4）：779～797

Sithole G，Vosselman G. 2006. Bridge detection in airborne laser scanner data. ISPRS Journal of Photogrammetry and Remote Sensing，61（1）：33～46

Steger C，Mayer H，Radig B. 1997. The role of grouping for road extraction. In：Gruen A，Kueble O. Agouris P （eds）. Automatic Extraction of Man- made Objects From Aerial and Space Images （II）. Basel：Birkhäuser：245～255

Strahler A H. 1980. The use of prior probabilities in maximum likelihood classification of remotely sensed data. Remote Sensing of Environment，10：135～163

Tan Q L，Wang J F. 2009. Evaluation of urban road detection from high resolution remote sensing imagery using object- oriented method. Urban Remote Sensing Event，1（3）：284～289

Tello M，Lòpez- Martínez C，Mallorqui J J. 2006. Automatic vessel monitoring with single and multidimensional SAR images in the wavelet domain. ISPRS Journal of Photogrammetry & Remote Sensing，（61）：260～278

Toth C K，Grejner B D. 2006. Extracting dynamic spatial data from airborne imaging sensors to support traffic flow estimation. ISPRS Journal of Photogrammetry & Remote Sensing，（61）：137～148

Wang F G，Newkirk R. 1988. A knowledge-based system for highway network extraction. IEEE Transform on Geoscience and Remote Sensing，26（5）：525～531

第3章 公路交通遥感应用

公路是指城市间、城乡间、乡村间主要供汽车行驶的公共道路，具有快速直达、机动灵活和可实现"门到门"运输的特点。在综合运输体系中，公路运输一直为铁路、水运和民航等运输方式提供客货集散运输，起到"毛细血管"的作用。随着世界公路建设的发展，特别是高等级公路网络的逐步形成，公路运输正发挥着"大动脉"的作用，其在综合运输体系中的地位不断提高（庞松，2005）。

全球已有近80个国家和地区拥有高速公路，总里程达20万km，形成了国际高速公路网。"十一五"期间，我国把交通运输放在了优先发展的地位，交通运输系统迅猛发展，形成了以公路和高速公路为主的交通网络。截至2010年底，我国公路网总里程突破400万km，其中高速公路通车里程达到7.41万km，农村公路通车里程达到350万km。就绝对数值而言，我国的高速公路甚至超过一些西方发达国家。但判定一个国家高速公路的多与少，不能只看绝对数值，还要评估它在公路总里程中所占的比例等因素。在发达国家，这个比例已经达到3%，甚至4%，而我国只有1.8%。美国高速公路总里程数高居世界榜首，接近10万km。加拿大位居第二，虽然其幅员与我国相仿，但人口很少，且人群居住区域和经济发展约处于相对稳定状态，现有的高速公路已经足够满足其需求。日本、德国、法国的高速公路比我国略少，但它们的幅员和人口都远小于我国。

由于发达国家大规模公路建设时期已经结束或即将结束，设计类研究开发比重下降，基于GIS的交通运营管理类研究开发比重上升。我国交通基础设施建设远远落后于发达国家，甚至亚洲发展中国家（冯杰和于军，2002）。在今后的一段时期内，交通基础设施建设仍将是我国的重点发展领域。但公路线路规划的合理性、公路建设项目可行性研究结果的可靠性、公路设计质量的好坏、公路施工建设过程的全程监管以及路域环境评价手段均对公路交通领域所采用的传统方法提出了新的挑战。同时，公路养护、管理也将成为公路领域的工作重点（曾洁芳，2008）。

遥感技术在公路交通领域的应用十分广泛，涉及从公路规划到管理的各个环节，包括公路规划、可行性研究、初步设计与施工图设计、公路建设及运营阶段，为传统工作方式提供了新的技术手段，并取得了良好的技术效果和经济效益（詹云军等，2003）。各阶段的具体应用如下：

（1）规划阶段：中大比例尺遥感专题制图；利用高分辨率遥感数据获取线路的DEM；地形图更新并建立DTM，为规划方案调查、区域工程地质调查、环境评价分析等提供信息服务。

（2）可行性研究阶段：中比例尺遥感制图，DEM获取，地形图更新和建立DTM；路线比选，水文地质调查及大型灾害调查与风险评价，土地利用情况与环境影响调查与评定。

（3）初步设计与施工图设计阶段：获取高精度DEM，大比例尺制图与地形图测量，建立三维DTM等；道路线型的质量分析与安全评价；辅助工程量计算和最终成果检验。

（4）建设阶段：生成工程区域的 DTM，对施工动态进行监测、对道路建设占地及临时占地恢复情况进行监测。

（5）运营阶段：遥感影像电子地图制作，公路附属设施调查，公路交通沿线自然灾害调查，辅助 GIS 进行事故调查分析，公路景观及路域生态环境评价等。

根据目前可用的航天、航空遥感数据资源，公路交通遥感应用阶段及其制图比例尺如表 3.1 所示。

表 3.1　遥感数据资源在公路交通领域的应用

图像种类	传感器	分辨率/m	用途	应用阶段	制图比例尺
Landsat5 Landsat7	TM（ETM）	15、30	中大比例尺制图，方案调查，路选线与勘察，水文及大型灾害调查	规划、可行性研究、初步设计、运营	1：5 万～1：10 万，局部 1：1 万
SPOT5	HRG/HRS	2.5、5；10、20	中大比例尺制图、地形测图，灾害调查，初步勘察	规划、可行性研究、初步设计、运营	1：2.5 万～1：5 万，局部 1：1 万
QuickBird	V～NIR+PAN	0.61～0.72，2.44～2.88	大比例尺制图、地形测图，灾害调查，初步至详细勘察	可行性研究、初步设计、施工图设计	1：1 万～1：2 千
IKONOS	V～NIR+PAN	1，4	大比例尺制图、地形测图，灾害调查与风险评估，初步至详细勘察	可行性研究、初步设计、施工图设计、运营	1：1 万～1：2 千
WorldView-1	PAN	0.5	大比例尺制图与地形测图，灾害调查与风险评估，初步至详细勘察	可行性研究、初步设计、施工图设计、运营	1：1 万～1：2 千
WorldView-2	V～NIR+PAN	0.46，1.8	大比例尺制图、地形测图，灾害调查与风险评估，初步/详细勘察，大气监测	可行性研究、初步设计、施工图设计	1：1 万～1：2 千
GeoEye-1	V～NIR+PAN	0.41，1.65	大比例尺制图、地形测图，灾害调查与风险评估，初步至详细勘察，大气监测	可行性研究、初步设计、施工图设计	1：1 万～1：2 千
ALOS	PRISM AVNIR-2 PALSAR	2.5 10、15 7～100	中大比例尺制图、地形测图，灾害调查与风险评估，初步勘察	规划、可行性研究、初步设计、运营	1：2.5 万～1：5 万，局部 1：1 万
CBERS-02B	V～IR+PAN	2.36，19.5	中大比例尺制图，方案调查，选线与勘察，水文及大型灾害调查与风险评估	规划、可行性研究、初步设计、运营	1：3 万～1：5 万，局部 1：1 万～2 万

图像种类	传感器	分辨率/m	用途	应用阶段	制图比例尺
FORMOSAT-2	V ~ IR+PAN	2, 8	中大比例尺制图，灾害调查，初步勘察	规划、可行性研究、初步设计、运营	1：2.5 万 ~ 1：5 万，局部 1：1 万
HJ-1	CCD	30	环境监测、灾害监测	规划、可行性研究、运营	1：100 万
BJ-1	V ~ NIR+PAN	PAN：4 MS：32	方案调查，选线与勘察，水文及灾害调查与风险评估	规划、可行性研究、初步设计、运营	1：5 万 ~ 1：10 万，局部 1：1 万
Terra/Aqua	MODIS	250、500、1000	规划景观、大气污染监测、路网管理	规划、可行性研究、运营	1：70 万
ENVISAT	ASAR	10、30、150	路基形变与沉降监测	运营	1：1 万，1：10 万
RadarSAT	C-SAR	3 ~ 100	路基形变与沉降监测	运营	1：5 万，1：25 万
TerraSAR-X	X、L 波段	1, 3, 16	路基形变与沉降监测	运营	—
COSMO	X 波段	1	路基形变与沉降监测	运营	—
航空彩红外及真彩色	V ~ NIR+CCD	0.5 ~ 5	中~大比例尺制图、地形测图、灾害调查与风险评估，初步至详细勘察	可行性研究、初步设计、施工图设计、运营	1：10 万 ~ 1：2 千或 1：500
机载 LiDAR	紫外 ~ NIR	0.05 ~ 0.5	大比例尺制图与地形测图，初步至详细勘察，工程复测，路面养护等	可行性研究、初步设计、施工、运营	1：2 千 ~ 1：500，局部 1：1 万
机载高光谱 AVIRIS	可见光/红外成像光谱仪	4	大气污染监测、路网管理、车辆调查、交通量监控	可行性研究、运营	

注：V 为可见光；IR 为近红外；HRG 为高分辨率几何装置；HRS 为立体成像装置；PRISM 为 ALOS 全色立体测绘仪；AVNIR-2 为可见光与近红外辐射计；PALSAR 为相控阵型 L 波段合成孔径雷达。

修改自：戴文晗等（2001），公路勘察设计应用的遥感信息简表。

3.1 公路规划遥感应用

公路规划是指公路交通部门或相关机构依据区域社会经济发展对公路交通的需求，充分考虑人文、经济、资源、地质、地貌、环境和现有路网等因素，确定公路建设的合理规模（通车里程和等级结构）、技术标准、估算项目投资、分析投资效益和建设方案（周俊超，2002）。

公路规划涉及面广，必须对公路所经地区的人文、经济、资源、地质、地形、水文等相关信息进行全面深入的调查、分析、研究和预测，才能做出合理的公路规划。常规的资料调查、收集和实地勘测的方法，往往工作量较大、工期较长，且资料、信息时效性较差。在实际工作中，经济欠发达或不发达的地区的基础数据少而且陈旧；经济发达的地区，存在基础数据更新速度跟不上发展变化的现象，所收集的资料常常和实际情况出入较大；尤其在自然条件差、交通不发达的地区，自然地理、地质、资源、环境等信息相对缺乏。而遥感影像客观、全面、快速地记录了地表各种物体及其属性，以遥感技术作为快速获取数据的手段，可弥补常规资料收集、调查的不足，在公路规划中发挥日益重要的作用。其不仅能获得待规划公路所经区域的自然、地形、地质、地貌、水文、资源等信息，使规划人员在大面积范围内进行方案研究、论证和比选，还能进行工程环境与生态影响评价及工程量估算，为施工难度的估算和工程成本的预算提供依据。以下分别介绍遥感在公路规划中的公路选线、公路工程地质勘查、工程量估算和公路环境评价等方面的应用。

3.1.1 公路选线

选线设计的过程是工程师在分析地形和地理环境的基础上，利用选线设计领域知识进行铁路空间位置方案决策的过程。由于在选线设计过程中，地理信息的获取、识别、计算、分析等的工作量很大，所以选线专家们一直在探索快速有效解决地理信息处理的方法。从 20 世纪 50 年代美国麻省理工学院米勒教授在道路选线领域提出在计算机中用 DEM 表达地形，用计算机辅助设计方法完成选线设计以来，计算机信息技术和辅助决策技术在选线设计领域的应用已有了五六十年的历史（吕希奎，2008）。

公路选线应根据地形、地物条件，并在对工程地质、水文地质、自然资源、生态环境、自然景观、气候特征、经济文化等因素充分调查、深入分析的基础上，选出合适的线路，然后通过多种方案的论证和比选，选定最优路线。公路选线应遵循"安全、环保、舒适、和谐、创新、节约"的原则，坚持"资源节约、环境友好"的设计理念。遥感影像可以客观、全面地记录地表各种物体及其属性，是自然地理、地质、资源、人文景观、生态环境、路网结构等资料的综合信息库，且遥感影像数据更新快，且能保持图像具有一定的连续性的。因此，遥感影像可提供及时地形、地物变化和历史变迁，综合表现路线方案研究区域的自然、人文特征，利用遥感技术，提取各种专题遥感信息，辅助规划设计人员快速地进行宏观、综合的选线和方案比较，提高传统利用静态地形图、地质资料和收集离散资料综合选线的效率和质量。目前，用于公路规划和勘查设计的遥感影像主要有：中巴资源卫星（CBERS）数据，美国 TM/ETM 和 QuickBird 数据，法国 SPOT 数据，加拿大 RadarSAT 合成孔径雷达数据，日本 ALOS 数据等卫星遥感数据，以及大比例的航空遥感数据（侯建军，2011）。

日本随美国之后开始将正射航空影像应用于公路路线设计和新一代公路勘测设计软件的开发。其推出的 STRAX 软件，具有交互形成 2.5 维或三维地形，分层次管理道路、农田、河流、交通、住房等数据，路线规划设计及土石工程计算，架桥、隧道绕行方案比较，道路、桥梁和汽车驾驶仿真等功能。澳大利亚推出了线路三维优化辅助设计软件——Quantm，利用计算机和遥感图像进行线路规划，可直观地在卫星图像上进行方案比较。美国、英国、瑞典等国家，也运用航空遥感技术代替传统的人工勘察，进行公路地质、地形、地貌、环境等的调查，并用 GIS 技术建立公路数据库。德国开发了道路勘察设计软件 CARD/1 等，可通过计算机模拟，建立多种分析评价模型，为规划、设计提供依据和决策分析手段，CARD/1 已成为测绘、道路、铁路和管道工程勘测设计的计算机辅助设计系统（蔡建辉，2001）。

我国选线计算机辅助设计的研究始于 20 世纪 70 年代末期，已经取得了很多有价值的研究成果。尤其在"九五"期间，我国成功地将遥感应用于公路规划与设计，带动了我国公路勘察设计方法的重大变革。例如，"九五"国家重点科技攻关课题"GPS、航测遥感、CAD 集成技术开发"运用了航空遥感数据，并结合 CAD 技术，可完成 60% 以上的公路规划内业工作。在北京至珠海、上海至成都、上海至瑞丽等 14 项国家重大工程的应用，设计路线里程达 938km，利用遥感技术使得设计效率提高了 2~3 倍，大大缩短了规划设计周期，并为勘察设计质量控制、设计优化和工程建设环境影响评价提供了直观的可视化依据。在吉首至茶洞高速公路选线中，运用遥感、GIS 技术，根据区域自然特点，对 ETM 影像、SPOT 影像、航片等遥感数据资料进行增强处理和相关的遥感信息提取，获取整个路线走廊带及其相邻区域的地形、地质、地貌、植被、土壤、水文、资源、环境、人文和景观等地物信息及其特征，高效地进行大面积、长距离的选线工作，如彩图 3.1 所示（孙国庆，2010）。其避开了国际地科联上寒武纪标准剖面（"金钉子"）地质公园、德夯核心风景区、铅锌矿矿田及其尾砂坝区、岩溶地下水发育区以及对环境影响较大的特殊性岩（土）体，较好地坚持了安全、环保、舒适、和谐、创新和节约的原则。在西汉高速公路和邵怀高速公路选线中，借助遥感技术分别对秦岭、雪峰山路段路线和隧道区展开地质遥感调绘，快速对全路线地质、水文及新构造运动基本特征进行分析，最后选出了最佳的施工线路。仅秦岭隧道群的设计方案，就比原方案节约造价约 2 亿元人民币。此外，通过对卫星遥感影像的判读，还预见到了 4 条区域性大型断裂带和南北向断裂组，优化了原先设计的东涝峪隧道群方案（高建平，2007）。

3.1.2 公路工程地质勘查

当前，遥感技术是进行公路工程地质勘查的一种最重要的手段。遥感信息不仅直观、准确地从宏观上再现了区域岩（土）体的空间展布格局，而且还可根据各类岩（土）体的多光谱特征及其图形、纹理组合模式来分析岩土体物质属性、地质单元的分界及其划分特征。公路遥感工程地质勘查根据空间遥感影像信息研究路线走廊带岩（土）体工程属性、产出状态、单元划分及不良地质现象、水文地质特征等基础工程地质信息，通过遥感影像增强、特征提取和模式识别等方法，将影像二维空间的连续信息应用于公路工程地质勘查中，将传统路线勘查中的离散性点—线观察信息与遥感影像中连续的二维和三维工程地质信息结合在一起，从而有效提高对路线走廊带岩（土）体、地质现象"点—线—面—体"的空间整体识别能力。同时，多光谱遥感影像能反映人们肉眼无法直接感知的岩（土）体电磁辐射性质的相关信息，如热红外辐射、微波辐射等，而岩（土）体的这些不可见光辐射信息，可以从不同角度上反映其工程物理属性、岩石结构等特征为公路工程勘查设计者观察和研究路线走廊带岩（土）体及地质现象提供了常规方法难以获取的工程地质信息。

由于通过遥感地质解译可获取路线走廊带的工程地质信息，快速识别工程地质环境直接提高了路线工程地质勘查的预见性和目的性，减少公路遥感工程地质调查中野外调查与勘查的工作量，同时还可将路线走廊带工程地质信息尽早地反映到路线设计中，使路线方案科学地展布于路线走廊带之中，从而尽可能地避开各种不良地质现象，如彩图 3.2 所示（孙国庆，1999）。例如，沪昆高速公路邵阳至新晃段、常德至张家界高速公路、常德至吉首高速公路、吉首至茶洞高速公路、六盘水至盘县高速公路等项目均利用了遥感数据资料（ETM 影像、SPOT 影像、ALOS 影像与航片），根据不同项目路线走廊带的区域地质环境，进行各种专题处理，增强判读区域的主要工程地质的相关信息，从而有效地提高了该路段工程地质勘查的质量和水平。值得一提的是，沪昆高速公路邵阳至怀化段利用遥感技术判读识别出湖南雪峰山腹地工程地质环境信息，进行路线走廊带工程地质调查和地质构造专题研究，修正了该区域原有基础地质资料中存在的错误，并选出了合理的特长隧道路线走廊带。

在遥感工程地质勘查中，1∶10 万、1∶5 万比例尺的卫星遥感影像判读分析数据可解决宏观地貌单元及类型的划分问题。对于 1∶1 万大比例尺公路工程地质条件评价，则可利用高分辨率卫星影像（如 SPOT5 影像、ALOS 影像及 1∶1 万～1∶5 万的彩红外或全色航空像片）进行微地貌单元、岩土类型、活动构造、浅层地下水、咸淡水分界、植被类型、盐渍土、冻土、崩塌、滑坡、泥石流等多种工程地质要素的判读，再结合现场调查、物探和少量钻探、原位测试工程进行公路工程地质条件评价，分析潜在不良地质体的存在与危害（陈勇和慕曦光，2008），发现常规地质调查难以发现的地质现象；根据遥感影像上的带状构造信息，可识别规模较大的隐状不良地质体，如隐伏岩溶、陷落柱、隐伏塌陷坑、采空区、隐状构造等。

3.1.3　公路工程量估算

利用同一地区的遥感立体像对数据可生成 DEM，然后结合 GIS 的空间分析功能，不仅可以实时准确地划定拆迁范围，进而计算公路占地面积、估算拆迁工作量、提高拆迁工作效率，还能得到工程剖面图，帮助工作人员估算公路工程的土石方工程量。

在传统公路规划中，由于没有进行野外工程测量，土石方工程量大多按平均面积法或从地形图中手工获取，估算偏差较大，在地形起伏较大的地段尤为明显。而利用遥感影像建立 DEM 计算出的土石方工程量的偏差都在±10% 以内，可以满足公路工程的需要，在基础数据较少的地区（如西部地区）具有广泛的应用前景（丁献龙，2008）。另外，遥感和 GPS 技术相结合，可获得具有三维地理信息的遥感图像，生成真实感三维 DTM；可以任意旋转、缩放、切制地形剖面和生成动画，实现公路环境的三维显示（贺玲玲，2007），为自然条件恶劣的地区公路规划提供崭新的思路。2006 年，新疆维吾尔自治区基础地理信息中心和新疆公路规划勘察设计研究院合作完成了"基于 GIS、RS 技术在公路规划中的应用"项目。通过选取一段已建成的公路线路为研究区域，应用 GIS、遥感技术进行了工程量估算、土石方的调配、桥涵和隧道设计，建立了线路三维立体模型，进行工程边坡设计、线路平纵横设计、公路走廊带的优化选择、线路的模拟飞行等，实现了公路线路的优化比选。在室内完成了公路规划选线的大部分工作，大大提高了工作效率，减少了野外工作量，减轻了劳动强度，提高了设计的科学性、合理性。将采用 GIS、遥感技术得到的工程量计算结果与实际施工时的数值进行对比，误差为±10% 左右，工程量数值的准确性进一步验证了遥感与 GIS 技术的结合，在公路规划领域的应用潜力（佚名，2007），如图 3.1 所示。

图 3.1　利用三维可视化图计算工程量

3.1.4　公路交通环境影响评价

环境是人类以外的整个外部世界，包括大气、水、土壤和生物圈。环境影响评价（environmental impact assessment）是指对规划和建设项目实施后可能造成的环境影响进行分析、预测和评估，提出预防或者减轻不良环境影响的对策和措施，进行跟踪监测的方法与制度。公路环境评价的目的是通过对公路规划或公路建设项目活动可能带来的各种环境影响进行定性定量分析，预测并评价其未来影响范围和程度，为合理选线提供依据；通过损益分析，提出可行的环保措施并反馈于设计，以减轻和补偿公路建设项目活动所带来的不利影响；为公路建设项目的生产管理和环境管理提供依据，为路域地区经济发展规划、环保规划提供依据，为决策者提供调整环境与发展关系的科学依据（张孟强和韩平，2007）。

公路建设对环境的影响包括公路施工和营运中对生态环境的破坏和污染。公路建设项目环境评价的环境要素应包括生态环境、声环境、空气环境、水环境、社会环境和景观等内容。我国公路环境评价一般以"公路建设项目可行性研究报告"中确定的拟建公路中心线两侧各200m为范围，特殊情况下，可根据实际情况扩大或缩小。我国公路环境影响评价分施工期和营运期两个阶段，预测评价以项目竣工投入营运后第7年和第15年为特征年（郭云开，2008）。建设项目的环境影响报告书应包括七部分内容：①建设项目概况；②建设项目周围环境现状；③对环境可能造成影响的分析、预测和评估；④环境保护措施及其技术、经济论证；⑤对环境影响的经济损益分析；⑥对建设项目实施环境监测的建议；⑦环境影响评价的结论。

《中华人民共和国环境影响评价法》（以下简称《环评法》）已于2003年9月开始实施，该部法律规定，除对建设项目要进行环境影响评价外，还要求对有关规划进行环境影响评价，这标志着我国环境立法步入了一个新阶段。为贯彻落实《环评法》精神，交通部于2004年8月颁布了《关于交通行业实施规划环境影响评价有关问题的通知》（交环发〔2004〕457号），其中明确要求将国道网、省道网以及设区的市级交通规划列入环评范围（宋国华和于雷，2007），即要求对规划实施后可能造成的环境影响作出分析、预测和评估，提出预防或者减轻不良环境影响的对策和措施。

公路规划环境影响评价工作程序一般包括：规划分析、现状调查分析与评价、环境影响预测分析、规划环境影响识别、建立规划环境影响指标体系、对规划方案进行环境影响预测分析与评价、针对规划方案（或替代方案）提出环境影响减缓措施、开展公众参与、得出评价结论、实施监测与跟踪评价、编写规划环境影响评价文件。建设项目的环境影响评价，应当避免与规划的环境影响评价相重复。已经进行了环境影响评价的规划所包含的具体建设项目，其环境影响评价内容建设单位可以简化。

公路交通规划环境影响评价具有区域性，所要分析和评价的是较大区域尺度范围内交通基础设施建设的环境影响，必然与环境要素的空间分布及相互关系密切相关。因此，对交通规划这种空间特征突出的规划类型进行环境影响评价时，应尽可能采用3S与计算机模拟手段，使规划环评的结论更加真实可靠。通过遥感手段获取所需的环境背景信息（如土地利用类型等），为环境影响评价提供数据基础；利用GPS采集现场数据以验证遥感等途径所获取数据的真实性；GIS则是公路交通环境影响评价的重要技术工具和手段，在GIS中实现相关信息的可视化表达和查询检索；同时将GIS的空间分析功能与环境预测或决策分析等模型结合，可以在不同方案的环境影响预测中发挥重要作用（肖亚丽和董家华，2009）。

1998~2002年美国实施了"国家环境政策行动"（National Environmental Policy Act，NEPA），并提出了"公路走廊带发展计划"（Corridor Program）。公路走廊带发展计划共包含150个项目，涉及的区域环境问题复杂，环境现状较为严峻，华盛顿州I-405公路走廊带被列入该计划。Xiong等（2004）以I-405公路为实验区，基于遥感技术对公路交通规划进行了环境评价以支持NEPA计划的推进。评价中主要考虑了农业用地、渔业和水生动植物栖息地、洪泛区、土地利用、休闲场地、海岸线、地表水资源、交通、高山植被、动植物栖息地或野生动物保护区、历史与文物保护区、湿地等几方面的因素。主要是利用ETM遥感图像进行土地利用和土地覆盖分类，分类精度达到80%；利用LiDAR和InSAR获取地形数据，进而勾绘出洪泛区信息；利用多光谱图像中植被的郁闭度，并结合土壤与高程信息来区分湿地植被与其他邻近地区的植被。同时，也探讨了遥感在公路交通规划环境影响评价中的潜力。

总之，利用遥感技术可以高效完成公路交通规划和建设项目的环境影响评价，辅助分析公路项目建成投产后可能对环境产生的影响，并提出污染防治对策和措施。

3.2 公路建设项目可行性研究遥感应用

公路建设项目的可行性研究，按照不同阶段的要求，所涉及工作内容、技术深度、获取资料的详细程度均有所不同，分为预可行性研究阶段和工程可行性研究阶段。

预可行性研究是编制工程建设项目建议书的依据。其主要任务是研究建设项目的功能与作用，论证项目建设的必要性，对项目可行性进行初步评估；提出多个路线方案并进行比选，提出推荐方案，并初步论证其标准、规模、路线走向及大致控制点。该阶段的作业流程一般是以1:5万地图为基础，辅以实地踏勘和调查。该阶段为概略研究，所获得的结论是初步的。

工程可行性研究是编制公路工程设计任务书的依据，需全面研究项目建设的必要性、技术可行性、经济合理性、实施可能性，对不同路线方案从技术、经济、环境、用地等方面进行综合论证，并确定最佳走廊带路线设计方案。本阶段工程作业流程一般以 1：1 万图为基础，进行必要的测量和钻探。要求研究结论建立在定性、定量充分论证的基础之上，所获得的结论是明确的（李媛媛，2010）。

遥感在预可行性和工程可行性研究阶段发挥的作用最为有效。拟建公路走廊的地形、地貌、地质、水文、气候、环境等相关信息是公路工程可行性研究、初步设计等阶段所需的重要资料，均可通过遥感手段获取。同时，可根据这些信息制作相应的专题地图，为特（大）桥、隧道等路线控制点提供直观、准确的地质要素信息，特别是可以获得包括公路沿线的地面沉降与地裂缝、采空区、岩洞与土洞、湿陷性土、膨胀土和冻土等特殊地质问题，特殊地质（如砂土液化）、地质灾害（如崩塌、泥石流、滑坡、地裂缝）等方面的信息，可以满足高速公路地质灾害危险性评估的技术要求。综合上述信息，通过相关论证，即可确定公路所选线的最佳方案（孙志斌，2006）。

3.2.1　公路工程预可行性研究

公路工程预可行性研究（简称"预可"）的主要任务是地质勘察，要根据国民经济与社会发展规划、公路网规划和公路建设计划等要求，通过分析研究现有资料，从工程地质条件方面论证工程方案的可行性与合理性，为编制预可行性研究报告提供必要的工程地质依据。一般以 1：10 万~1：20 万专题图为信息源，收集区域地质资料、图件、文字报告，并进行分析和整理，概略性了解全区工程地质条件。在此基础上进行路线踏勘和中、小比例尺测绘，结合少量的钻探及轻型山地工程，取得有代表性的勘探剖面以查明区域工程地质条件，对区域稳定性问题进行论证，对控制性工程地段和工点构造物做出定性工程地质条件评价。在预可阶段，遥感有助于宏观、全面、快速地实现工程地质条件调查。该阶段遥感工程地质判读内容包括：

（1）地貌单元、形态、成因，及地形地貌与地质构造、地层岩性、工程地质条件的关系。

（2）岩土体的岩性和分布范围。

（3）区域地质构造轮廓和主要构造形迹，判读新构造活动迹象，为区域稳定性评价提供影像依据。

（4）各种水文地质现象，重点判读地下水对工程有影响的要素。

（5）对崩塌、滑坡、泥石流、地面塌陷、冲刷与淤积、土石冻融、雪崩、采空区等地质灾害的分布、规模、形态及其发展趋势和危害程度做出初步评价。

遥感判读的最终成果应提交与调查比例尺相应的工程地质专题图和文字说明。

3.2.2　公路工程可行性研究

公路工程可行性研究（简称"工可"）是从技术、经济、环境、用地等方面对不同路线方案进行综合论证，并确定最佳走廊带路线设计方案。基于遥感技术的公路工可主要工作流程如图 3.2 所示。首先，根据项目任务书的要求，拟定项目工作计划。然后，是收集相关资料，包括地质、水文及病害资料，并订购研究区域遥感图像。其次，是从市场角度分析拟建公路的必要性，从技术角度和经济角度分析项目实施的可能性，并对项目技术和经济指标进行定性和定量计算。再次，制作路线走廊带遥感影像图，建立相应的遥感地质解译标志，并对地质特征进行遥感判读，利用现有基础资料制作遥感影像地图、地质专题图件或DEM。最后，通过比较得到2~5个选线方案，可根据需要输出成果图件。

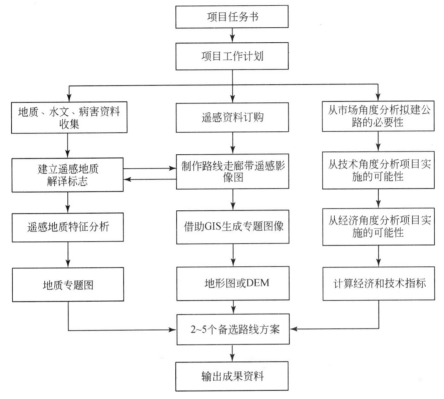

图3.2　基于遥感的公路工程可行性研究工作流程

公路工程可行性研究阶段的遥感应用主要包括地质勘测、结构物测量和路线选线规划等。

1. 公路地质遥感勘测

工程可行性研究阶段的地质勘测，目的是了解、勘察项目所在地的工程地质特征、各工程方案的一般地质条件、控制工程方案的主要地质问题，为拟定路线走向、桥位、隧址、工程方案的比选及编制可行性研究报告等提供地质资料。一般以比例尺为1：2.5万~1：5万的航空遥感影像或像片（也可用卫星遥感图像）为信息源，收集已有的区域地质资料，包括工程地质、水文地质资料、图件、文字报告，并进行分析和整理，详细了解拟建公路工程所覆盖范围内的工程地质条件。在此基础上，进行室内详细判读，配合路线调查和全野外验证、地面遥感探测（如探地雷达等物探手段）、大比例尺测绘等手段，布置钻探及野外现场实验和室内试验，以查明路线工程地质条件（赵林等，2004；周贤斌等，2006；袁佩新等，2003）。工可阶段的遥感判读内容比预可阶段更为齐全、更为详细，主要体现在以下几个方面：

（1）不同地貌单元及其成因类型，地形地貌与工程地质条件的关系。

（2）地层与岩性，岩土体的岩性和分布范围。

（3）膨胀土、红黏土、淤泥类等特殊土的分布和发育特征。

（4）地下水对工程有影响的水文地质要素。

（5）主要构造形迹，包括褶皱、断层等的分布位置、走向、性质、规模；判读新构造活动迹象，结合地震资料，为区域稳定性评价提供影像依据。

（6）崩塌、滑坡等灾害地质的分布、规模、形态，通过多期图像动态对比定性和定量评价其发展趋势和对路线工程的危害程度，提出建议性处理措施。

表3.2列出了对公路工程不利的几种常见地质现象的遥感影像特征及其典型图像。

表3.2　几种常见地质现象的遥感影像特征及其典型图像

地质现象	遥感影像特征	典型图像
盐碱地	通常呈深褐色，生长有稀疏低矮的抗碱植物。潮湿条件下，呈现深色色调；干燥条件下，地表结成盐碱硬壳，色调变浅	
泥石流	沟口沉积区、主沟通过区、主沟上游供给区清楚可见。图像上可见沟口沉积区有洪积扇，主沟通过区陡且倾直，内有大量泥土充填，主沟上游供给区山坡陡峭并有崩塌	
滑坡	呈现特殊的围椅状小地貌，在立体像对上能看出滑坡的界线，滑坡后形成的凹地以及滑坡体形成的小岗和滑坡舌，有时亦可看到由于滑坡造成的河道向对岸移动现象。滑坡地段上的林木都是歪斜或倾倒的	
岩堆	影像上明显可见，位于坡脚并沿坡而上，指向供给区，形成下宽上窄的条带，一般呈楔形、三角形、舌形、梨形、梯形等，坡面色调比较均匀，呈浅灰色或白色，同时无植物生长	
崩塌	崩塌地带通常是浅色调的无植物的斑点图形，顶部可见崩塌后的凹形崩塌陡壁，坡脚可见塌方体，并散布有大小不等的岩块。大型崩塌可能堵塞河流，在河流上游形成小湖，崩塌处河流本身形成带有瀑布状的峡。趋于稳定的崩塌，塌壁色调呈灰至暗灰色调，或在浅色调中含有深色斑点，其上部陡坡仍较明显，生长有少量植被。稳定的崩塌，上部陡坡变缓，植被生长较密	

工可阶段遥感调查的最终成果资料应包括遥感工程地质解译报告，综合遥感工程地质平面图、剖面图和工程地质图，不良地质与特殊地质资料汇总表，遥感影像图及其他基础资料。遥感工程地质解译报告应着重阐明各路线方案的工程地质条件，并提出地质条件最优方案。其中，对重点工程场地地质条件和规模较大的不良地质现象应逐一进行评述。

2. 公路结构物遥感测量

桥梁、涵洞、隧道是公路的主要结构物，利用遥感图像判读可以进行桥涵水文勘测工作。在勘测设计各个阶段，可不同程度地利用航摄像片或数字图像、像片略图、航摄放大像片、像片平面图及影像地图等遥感资料提供大桥、中桥和小桥涵设计中所需的水文资料；还可以解决部分的水文测绘、汇水面积计算、流量计算和验证等问题。桥址选择在桥涵测设中占有十分重要的地位，尤其是大桥桥址的选择直接影响着公路选线线路的位置和走向。遥感图像覆盖范围大，能全面、客观地反映出流域情况，地形地貌特征，河槽、河滩形态，河床冲刷和淤积情况，以及水工建筑等情况。因此，遥感在搜集桥涵、水文资料等方面所起作用较大，但图像判读并不能完全取代桥涵野外调查工作。对室内尚有不清和无法判读的内容，或某些外形相似而性质不同、在室内难以区分的地物（如过水路面或漫水桥等），必须通过现场调查来确认（赵林等，2004）。

3. 公路路线方案遥感选择

传统公路路线方案选择（以下简称"公路选线"）方法是对设计区域获取现时的地形资料，依此进行测量及选线、定线。缺乏勘查设计区域的地形变化情况分析资料，仅采用某一时刻的地表资料，路线可能会设置在地表变迁活动范围内。在进行勘查线路灾害调查时，一般会采用钻探、物探等方法或地面调查方法（仅能进行地面上点状调查），有时采用工程地质遥感方法。但所得勘查结果也仅为某个时间的勘查结果。对于一些特殊地区（如山区灾害多发区）缺乏对设计路线上线状/面状地质灾害及其变化动态情况的了解，更谈不上掌握动态变化的数量、范围与趋势的分析资料。而且，对勘查设计区域的地质灾害只是静态认识，无法认识其活动性规律。虽然有些地质灾害活动性不强、相对稳定，破坏性也不大（如古泥石流的物源区已稳定，不会对公路建设造成明显的影响），但有些灾害仍具有活动性。公路选线中的生态环境评价，一般仅依靠人工调查方法，对水土流失、环境变迁、地表塌陷等的区域生态环境变化的影响缺乏具体数量、范围及发展趋势等信息，无法从变化趋势上了解因公路建设引起的生态环境变化情况。因此，公路选线设计需要获得地面相关动态信息。

此外，为了更好地分析对比，需要对设计成果进行可视化表达。遥感影像可提供道路勘查设计所需的高精度地面信息（如公路地质影像），宏观地展现路线走廊带及周边地区地形地貌及地质情况，快速、大范围地获取设计地区地形、地层岩性、水文、地质灾害地质等信息，为遥感技术与公路 CAD 的集成提供了条件。

应用遥感技术，可提高公路选线质量，加快勘测设计速度、减少勘测费用、节省设计成本（程华龙，2003）。但以往的公路 CAD 系统难以对地质、水文、交通、环境、气象等数据进行分析处理。从 1978 年开始，随着计算机软硬件环境、航天测控技术等的飞速发展，新的测绘技术不断涌现，摄影测量与遥感技术、CAD 技术取得了重大进展。20 世纪 90 年代，主干公路、铁路干线选线时，对地质灾害的调查使用了遥感技术。美国开发了基于多种空间信息技术手段（包括摄影测量、高光谱遥感数据、GPS 测量）的道路中心线获取方法、桥梁空间管理软件系统、基于遥感技术的交通枢纽规划和评价方法、基于遥感和 GIS 技术的道路及管线设计技术方法，为交通基础设施的管理提供了有效手段。

交通运输部"六五"、"七五"和国家"九五"重点攻关课题中，公路航测、遥感地质以及国道主干线设计集成系统开发研究都是重点研究内容。中交第二公路勘察设计研究院、交通部公路科学研究所等单位进行了"摄影测量与遥感、GPS、CAD 公路集成研究"（佚名，2001）。"十五"期间，中交第二公路勘察设计研究院承担了西部交通科技项目"西部卫星图像在西藏墨脱公路勘察设计中的应用研究"，利用 IKONOS 立体像对获得公路沿线的三维地形数据。陕西省公路设计院开发了"陕西省交通遥感信息系统"，具有目标及相关多媒体资料的查询与显示，地图无级缩放与漫游，文字与图件编辑，图像与相关数据关联显示、存储与输出等功能，为管理者和专业技术人员提供了先进的信息资源管理手段及规划决策、勘察设计和工程建设需要的信息。

利用 LiDAR 获取的高精度地面三维的激光点云数据，可以高效地完成高精度 DEM 的构建，进一步实现三维可视化选线。彩图 3.3 为川藏公路林芝至八宿路段的可视化三维地面高程模型与相关地质图的叠加效果，图中显示了三维地形、公路展线和断层带发育情况（曾钱帮等，2006）。在这种三维图形环境中进行地质分析，非常直观，有利于工程选线中绕避不良地质灾害，为隧道的位置选择等提供具有参考价值的分析结果。

选线方案比对还可采用高精度航空摄影遥感影像制作地面三维模拟景观效果图。通过建立三维可视化选线系统，可以把这些相关信息集成到地理环境中，并在计算机上模拟沿路线行驶，来检验平纵线型指标、行车视距、公路全景等综合技术指标，对局部设计进行优化，在工程数量、投资费用增加不大的情况下，相互比选，确定最佳路线方案（于静波等，2009）。

主要方法步骤是：首先，采用高分辨率的遥感图像（如 0.5~1m），经过正射校正获得 DOM，再用大比例尺地形图进行几何纠正；对 DOM 进行重采样（与 DEM 格网数据匹配）。然后，对处理好的 DOM 进行镶嵌和色调均一化处理；生成区域地形 TIN 模型，并将其转换为 DEM 格网数据。最后，叠加 DOM 影像图、矢量图层（包含注记信息和线状地物信息等）；通过人机交互设置飞行路线、视角大小、飞行速度等参数，完成道路区域环境三维场景的制作。彩图 3.4 所示为公路选线方案的三维比对与分析实例。图中，黄色线路为第一套选线方案，绿色线路为第二套选线方案，桥梁由粉色线段表示，为工可阶段选线方案的制订提供了极具参考价值的数据。

3.3　公路初步设计与施工图设计遥感应用

在公路建设项目的初步设计与施工图设计中，公路勘测设计都是非常重要的环节。勘测设计通常对应于这两个阶段的不同目的和要求，在方法上也有所不同。对应于初步设计的公路勘测设计称为"道路初测"，对应于施工图设计的公路勘测设计称为"道路定测"。一般是，先进行初测、编制初步设计和工程概算，经上级批准初步设计后再进行定测、编制施工图和工程预算；也可直接进行定测、编制初步设计。然后，根据批准的初步设计，通过补充测量编制施工图。但高速公路、一级公路必须采用两阶段设计法（张金水，2009）。

3.3.1 公路初步设计

公路初步设计（简称"初设"，preliminary roadway design）是根据获得批准的可行性研究方案的要求，详细比较几种备选路线方案的各种技术、经济指标，结合高精度 DEM、详细的地质地形资料，确定走廊带的路线方案，并完成整个公路工程的总体设计方案，包括走廊带路线中心线和控制点的确定，平、纵、横及构造物的具体设计等。在此基础上，计算主要工程量，拟定修建原则，提出施工方案的意见，编制设计概算，提供文字说明及相应的图表资料。其流程如图 3.3 所示。

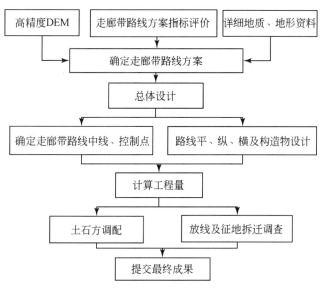

图 3.3 公路工程初步设计工作流程图

1. 获取线路沿线区域高精度 DEM 数据

传统方法是采用航空摄影测量。2002 年，美国爱荷华州交通局开始研究将机载 LiDAR 技术应用于初步设计中 DEM 数据的获取。研究结果表明：结合摄影测量可以减少约 50% 的费用，并可提供实时的 DEM 数据（NASA and LISDOT，2003）。此后，这一技术在国内得到了广泛应用和快速发展，越来越倾向于采用机载 LiDAR 技术获取公路线路沿线区域的 DEM。

2. 公路沿线地质灾害遥感分析与稳定性评价

公路沿线不良工程地质现象可分为活动断裂带、洪流、泥石流、岩溶、沙地流动沙丘、沼泽地、盐渍化、碎屑流、翻浆、冰雪害等 10 类。其中，泥石流、滑坡、崩塌、碎屑流是公路上的主要病害，也是遥感判读工作的重点。泥石流按形成条件分为降雨型泥石流、冰湖溃决冰川消融型泥石流和混合型泥石流。其中，降雨型泥石流按其地貌部位，可分为沟谷型泥石流和坡面泥石流（群）。公路建设的稳定性至关重要。对公路段的稳定性评价是依据工程地质条件的断裂、构造、地层岩性、地震及新构造运动、水文地质条件、灾害地质现象对公路造成的影响,将公路通过地段划分为稳定段、次稳定段和不稳定段(陆关祥等,2001)。

利用遥感图像,基于边缘信息增强的图像处理技术和地学分析,可大致了解公路方案线区域内的地形情况、地质形态分布与地质灾害的发育特征。在外业勘测中可充分利用工可、初设阶段的有关数据,结合地形图、GPS,对大桥、中桥、涵洞位置及不良地质和特殊路段进行野外现场实地布点、检查、补充和校正。这样就可以全面地掌握公路沿线地质灾害分布,并对公路工程的稳定性做出客观地评价,为设计提供充足、完整、准确的资料和科学依据。

3. 公路路线方案初步设计中的遥感应用

路线方案的初步设计包括平面选线设计、纵断面设计和横断面设计,可以借助公路辅助设计软件在二维或三维环境中进行设计。

1)平面选线设计

首先,需要确定线路起点及交点,以最终确定起点标高。为了满足后期土石方调配填挖平衡的原则,线路走向应尽量沿等高线;同时,考虑线路配曲线后,夹直线长度是否满足规范要求;还应根据规范规定的设计时速,设计公路曲线半径、曲线长度和缓和曲线长度,并给线路选配圆曲线及缓和曲线。随着三维可视化技术的发展,目前平面线形设计多在公路辅助设计的基础上,在三维可视化环境中进行,即利用 DEM 数据、遥感图像数据进行三维显示,同时将平面选线设计图进行叠加,效果如彩图 3.5 所示。

2)纵断面设计

平面设计数据和地形数据通过计算机逐桩插值运算,可准确、方便地计算出路线纵、横断面地面线数据。根据公路路线设计规范,按照不同设计标准和路面横向排水等因素,设计公路纵坡的坡度和长度,并结合规范的其他各项详细规定及路面填挖平衡的原则进行纵断面拉坡设计。在辅助设计软件中,可对变坡点的位置、标高、竖曲线半径、切线长、外距等参数进行修改。根据平纵组合设计中平曲线与竖曲线应相互重合,且平曲线应稍长于竖曲线,平曲线与竖曲线大小应保持平衡的设计原则,取适当的竖曲线半径,以达到较优的组合设计结果。

3)横断面设计

一般情况下,基于三维可视化环境,横断面设计步骤包括确定横断面要素、设定路拱和超高、绘制路基标准横断面图、路基设计计算和三维实景模型生成。具体介绍如下:

第一步,确定横断面要素。主要是确定组成公路路幅的各部分的几何尺寸,在实际设计中,一般是根据公路等级和交通量的大小,参考《公路工程技术标准》(JTG B01-2003)中各级公路路基横断面来确定,同时结合当地交通规划和有关要求进行适当调整。

第二步,设定路拱和超高。路拱是为了利于路面横向排水,将路面做成由中央向两侧倾斜的拱形。超高是为了抵消车辆在曲线路段上行驶时所产生的离心力,而将路面做成外侧高于内侧的单向横坡的形式。

第三步,绘制路基标准横断面图。路基横断面的形式及其布置、构造尺寸(如路幅尺寸、坡度值、边坡高度、护坡道宽度等）和选用条件均要参考路基标准横断面图进行设计和绘制。

第四步，路基设计计算。包括每个横断面方向上的宽度及设计标高的计算（即路基加宽和超高计算），并将计算结果填入路基设计表，由辅助设计软件自动完成。路基设计表是公路设计文件中的主要技术文件之一，是综合路线平、纵、横设计资料汇编而成，表中包含平面线形、纵断面设计资料以及路基加宽、超高等数据，既是路基横断面设计的基本依据，也是施工放样、检查校核及竣工验收的依据。横断面参数设计界面及其效果如图3.4所示。

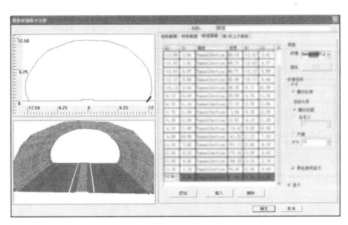

图3.4 横断面参数设计界面

第五步，生成三维实景模型。在平纵面设计、横断面设计完成之后，在公路辅助设计软件中可利用遥感图像和DTM自动生成道路的三维实景模型，如彩图3.6所示。

4）土石方调配

土石的填挖方与调配是影响工程量的重要因素之一。为使调配合理，必须根据地形情况和施工条件，选用适当的运输方式，确定合理的经济运距，用以分析工程用土是调运还是外借。土方调配"移挖作填"要考虑经济运距问题，但这不是唯一的指标，还要综合考虑弃方或借方占地、赔偿青苗损失及对农业生产影响等。有时，"移挖作填"虽然运距和运输费用可能稍高一些，但如能少占地、少影响农业生产，对整体调配方案来说也未必是不经济的。因此，不同的土方和石方应根据工程需要分别进行调配，以保证路基稳定和人工构造物的材料供应。根据三维道路模型及三维遥感影像自动生成土石填挖方统计，如彩图3.7所示。

4. 虚拟放线与征地拆迁调查

完成施工图设计后，需要在实地进行放线。然而，过早地放线，有时会在征地拆迁时出现在定桩的标志物突击修建房屋、鱼塘或突击种植大量树木等植物的情况，进而导致征地拆迁费用预算与实际不符，甚至相差过大。通过在DEM上叠加遥感影像生成地面真实景观，先完成虚拟的放线过程，在邻近开工时期再完成实地放线，即可减少以上情况的发生，同时也可以作为后期实际工作的参考，对提高工作效率非常有利。彩图3.8是利用地表三维模型虚拟放线示意图。

公路建设征地价基本上按各省地方政府实施办法——《中华人民共和国土地管理法》

中的规定计算。不同类别的征地费有所不同，因此，准确划分土地类别是准确计算征地费用的前提。上报的土地类别往往与实际不符，利用高分辨率遥感影像可快速、准确地获取征地范围内实时的不同类别的土地利用类型及其面积等信息。然后，经过实地调查，可以按照不同类别土地的征地费计算，得到准确的征地费用。彩图 3.9 是对拟征用的土地进行遥感调查，以及据此进行征地费用计算的实例。

3.3.2　公路施工图设计

在公路工程施工图设计阶段，当路线的方案在可行性研究或初步设计中确定后，可在路线走廊带内布设 GPS 控制网，最后再野外选点，并按 GPS 静态测量的作业模式进行外业观测。外业结束后进行内业处理。内业处理全过程均可由计算机自动完成。

公路路线平、纵、横设计完成后，将中线逐桩坐标数据通过计算机输入到 GPS 接收机，采用实时动态差分（real time kinematic，RTK）技术放样路线中线，并检验、复核路线的平、纵、横设计数据，进行必要的修改；或者建立空间数据整理与分析平台，利用遥感数据生成 DEM，直接在 DTM 上进行放样，通过计算机仿真模拟复核设计的合理性。

施工图设计阶段工作流程包括：布设 GPS 控制网、室内外调查 GPS 测量补偿、遥感三维平台中仿真模拟 GPS 放样道路中线、验证设计成果的合理性、设计成果审查与修改和输出设计成果等（康辉，2008）。

1. 平纵横修改及构造物设计

目前，国内大多数的路线初步设计均是利用大比例尺地形图量测断面数据完成的。由于图纸成图来源于航测或实测，在图纸上面直接读取数据，其精度难以保证。多重视用机载 LiDAR 获取点云数据后，内插得到 DEM，整体精度一般都高于地形图上量测的数据精度。同时，使用 GPS-RTK 等技术进行实地细部勘测，修正 DEM 及相应的平纵横参数，对设计质量的提高是至关重要的。数据精度对设计来说将带来两方面大的影响：一是影响路基土石方工程量，从而影响工程造价；二是由于横断面数据存在的误差将可能导致设计不当，无法精确确定桥涵、挡墙等人工构造物的高度、长度、埋置深度等，从而影响设计和施工。

2. 设计效果仿真与方案细部修改

利用虚拟现实技术，结合真实地形数据与高分辨率遥感，结合 GIS 与数据库技术等，与公路 CAD 集成，构建三维可视化信息系统，可以建立沉浸感、交互性、逼真的三维虚拟场景和多尺度真三维道路模型，实现设计成果真实景观的实时观察与动态漫游，有利于公路路线、桥梁、隧道、互通等计算机辅助设计与优化，为路线通道走廊选择、路线方案评估、生态环境评价、设计质量控制、路线方案细部比选与优化、公路建设的可持续提供评估手段。

在 DTM 的基础上构建真三维道路模型，道路及其构造物和地表是重点。由于道路模型最终将和地表构成一个整体，道路模型与地表模型的无缝接合是真三维道路模型构建的重中之重。因此，在模型构建时，要实时判断道路边缘与附近地表相交与否。道路线是圆滑的曲线，可以适当采用插值算法，用多段线逼近曲线。另外，真三维道路模型是由许多面对象连接而成的，对于不同区域与不同道路，道路周边环境不同，模型中体现在面片的纹理不同。模型构建中的交通附属设施以及桥梁、隧道口等都可用独立的三维模型来表达。

通过三维透视分析可以计算行车速度并模拟沿路线行驶，来检验平纵线型指标、行车视距、公路全景等综合技术指标的合理性，并实现优化局部设计。在工程数量、投资费用增加不大的情况下，可在细节上相互比选，最终确定最佳路线方案。彩图3.10是三维公路设计方案的仿真效果图。

通过地形、地质、设计等线划图与多时相（同一地区不同时期）多源遥感数据进行综合分析，可实现从宏观到微观把握公路勘查设计区域的情况，有利于完成合理的公路工程总体设计方案。

3.4　公路施工建设遥感应用

为降低公路工程建设成本，缩短建设周期，同时为宏观决策者提供良好的技术平台，以3S技术为核心，结合虚拟现实技术与网络技术等建立的可视化公路建设系统，实现了对公路建设工程进度的动态监测管理和对工程交工、竣工验收直观的浏览与查询。遥感的作用主要体现在对公路建设项目实施情况的动态监测，以及对项目中临时占地情况及其恢复效果的动态监测上。

3.4.1　公路工程进度动态监测管理

将GPS实时测量、数字公路平台和三维虚拟现实等技术引入到公路项目建设的过程中，建立以进度控制为基础、以费用控制为核心、以其他业务管理为支撑的工程施工管理系统。可将遥感、公路测绘和工程设计的相关资料和数据，以及项目管理数据等，与空间属性数据进行加工拟合，在统一平台上实现可视化地展现公路工程建设过程，从而实现公路建设项目全过程、多层次的动态可视化项目管理，提高公路建设的效率、降低施工管理的成本、提升公路工程的管理技术水平。

此外，还可利用虚拟现实技术并结合遥感和GIS技术，建立公路工程进度动态仿真系统，在重构的仿真工程模型上标示已完成验收的工程结构对象，以分项工程为最小标示单元，形象化地展示工程进展；并从不同角度、不同高度立体化地展现工程结构对象，供用户查询结构对象工程设计和施工完成的情况。如彩图3.11所示是某公路工程施工进度的动态仿真效果图。同时，可以对各工程单元对象进行属性信息查询，如计划开竣工时间、实际开竣工时间、完成百分比、质量评分等信息。公路工程进度动态仿真技术在常吉、广巴、广梧等高速公路建设中得到了应用（王茂文，2009；林才奎和廖树忠，2010）。

3.4.2　公路工程交工、竣工验收

公路工程验收分为交工验收和竣工验收两个阶段。交工验收由建设单位主持，主要是检查施工合同的执行情况和监理工作情况，提出工程质量等级建议。竣工验收由交通部或批准工程初步设计文件的地方交通主管部门主持，主要是全面考核建设成果，总结经验教训，对建设项目进行综合评价，确定工程质量等级。小型工程或简易工程项目，经主持竣工验收单位批准，可合并为一次竣工验收。工程质量的检验是交工、竣工验收中的工作重

点，将直接关系到验收项目的等级评定。因此，对工程进行全面而又精确的复测、检查是必不可少的。采用车载 LiDAR 技术，可以大面积、快速地对公路段进行复测（彩图 3.12）。采集三维数据成果，以快速地在室内完成对路线本身以及相关构造物的几何尺寸的量测，从而提高工作效率与精度。彩图 3.13 是利用 LiDAR 数据进行平整度测量的示意图。

3.4.3 公路建设占地动态监测

近年来，随着我国经济水平的快速提高，公路建设得到了快速发展，公路建设里程迅速增加，公众出行和物资运输条件大为改善。同时，公路建设过程中也产生了一些问题，尤其是高速公路，不但占用大量土地资源，而且往往在建设过程中大量临时占用土地，造成土地资源浪费，产生水土流失和生态破坏等问题。因此，恢复公路建设过程中的临时用地，对保护耕地资源、减少水土流失、保护生态环境具有重要的意义。公路永久占地包括路基、互通、服务区、收费站等；公路临时占地包括取（弃）土场、施工营地、拌和站、预制场、施工便道等。公路建设过程中临时用地情况可以利用遥感手段进行监测。如彩图 3.14 所示是几种典型遥感影像及其对应的实地照片（胡健波，2010）。

实地调查公路建设项目临时占地恢复状况虽然可以看到现场情况，但往往受制于甲方。而多时相遥感技术可以在施工前、施工期和竣工后分别开展监测，能够了解临时占地的历史动态。采用中、高分辨率组合的卫星遥感影像数据源进行公路建设项目临时占地恢复状况调查是可行的。

例如，胡健波（2010）利用美国陆地资源卫星 Landsat7 TM 30m 遥感数据和我国环境与减灾小卫星（HJ-1）的 CCD 多光谱遥感数据，以及中巴资源二号卫星 02B（CBERS-02B）的高分辨率（HR）2.36m 全色波段遥感数据，对辽宁省朝阳市朝阳至黑水段高速公路建设项目临时占地及其恢复状况进行了动态调查。利用施工前、施工期、竣工后的三期 TM 影像与 HJ-1 CCD 遥感影像，分别提取 NDVI，通过施工前后 NDVI 的变化对土地利用变化进行识别。在此基础上，利用 HR 影像对疑似临时占地进行判别，并经过实地调查，对临时占地进行核实确认。最后，利用竣工前后 NDVI 的变化，对临时占地恢复状况进行判别。其技术路线如图 3.5 所示。

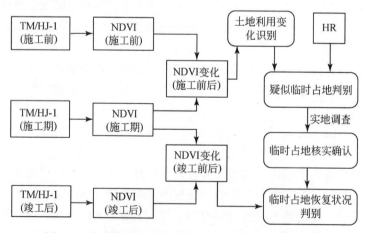

图 3.5　公路建设项目临时占地遥感动态调查技术路线

随着将来高分辨率遥感技术的发展，施工便道和小型临时占地在低分辨率遥感影像中无法识别的问题将能够得到解决，临时占地的遥感判别和监测能取得更好的效果。当然，遥感技术仅提供了一个宏观获取地表信息的调查方法，其获得的信息量无法和实地调查获得的三维感官认识相比，尚无法替代实地调查；但可与实地调查互为补充、互相印证，对提高公路建设临时占地调查数据的客观性和丰富程度是非常有利的。

3.5　公路运营管理遥感应用

如何加强公路运营、公路养护、公路灾害、环境评价等方面的管理，使管理更加智能化、人性化，最大限度地解决公路运营存在的问题，是目前公路运营管理面临的难点。在管理的技术手段中大量借助高新技术是目前公路运营管理的一个发展方向。借助遥感技术，在为管理提供可视化工具的同时，还可以提供诸多的应用服务。例如，对高速公路交通流量进行监测、对通行状态进行判别；利用高光谱遥感技术对路面状况等进行识别，采用 InSAR 对道路区域地表形变和灾害风险等进行评价和识别；对公路沿线区域的森林覆盖、荒漠化、水土流失、湿地、绿洲、草场、冰川、河口、动植物保护区、文物保护区、水源保护区等土地资源和生态环境状况进行动态监测；采用 LiDAR 等技术对沿线区域大气中的二氧化碳（CO_2）、甲烷（CH_4）、二氧化硫（SO_2）等车辆排放气体进行监测；利用多光谱遥感对沿线区域堆放的固体废物进行动态监测，等等。具体应用介绍如下。

3.5.1　公路运营管理

公路运营管理中的遥感应用主要包括：外场设备位置标注、公路红线控制区域督查、高速公路安全应急救助、高速公路交通流量监测与智能运输管理系统的建设等。

1. 外场设备位置标注

利用高分辨率、高精度的卫星影像地图可以直观地标注路段上监控、测速等外场设备，再通过网络通讯技术，公路管理人员可对设备采集的数据实时调用，并能快速依据影像底图辅助判断道路上的情况，如彩图 3.15 所示。同时，可按需求查看监测设备的运行状态等信息，在遥感地图上调用设备获得的实时数据，如彩图 3.16 所示。

2. 公路红线控制区域督查

利用高精度卫星影像定期更新的卫星遥感影像地图，可以对公路建设红线控制区域内的违法建筑、施工加以监督，能够加强信息的对称性，使监督与执行两种类型的工作人员可以无障碍地沟通，获知问题位置所在。彩图 3.17 为同一公路建设红线控制区域内，三个不同时期的高分辨率 QuickBird 遥感影像。图中显示了，公路控制区域内两侧建筑物在 2005 年为平房［彩图 3.17（a）］，2007 年已被拆除［彩图 3.17（b）］，2009 年已全部变成整齐楼房［彩图 3.17（c）］的全过程。通过在遥感图像上测算距离，再与规划红线相比较，即可快速得到红线控制范围内的违法建筑情况。

3. 高速公路安全应急救助

综合遥感、GIS、GPS 技术可以建立交通监控应急指挥系统，为高速公路安全应急救助提供服务，如彩图 3.18 所示。系统可实时监控事故现场与调度救援车辆。其中，高分辨率遥感地图可以直观地提供事故发生地的实景地图，辅助应急人员快速找到相关应急救助资源信息，如事故路段周围的相关单位，以及最近的消防队、武警部队、医院等。同时，通过卫星地图可准确获得事故位置信息，再通过 GPS 对赶往现场的救援车辆进行实时调度。此外，通过空间查询分析，可对距离事故地点及高速入口最近的单位进行查询，并将事故通知该单位。

4. 高速公路交通流量监测

交通量是交通流的基本元素，是规划道路网络分析评价的重要指标，指单位时间内通过某一地点、某一断面或某一车道的交通实体数量。观测道路交通量的方法主要有人工计数法、流动车测试法、自动计数法、摄影法等。随着高分辨率卫星遥感技术的问世，遥感获取大范围道路交通信息成为 ITS 中信息采集技术的研究热点。例如，利用有人机和无人机采集交通流数据（彩图 3.19），对采集的遥感数据进行车辆识别（彩图 3.20），以及利用 LiDAR 与高分辨率卫星图像进行高速公路交通流监测。根据 LiDAR 所获取的高度信息检测出车辆，并根据车辆运动轨迹估算车速与车流量等交通参数，特别是通过对高速公路出入口的交通量监测，可以判断交通状态是否顺畅以及道路拥堵成因（彩图 3.21）。

5. 智能运输管理系统

建立以 3S 为核心技术的智能运输管理系统，是 3S 在交通领域的重要应用。随着高等级公路网络的逐步建立和形成，现代公路管理需要先进、科学的管理方法，基于 3S 技术的公路信息获取、存储、检索、分析、处理具有直观、动态的特点，是实现公路管理现代化的重要手段。公路信息包括高速公路、国道主干线、国道、省道及县乡道路的分布，途经主要城镇的路网信息、路况信息、桥梁信息、附属设施信息及沿线管养机构信息。

集成 3S 的智能运输管理系统实现了对上述公路信息的查询、显示与生成报表等管理，真正实现公路的管理现代化、决策科学化、工作高效化。高速公路运营期间交通流量调查、预测，恶劣天气的汽车导航，交通事故报警，最佳行驶路线等，均可通过监控中心与运营车辆进行联络，计算机屏幕自动显示车辆所处方位的电子地图，显示车辆地点、车身颜色、行驶速度、行驶方向，并预测行驶路线和速度。目前，安徽等省已完成公路地理信息系统的建设，其效果及作用显著（孙志斌，2006）。

3.5.2　公路养护

公路养护指对公路的保养与维护，保养侧重于从建成通车开始的全过程养护，维护侧重于对被破坏的部分进行修复。公路养护中，遥感主要应用于公路路域与桥梁稳定性监测和路面病害信息的检测。

1. 公路路域与桥梁稳定性监测

InSAR 充分利用了 SAR 的相位信息，成功地解决了 SAR 图像的三维成像问题，而且能够获取高精度的地形信息，还可以监测地表和冰雪表面的微弱变化，监测时间间隔跨度很大，从几天到几年，可获得全球高精度、高可靠性的地表变化信息，成为监测地表变化的新手段。常见的路基病害有崩塌、错落、滑坡、下陷、坍塌、基床病害、岸边冲刷、泥石流等。公路沿线地形、地质、水文、气候、土质等条件十分复杂，产生路基病害的因素很多，因此在修建新线和运营养护中，必须采取病害防治措施，以保证行车安全。公路路域与桥梁稳定性的监测是非常重要的一项内容。

利用 InSAR 在微小形变监测方面的优势对公路路域范围内容的稳定性进行监测，发现发生沉降的范围有利于公路的养护。这种方法相对于常规监测、空间监测方法，可实现大面积、高度自动化和高精度的监测。彩图 3.22 是利用 3m 分辨率的 TerrSAR 数据对高速公路路域沉降进行监测的干涉图。

2. 路面病害信息检测

由于行驶车辆的碾压、冲击、磨耗以及天气变化等影响，公路路面往往产生缺陷和损坏，统称为"路面病害"。常见的路面病害有裂缝、坑槽、车辙、松散、沉陷、表面破损等。路面病害对车辆行驶速度、载重能力、燃料消耗、机械磨损、行车舒适，以及对交通安全、环境保护等都会造成有害影响。为防治路面病害，使路面保持良好的技术状况而采取的技术措施，称为"公路路面养护"。遥感在路面养护上也得到了应用。如美国的 Herold 等（2004）利用无人机获取了圣巴巴拉地区路面的高光谱影像，该图像可清晰地反映出路面病害，如图 3.6 所示。其试验发现：不同路面状况的光谱曲线是不同的，据此可对路面状况进行识别，如图 3.7 所示。

图 3.6　无人机采集公路路面病害信息（据 Herold et al.，2004）

通过图像处理技术，可大面积快速获得路面的裂缝的长度等详细参数。对获得的参数数据进一步挖掘，便可解算出公路的路面状况指数，它是进行养护方案决策的重要参考指标。彩图 3.23 显示的是利用 2000 年 6 月的高光谱成像仪（AVIRIS）获得的 RGB 合成高光谱图像（R：G：B＝2338nm：846nm：438nm），对路面类型进行识别，所得到路面状况指数（PCI）。

公路养护管理往往需要收集路况信息，并对养护做出决策。养护管理系统（pavement

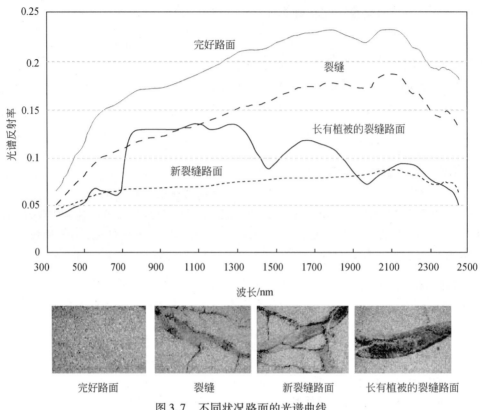

图 3.7　不同状况路面的光谱曲线

management system，PMS）借助遥感数据和图像处理技术，集成 GIS 及 GPS 技术，帮助工程技术人员快速确定路面破损的程度、位置；借助数据库技术和专家决策系统，选择养护和大修最有效的方案，并决定合理的养护时间，使路面的养护和大修所需的资源最优化，在公路养护管理中越来越受到重视。目前，有不少国家（如美、英、加等国）采用 PMS 管理养护路面，产生了良好的效益，达到了提高路面质量和降低养护费用的目的，从而引起了各国的重视。

3.5.3　公路地质灾害遥感调查与监测

　　我国自然灾害类型多样，分析归纳现有研究成果和资料，可将对我国公路产生较为严重影响的公路灾害类型划分为气象灾害和地质灾害。我国广大的山区公路，受地质灾害影响最为严重。其中，主要的地质灾害包括滑坡、崩塌、泥石流、地震等。

　　如何监测和治理公路地质灾害，减少灾害损失和提高管理水平，是公路管理部门亟待解决的难题。公路面临的多种地质灾害的威胁，对公路维护造成较大的困难，直接影响公路通行能力及行车安全（崔鹏等，2007）。据统计，我国公路每年仅泥石流断道造成的经济损失高达 50 亿元之多（唐红梅和陈洪凯，2004）。

　　遥感技术具有宏观性、视域广、整体感强、信息量丰富、时效性强等特点，适用于大范围地质灾害及其孕灾背景调查和长期动态监测，可以对活动性的不良地质体，如滑坡"河道漂移"、泥石流的发育进行规律分析和灾害监测。在此基础上，还可以结合统计学、

GIS 等相关技术与方法可对地质灾害风险进行分析、评价与预测。尤其适合于公路地质灾害发生后，灾情的快速调查与损失评估，有助于有关部门快速全面了解灾情，及时、科学地部署应急救灾工作，有效降低灾害的影响。

1. 地质灾害孕灾背景调查与研究

公路设计路线不可避免地会遇到各种不良地质体，如滑坡、崩塌、不良土体，这就为公路运营埋下了隐患。同时，公路施工过程中对原始地形地貌扰动后又未能采取适当而有效的防治措施，也为公路运营留下了工程地质隐患。一旦公路建成后，在降水等诱发因子作用下，这些隐患就直接导致地质灾害的发生，造成公路断道和交通事故的发生，带来重大损失和人员伤亡。因此，在设计线路时需要对地质灾害孕灾进行大量的背景调查和研究工作。

地质灾害的孕灾背景主要有时日降水量、多年平均降水量、地面坡度、松散堆积物的厚度及分布、构造发育程度（控制岩石破碎程度和稳定性）、植被发育状况、岩土体结构（反映岩土体抗侵蚀、破碎的能力）和人类工程活动程度等多种因子。由于气象卫星可以实时监测降雨强度与降水量，陆地资源卫星不仅具有全面系统的调查地表地物的能力，其红外波段及微波波段还具有调查分析地下浅部地物特征的作用。因此，在上述孕灾背景因子中，前两个因子可通过气象卫星与地面水文观测站获得的数据资料予以调查统计，其他因子则可以通过卫星遥感并结合必要的实地踏勘手段获得。

2. 公路灾害现状调查与动态监测

公路灾害现状调查主要是利用遥感技术对大范围地质灾害体进行探测与识别。地质灾害作为一种特殊的不良地质现象，无论是滑坡、崩塌、泥石流等灾害个体，还是由它们组合形成的灾害群体，在遥感图像上呈现的形态、色调、阴影、纹理等，均与周围背景存在一定的区别。因此，通过对灾害的遥感判识，可以在目标区域提取灾害造成的道路损毁信息；提取滑坡、泥石流等地质灾害的数量、类型、分布、形成年代等定性特征；结合GIS、GPS，通过获取目标区域的 DEM，进而提取出滑坡坡度、坡向、高程、规模、物质位移量等定量特征。

为减少图像数据处理的复杂性、提高处理效率，快速变化检测成为灾害应急中的关键。由于滑坡、泥石流和崩塌等灾害对公路主要造成的是掩埋和冲毁破坏，因此，遥感影像上，公路灾害影响区域表现为灾前通畅的公路段被滑坡、泥石流和崩塌堆积体所掩埋或冲毁而中断，纹理均一的路面被纹理细碎不规则的石块碎屑所替代。

对地质灾害引起的公路损毁信息可通过两种方法来检测：

（1）矢量与图像叠加。首先，利用计算机对灾前影像中的公路进行自动识别（如没有灾前影像，可利用灾前的公路基础地理数据）。然后，利用灾后影像对地质灾害进行识别。最后，将灾前公路分布与灾后灾害分布信息相叠加，识别损毁的公路范围，流程如图3.8 所示。

（2）图像变化检测。可以分别识别灾前和灾后影像中的公路，比较结果，检测变化区域即为可能损毁的路段。也可以仅对灾后影像进行识别，通过探测公路长宽比变化的连续性，将断点、突变地区视为潜在公路损毁区，其流程如图 3.9 所示。在此基础上，将结果与公路矢量叠加，相交区域即为公路灾害区域。彩图 3.24 汶川 "5·12" 地震震后FORMOSAT-2 影像进行公路损毁信息提取的实例。

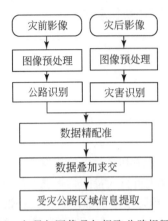

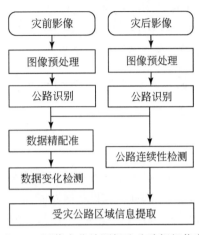

图 3.8　矢量与图像叠加提取公路损毁信息　　　图 3.9　图像变化检测提取公路损毁信息

图 3.10 是对面向对象分类后的汶川"5·12"地震灾后航空遥感影像进行损毁公路段进行变化检测识别的结果图。彩图 3.25 为利用灾后航空影像对国道 213 线映秀镇至紫坪铺镇段公路进行损毁遥感监测结果示意图。

(a) 灾后航空影像　　　　　　　　　(b) 损毁道路段识别

图 3.10　基于面向对象的航空影像中的损毁道路识别

3. 公路地质灾害动态监测

在公路地质灾害遥感现状调查的基础上，利用不同时期（多时相）的可见光、近红外、合成孔径雷达图像，对公路地质灾害进行动态监测，综合分析对比地质灾害体面积、形态、位移速度、土壤湿度等相关信息，以判断灾害体的稳定性。与其他地质灾害监测方法，如大地精密测量法、GPS 法、近景摄影测量法、时域反射技术（time-domain reflectometry，TDR）监测法相比，遥感方法对地形与气候条件的依赖较低，可快速有效地对较大区域进行地质灾害监测（Leonardo et al.，2009）。

4. 公路地质灾害风险评估

地质灾害的发育受控于很多因素，如地形、地层岩性（易滑动地层）、地质构造（特殊构造部位、断层破碎带等）、河谷切割密度（区域内线性沟谷分布）等。其危险性评价流程主要包括：评价指标选取与数据获取，指标分类与分级，指标权重设置，评价模型建立。以泥石流为例，其评价要素一般包括地质、植被、人类活动条件及泥石流的运动特征，每种要素都包含众多因子（韩用顺等，2008）。

运用遥感、GIS 可快速获取相关因子数据和地质灾害分布数据，结合区域地质资料，可以实现公路地质灾害危险性评价，绘制地质灾害危险性分区专题地图，反映地质灾害发育的总体特征。在此基础上可进行地质灾害区划，划分地质灾害易发区域，评价易发程度，为防治公路地质灾害隐患、建立公路地质灾害监测网络提供基础资料。具体可以根据研究区域的特点和资料的情况选取评价因子，并进一步建立灾害风险评价模型。彩图 3.26 是汶川"5·12"地震后，映秀至汶川公路沿线泥石流危险程度评价实例。所用数据包括 30m DEM 数据，震前和震后获取的遥感数据，公路两侧 500m 缓冲区范围内的坡度（地形地貌因子）数据，以及由遥感数据提取的断裂构造、岩性、植被指数、土地利用等相关的数据（刘亚岚等，2011）。

总之，遥感技术可以贯穿于公路地质灾害调查、监测、评估的全过程。通过遥感图像与基础地图数据的综合分析、对比和判读，结合图像处理技术，可直接对公路灾害体进行识别，准确提取公路地质灾害信息，确定其类别和性质，查明发生原因、规模大小，分析与评价灾害的危害程度、分布规律和发展趋势。随着遥感技术的发展，它将成为公路地质灾害及其孕灾背景的宏观调查与受灾体的动态监测和灾情评估中不可缺少的手段。

3.5.4 公路景观评价

1. 公路景观

国内外的美学、地理学与景观生态学对"景观"有不同的解释。美学中的"景观"类似于风景，指某地区或某类型的自然景色或人工景色；地理学中的"景观"指一定区域内的地形、地貌、土壤、水体、植物和动物等构成的综合体；景观生态学中的"景观"指由相互作用的区块或生态系统组成的空间异质性区域。

在景观生态学中，公路是一种重要的景观类型，是分割景观斑块的狭长地带，具有通道、屏障或过滤、生境、源、汇等基本功能。公路作为典型的人工廊道，还有其特殊性，其连通度为 1.0，即完全连通，所以其通道和屏障能力尤为突出。公路景观（highway landscape）是指公路本身形成的景观以及公路沿线的自然景观和人文景观，即展现在行车者视野中的由公路线形、公路构造物和周围环境共同组成的图景，分为内部景观和外部景观。公路内部景观（highway interior-landscape）指公路路域范围内的工程构造物所构成的景观因子，主要包含特大桥、互通立交、隧道、跨线桥、路堑边坡等附属设施建筑物、声屏障。公路外部景观（highway exterior-landscape）是指公路路域外与公路及沿线设施关系较密切的环境景观因子，主要包括自然、人文两种景观类型，如风景名胜区、自然保护区、森林公园、文物古迹等①。公路景观要素主要包括公路主体要素、公路辅助要素与公路自然人文背景要素等。

---

① 交通部公路科学研究院. 2006. 公路建设项目环境影响评价规范（JTG B03-2006）

2. 公路景观要素信息提取

遥感是景观要素信息提取的主要手段。当前大量高空间分辨率遥感数据成为在更深层次上进行景观分析和监测的数据源。通常可采用非监督分类法、监督分类法、分层分类法等计算机自动提取和人机交互判读的方法提取景观要素信息。其中，分层分类法是根据景观分异规律和对景观总体规律及内在关系的认识设计分类方案，依靠遥感或非遥感的决策函数、专家知识等进行逐级分类。分层分类法采用逐级逻辑判别的方式，使人的知识和判别思维能力与图像处理有机结合起来，避免逻辑分类错误，可增强信息提取效率和分类精度，表现出更大的灵活性。分类过程中，在结构层次间可以不断加入遥感或非遥感等决策函数、专家知识或其他有关资料，以进一步改善分类条件，提高分类精度。这种加入辅助决策函数的分类方法往往优于监督分类、非监督分类等单纯基于地物统计模式的分类方法。根据经验及实地调研结果对计算机自动分类结果进行人工修正，以缩小自动分类所产生的误差，提高地物的分类精度。

在景观要素信息提取的基础上，可以制作景观专题图；并可以结合 DEM 制作三维影像图，对景观进行可视化表达，可给人一种身临其境的感觉，"所见即所得"，有利于提高评价的质量、使评价效果达到最佳（贺志勇等，2004）。

3. 公路景观设计环境评价

公路景观是公路建设中的一项重要内容，其质量好坏会直接影响到公路的安全性和效率性，在强调公路线形技术、功能性的同时，要求把公路景观设计作为一项重要的内容引入到公路建设中。因此，对公路景观环境的设计评价研究逐步受到重视（李小菊，2008），国际上的研究始于 19 世纪，目前我国也开始予以重视。公路景观设计环境评价是指运用社会学、美学、心理学等多门学科和观点，对拟建公路所在区域景观环境的现状进行调查与评价，预测拟建公路在其建设和运营中可能给景观环境带来的不利和潜在影响，提出景观环境保护、利用、开发及减缓不利影响措施的评价，为公路建设项目政策制定、规划和设计提供参考，使建成后的公路不仅质量优良、行车通畅，而且风景优美，与自然环境融合协调，让人感到安全、舒适和心情舒畅，实现公路建设的可持续发展。公路景观设计环境评价是环境评价中的一个新领域，评价内容主要包括公路自然景观、人文景观及公路建设影响三方面（潘世健和杨盛福，2001），涉及如图 3.11 所示的多个因子。

公路景观设计环境评价，需要调查和收集的资料包括：区域发展计划，各种规划设计文件，最新或已有的地形图，各种专题图（如地质、地形、排水、土壤、气候、道路与桥梁图等）；历史文物遗迹及景观演化过程、建筑物，以及相关人员对景观特色的感受，可供观赏的景色、怡人的视觉景象及其特色，景观和视觉景象对环境改变的敏感程度，景观整体的美学特征和环境氛围，等等。这些景观数据是景观分析、评价的基础。传统的景观数据获取方法是野外实地考察、测量和调查。但对于大范围景观环境，其景观数据量非常庞大，传统方法显然无法满足要求，需要依靠遥感等先进的技术获取信息。

获取公路景观数据后，利用景观综合评价指数法、公路与景观协调评价方法、层次分析法、应用模糊综合评价法等公路景观影响评价方法，即可完成对公路景观环境的较为全面和真实的评价（史文中等，2002），将公路与其所处自然环境作为一个景观整体进行评价，可以确定公路网与区域环境状况和允许程度的关系，对区域资源配置、公路网构成等

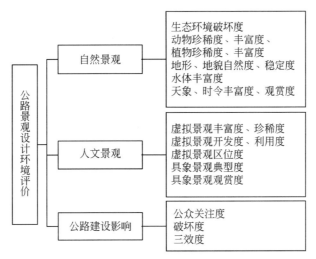

图 3.11 公路景观设计环境评价因子（据潘世健和杨盛福，2001）

提出优化建议，实现公路网布局的合理性，做到从规划上就开始考虑公路景观和生态环境的融合问题。近年来，随着私家车数量的猛增和自驾游的持续升温，公路景观逐渐成为交通行业和社会公众关注的领域，人们对出行的需求不再只是简单的空间移动，而是更加注重公路沿线景观美学的欣赏与环境的保护，最终达到人与自然相和谐相处的境界（王云，2007）。

4. 公路景观格局评价

公路建设促进了景观破碎化现象的发生与发展。随着全球公路网络急剧扩展，现如今公路网络已成为大多数景观所共同具有的空间特征，导致了景观异质性的降低。公路网改变景观格局和过程，阻断中等尺度景观的自然发展过程，深入斑块内部，损害内部物种和稀有物种，最终导致生物多样性减少，破坏景观生态环境。

其影响主要包括生境损失、边缘效应、阻碍作用以及公路网络造成的严重生境破碎化。景观破碎化（landscape fragmentation）是指景观中各生态系统之间的功能联系断裂或连接性减少的现象。景观破碎化会对斑块数目、形状和内部生境等三个方面造成不良影响，进而导致外来物种入侵、改变生态系统结构、影响物质循环、降低生物多样性，从而影响到景观的稳定性，即景观的干扰阻抗与恢复能力。对景观的破碎化进行分析是目前景观生态学研究的热点之一。

景观指数是指能够高度浓缩景观格局信息，反映其结构组成和空间配置某些方面特征的简单定量指标，主要包括斑块密度（patch density，PD）、景观破碎度、蔓延度指数（contagion index，CONTAG）、景观分割指数（spliting index，SPLIT）、香农多样性指数（Shannon diverse index，SHDI）、最大斑块指数（largest patch index，LPI），其生态意义见表 3.3。随着对景观格局研究的深入，格局指数的数量和复杂程度也在不断增加，目前研究中用到的指数大约有 60 个。因此，必须在全面了解每个指标所指征的生态意义及其所反映的景观结构侧重面的前提下，依据研究目标和数据来源与精度来选择合适的景观指数。下面以环长白山旅游公路为案例进行说明。

表 3.3　景观格局指数及其生态意义

景观指数	生态意义
斑块密度	反映景观类型的破碎化程度，同时也反映景观整体空间异质性程度
景观破碎度	表征景观被分割的破碎程度，反映景观空间结构的复杂性，在一定程度上反映了人类对景观的干扰程度
蔓延度指数	描述的是景观中不同斑块类型的团聚程度或延展趋势
景观分割指数	反映景观类型的破碎化程度，是景观斑块被分割程度的量化表示
香农多样性指数	反映景观斑块丰富度信息和各斑块类型在面积上的均匀程度
最大斑块指数	反映景观优势类型，反映人类活动的方向和强弱

环长白山旅游公路二道白河至漫江段为"2004 年交通部和省级主管部门联合组织实施的典型示范工程"之一，是连接长白山北、西、南三坡最便捷的旅游公路。公路沿线分布着原始红松针阔混交林、白桦山杨次生林等森林，植被物种丰富，分布有珍稀树种，野生动物资源丰富。公路沿线河流水系发达，景观特色突出，生态环境极为敏感，资源环境保护尤为迫切。赵世元等（2010）研究了公路改扩建工程对不同缓冲区内景观的影响。利用 1999 年、2001 年与 2008 年 30m 空间分辨率 TM 影像，提取公路建设前后的景观信息。将景观类型划分为耕地、针叶林地、落叶阔叶林地、城乡建设用地、水域湿地等基本类型。应用 NDVI 提取植被信息，采用归一化建筑指数（normalized difference built-up index，NDBI）提取出城乡建设用地，采用改进型归一化差异水体指数（modified normalized difference water index，MNDWI）提取水体，最终获得景观类型图，如图 3.12 所示。在此基础上，应用 Fragstas 3.3 软件计算景观指数。

道路对不同生态因子的影响具有一定的空间范围，称为"道路影响域"（road effect zone）。Forman 等（2000）研究高速公路对不同生态因子的空间影响范围表明，生态因子受影响范围至少在 100m 以上，有些因子可以达到 1000m，平均影响范围 600m 左右。因此，统计公路两侧距离路基 100m、200m、300m、500m 和 1000m 缓冲区内景观指数的变化。各景观类型在不同缓冲区内的面积比例如表 3.4 所示。可见公路所经区域景观类型以落叶阔叶林为主，占各缓冲区景观总面积的 75% 以上；阔叶林与针叶林所占比例随公路缓冲区距离的增加而增加；耕地所占比例在 300m 缓冲区内达到最大；道路、建设用地及水体湿地所占比例随公路缓冲区距离的增加而减小。

表 3.4　环长白山旅游公路不同缓冲区景观类型比例

景观类型	100m	200m	300m	500m	1000m
阔叶林/%	75.46	76.44	76.53	77.42	79.47
针叶林/%	2.58	3.21	3.83	4.65	5.49
道路/%	3.26	1.85	1.34	0.94	0.64
建筑用地/%	8.53	7.04	6.75	6.14	5.61
耕地/%	7.42	8.63	8.92	8.43	6.78
水体湿地/%	2.75	2.83	2.63	2.42	2.01

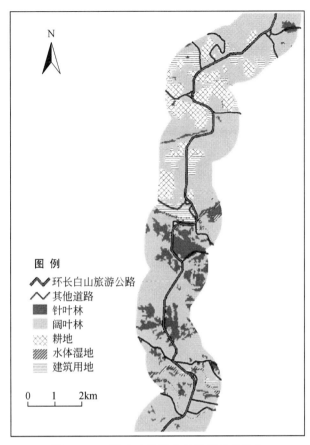

图 3.12　环长白山旅游公路沿线景观分布

公路改扩建后，斑块密度有所增加，且增加幅度随缓冲距离的增加而减小，如图3.13 所示。这说明公路改扩建导致的景观破碎化程度随着公路距离的增加而降低。究其原因，一是新线将许多老线"裁弯取直"产生大量三角地；二是公路施工的临时用地（取弃土场、施工便道等）集中分布在公路两侧，导致距离公路越近，景观越破碎。公路改扩建后蔓延度指数有所下降，离公路越近，下降幅度越大（图3.14），说明公路建成后各类型景观斑块连通程度降低，趋于离散。随着缓冲距离的增加，蔓延度指数有所增加，公路改扩建前增加较为平缓。

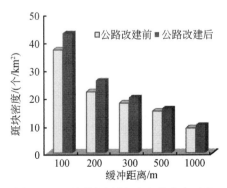

图 3.13　不同缓冲距离内斑块密度对比

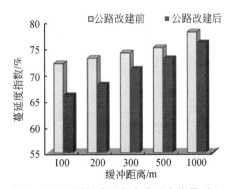

图 3.14　不同缓冲距离内蔓延指数对比

公路改扩建后不同距离缓冲区的景观分割度指数均比原来增加了一倍，由此可见公路对景观的破碎化影响不可小视。在改建路段，原有道路与新建公路之间的区域被分割形成许多小的三角区域，这加剧了景观斑块的破碎化，导致景观分割度指数大幅升高（图3.15）。目前，拟将废弃的三角地予以植被恢复或人工促进自然恢复，有望将景观的破碎化程度降低。

公路改扩建后香农多样性指数有所增加，缓冲距离越小，增加幅度越大；在改扩建前，随缓冲距离的增加而稍许减少，但变化很不明显（图3.16）。由于改扩建前后区内斑块类型不变，因此香农多样性指数的升高是各种斑块类型的均匀程度增加造成的，说明公路改扩建使得各类型斑块面积趋于均匀，自然景观受到了人类的干扰。

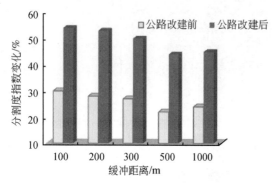

图3.15　不同缓冲距离内景观分割度指数对比　图3.16　不同缓冲距离内香农多样性指数对比

公路改扩建使得所经区域内除道路外的各景观类型最大斑块指数有不同程度的下降（图3.17）。总体上阔叶林受到的影响最大，各缓冲区阔叶林的最大斑块指数下降均超过40%。农田缓冲区在300m以内的，最大斑块指数变化很大，比原来降低了43%～55%；而缓冲距离大于300m时，农田的最大斑块指数几乎没有变化。而从大区域来看，针叶林和水体湿地也受到很大的影响。林地最大斑块指数降低幅度大，表明对动植物栖息地影响较大，特别是对栖息地变化敏感的野生动物。

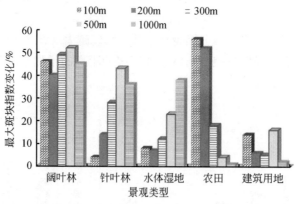

图3.17　最大斑块指数随缓冲距离变化

斑块密度、最大斑块指数、蔓延度指数、景观分割度指数和香农多样性指数，随缓冲距离增大的变化率，结果如图3.18所示。可以看出，缓冲距离越小，公路改扩建对景观格局的影响越大；缓冲距离在200m以内时，各指数的变化率最高；随缓冲距离的增加景观指数变化率趋于平缓。这说明该公路改扩建对200m缓冲区内景观格局的影响最大，景观破碎化程度较高。

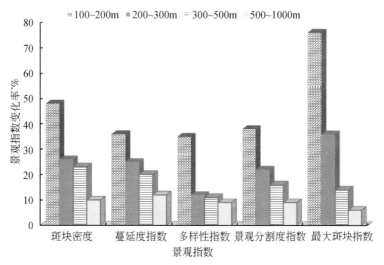

图3.18　不同缓冲区内景观指数变化率

　　由上述分析得到的结论是：环长白山旅游公路改扩建工程对路域景观格局造成了一定影响，斑块密度、香农多样性指数以及景观分割指数的增加，和最大斑块指数、蔓延度指数的减小，都说明在公路改扩建之后，公路沿线区域的景观破碎化程度有所加重。

3.5.5　路域生态环境质量评价

　　生态环境是指地球生物圈环境。生态环境质量是指生态环境的优劣程度，以生态学理论为基础，在特定的时间和空间范围内，从生态系统层次上，反映生态环境对人类生存及社会经济持续发展的适宜程度，是根据人类的具体要求对生态环境的性质及变化状态的结果进行评定（万本太，2004）。公路路域包括公路永久性征地和临时性占地范围之内的所有区域及其影响区域，主要有公路路基路面、中央隔离带、桥梁、隧道、互通立交、服务区、边坡、公路沿线附属设施、取土场、弃土场、特殊防护地段、主体工程和各临时工程的影响区等。

　　随着科学技术和社会经济的不断进步，人类的生产活动、生活方式对生态系统的影响不断加大，并由此产生了各种生态环境问题，对人类未来社会的可持续发展造成了严重危机，引起了人们的高度关注。公路作为一种长距离、大范围的人工景观，在切割地域时对沿线生态环境产生了不可逆的深远影响，这种影响被认为是人类对自然生态系统的最为广泛的影响之一（Noss and Cooperrider，1994）。公路的修建使得原本连续的生态系统中形成了一定宽度的生态特征变化地带。这一地带改变了周围原有的景观结构，改变了物流、能量流和信息流的传输方式或通道，打破了自然生态系统的原有的整体性和连续性，破坏了原有生态系统的稳定性。公路运营又会产生大量的污染物质，如汽车尾气中的氮氧化物（NO_x）、一氧化碳（CO）、碳氢化物（HC）等，汽油燃烧产生的铅（Pb），轮胎磨损产生的铜（Cu）、锌（Zn）等有害物质。据研究，我国道路影响生态系统面积占全国国土面积的18.37%（据2002年底的公路数据）（李双成等，2004），这一数据接近于Forman

（2000）对全美 2000 年 620 万 km 的道路网的生态学影响评估，认为 1/5 的国土直接受到道路网络的生态学影响。随着经济的快速增长，公路里程，特别是高等级公路里程和汽车保有量仍持续快速增加，公路对生态环境的影响愈发突出。因此，对公路路域生态环境质量进行评价也就显得非常必要。可通过对公路两侧生态环境质量准确的定性和定量评价，提出去除和减轻不良环境影响的合适措施和对策。

根据《公路建设项目环境影响评价规范》，公路建设项目中的生态环境包括生物成分和非生物成分两大方面。生物成分主要是动植物；非生物成分包括四个部分——气候、温度、湿度及风速。依据不同的评价要求可将环境评价分为不同的类型：按环境的属性可分为自然环境评价和社会环境评价两类；按时间序列则可分为回顾评价、现状评价、影响评价和后评价。

在公路路域生态环境质量评价中，研究区域一般比较大，公路里程长，传统评价方法面临极大的困难。采用遥感手段获取评价指标信息，可全面反映公路路域生态环境质量状况与特征，适于在静态质量评价基础上进行动态监测和环境变化预测，为公路建设环境评价提供科学依据。在节省人力和物力的同时也可大大提高工作效率。结合 GIS 的分析功能，可高效完成生态环境评价和分析，是传统评价方法无法企及的。

公路路域生态环境质量综合评价是公路路域生态环境评价中的一项重要工作。目前，生态环境质量综合指数法是最早也是最常用的方法，只是如何应用该方法主要涉及两个问题：一是综合评价指标体系及参数的确定；二是相关指标数据的获取。参照《生态环境状况评价技术规范（试行)》中规定的指标，可以选取以下四个指标组成生态环境质量评价的指标体系（郭云开等，2008）：

（1）生物丰度指数：评价区域内生物多样性的丰贫程度。

（2）植被覆盖指数：评价区域内林地、草地及农田面积占评价区域面积的综合比。

（3）水网密度指数：评价区域内河流总长度、水域面积和水资源量与评价区域的面积比。

（4）土地退化指数：评价区域内风蚀、水蚀、重力侵蚀、冻融侵蚀和工程侵蚀的面积占评价区域总面积的比重。

根据植被、水体、土壤以及土地覆被/土地利用的遥感图像特征，利用图像融合（彩图 3.27)、图像分类等方法，可以在遥感影像上提取出各评价指标的相关信息，如通过植被遥感可获得生物丰度指数、植被覆盖指数的相关信息——森林面积、水体面积、草地面积、农田面积、建筑物面积、道路及其他类型的面积等；通过水体遥感可以获得水网密度指数的相关信息——河流长度、水体（水域）面积等；通过土壤和土地覆被/土地利用遥感可以获得土地退化指数的相关信息——重度侵蚀土地面积、中度侵蚀土地面积、轻度侵蚀土地面积。利用获取的指数相关信息，计算各评价指数的值，然后选定评价模型完成定量评价。

公路路域生态环境质量评价是环境质量量化研究的深入，扩展了生态环境理论和遥感的应用范围。遥感应用于路域生态环境质量评价为公路生态环境深入研究提供了必要的理论和方法。其评价结果为路域生态环境建设、保护提供了理论和事实依据，使公路的环保建设具有针对性和可操作性，有利于人们对公路生态环境的理解、关注和保护（熊旭平，2008)。

3.6 小　　结

本章系统介绍了遥感在公路规划、公路建设项目可行性研究、公路初步设计与施工图设计、公路施工建设、公路运营管理中的应用。利用遥感技术，可快速获取大中比例尺、高精度的地质、地形、地表覆盖情况等信息，为规划选线、区域工程地质调查、公路规划中的环境评价等提供信息服务。在可行性研究阶段至设计阶段，遥感可用于水文地质调查及大型灾害调查、环境影响情况的调查与评定、道路线型的质量分析与安全评价等，并在三维 GIS 的支持下，利用所获取的 DEM 估算公路建设工程量，使设计在可视化、交互环境中完成，大幅改进传统设计方法，缩短人力成本与时间成本。在建设阶段，可以实现项目进度的管理和控制，施工过程的动态监测、道路建设占地及临时占地恢复情况的监测，从而加强整个建设项目的管理。在公路运营管理阶段，对公路附属设施进行系统的动态调查、灾害调查及其风险评估、交通事故调查分析、公路对景观格局的影响评价与路域生态环境评价等，改进传统运管方式，有利于推动公路运营管理的信息化与智能化发展，加强公路环境保护。

参 考 文 献

蔡建辉 . 2001. 高速公路规划建设中的选线研究——以福宁高速公路为例 . 福建师范大学硕士学位论文

陈勇，慕曦光 . 2008. 公路工程遥感在工程可研究阶段的应用 . 林业科技情报，40 (4)：82~83

程华龙 . 2003. 公路工程遥感技术应用分析 . 安徽地质，13 (3)：227~230

崔鹏，林勇明，蒋忠信 . 2007. 山区道路泥石流滑坡活动特征与分布规律 . 公路，(6)：77~82

戴文晗，魏清，戴磊 . 2001. 遥感技术在公路勘察设计中的应用 . 地球信息科学，(3)：50~55

丁献龙 . 2008. 卫星影像图在公路规划中的应用 . 测绘技术装备，(1)：24~26

冯杰，于军 . 2002. 我国交通基础设施建设与区域协调发展 . 调查研究报告，(196)：1~22

高建平 . 2007. 借卫星遥感设计选线秦岭隧道群节约造价两亿元 . http：//news. hsw. cn/2007-09/28/
　　content_6594071. htm〔2017-09-28〕

郭云开，王钦，彭文澜 . 2008. 高速公路生态环境的遥感评价 . 公路与汽运，126：137~139

韩用顺，崔鹏，刘洪江，等 . 2008. 泥石流灾害风险评价方法及其应用研究 . 中国安全科学学报，18
　　(12)：140~147

贺玲玲 . 2007. 浅谈遥感技术在公路勘察设计中的应用 . 山西交通科技，(4)：29~31

贺志勇，张肖宁，史文中 . 2004. 3S 技术在公路景观环境评价中的应用初探 . 测绘通报，(9)：26~
　　28，46

侯建军 . 2011. 应用遥感技术动态设计公路选线 . 工业科技，40 (3)：35~36

胡健波 . 2010.《遥感监测公路建设项目临时占地恢复状况》报告 . 交通运输部天津水运工程科学研究院

康辉 . 2008. 3S 技术在沙漠地区公路勘察设计方面的应用 . 黑龙江交通科技，(8)：14~16

李双成，许月卿，周巧富，等 . 2004. 中国道路网与生态系统破碎化关系统计分析 . 地理科学进展，23
　　(5)：78~85

李小菊 . 2008. 呼和浩特—包头高速公路景观评价研究 . 内蒙古农业大学硕士学位论文

李媛媛 . 2010. 公路项目预可行性、工程可行性研究的要求与区别 . 公路交通技术，(6)：150~152

林才奎，廖树忠 . 2010. 高速公路三维形像进度系统的开发与应用 . 公路，(1)：106~107

刘亚岚，张勇，任玉环，等 . 2008. 汶川地震公路损毁遥感监测评估与信息集成 . 遥感学报，12 (6)：

933～941

刘亚岚，张勇，任玉环，等．2011．汶川公路泥石流风险评估研究．公路交通科技，28（6）：102～108

陆关祥，腾志宏，郝建荣．2001．新疆奎赛段公路工程地质问题及重要工点地质评价．西北地质，（3）：40～46

吕希奎．2008．基于遥感信息的选线系统地理环境建模方法及应用研究．西南交通大学博士学位论文

潘世健，杨盛福．2001．桥梁景观．北京：人民交通出版社

庞松．2005．我国公路基础设施建设投融资政策调整研究．武汉理工大学硕士学位论文

上帝之眼．2011．公路管理规划与应用遥感卫星图片．http：//www.godeyes.cn ［2011-10-09］

史文中，贺志勇，张肖宁．2002．浅析公路景观设计与评价．测绘通报，（12）：28～31

宋国华，于雷．2007．城市交通规划环境影响评价的方法与实践．安全与环境工程，14（3）：6～10

隋欣．2009．基于 GIS 系统的公路规划与管理．黑龙江交通科技，（11）：93，96

孙国庆．1999．湖南省邵怀高速公路工程可行性研究报告．湖南省交通规划勘察设计院

孙国庆．2010．湖南省龙山至永顺高速公路工程可行性研究报告．湖南省交通规划勘察设计院

孙志斌．2006．3S 技术集成及其在公路工程中的应用．岩土工程界，9（2）：24～26

唐红梅，陈洪凯．2004，公路泥石流研究综述．重庆交通学院学报，23（4）：37～43

万本太．2004．中国生态环境质量评价研究．北京：中国环境出版社

王国锋，许振辉．2011．机载激光扫描技术在公路测设中的应用研究．公路，（3）：156～161

王茂文．2009．基于 GIS 可视化平台的高速公路建设形象进度系统开发．公路工程，34（3）：170～174

王云．2007．风景区公路景观美学评价与环境保护设计．中国科学院博士学位论文

肖亚丽，董家华．2009．城市交通规划环境影响评价实施有效性研究．见：中国环境科学学会，环境保护部华南环境科学研究所．中国不同经济区域环境污染特征的比较分析与研究学术研讨论文集：374～379

熊旭平．2008．基于遥感的公路域生态环境质量评价．长沙理工大学硕士学位论文

佚名．2007．新疆"基于 GIS、RS 技术在公路规划中的应用"项目通过验收．http：//www.tranbbs.com/news/Construction/news_3352.shtml ［2011-10-23］

佚名．2001．我国 GPS、航测遥感、CAD 集成技术水平国际领先．中国公路网．http：//www.chinahighway.com/news/2001/1321.php ［2001-12-24］

于静波，李连志，李剑．2009．三维公路 GIS 模型的构建．黑龙江工程学院学报（自然科学版），23（1）：24～27

袁佩新，秦举礼，黄金宝，等．2003．国道 318、214 线藏川滇部分区段公路地质灾害遥感解译．四川地质学报，（4）：230～235

曾洁芳．2008．交通基础设施建设与社会经济协调发展研究．长沙理工大学硕士学位论文

曾钱帮，刘大安，马占海，等．2006．地形三维可视化在川藏公路典型路段中的应用．工程地质学报，14（4）：518～521

张金水．2009．道路勘测与设计．第 2 版．上海：同济大学出版社

张孟强，韩平．2007．我国公路交通环境影响评价．今日科苑，（22）：53

赵林，赵拥辉，焦锡军，等．2004．遥感图像的解译在矿区公路建设中的应用．矿山测量，（4）：33～34

赵世元，陈济丁，孔亚平，等．2010．环长白山旅游公路改扩建对景观格局的影响．公路交通科技，27（12）：152～158

中华人民共和国交通部．1996．公路工程竣工验收办法

周俊超．2002．高速公路规划方法研究及应用．西北工业大学硕士学位论文

周贤斌，陈楚江，余绍淮，等．2006．3S 技术在西藏 S306 线勘察设计中的研究．公路交通科技，（5）：17～22

Forman R T. 2000. Estimate of the Area Affected Ecologically by the Road System in the United States. Conservation Biology, 14（1）：31～35

Herold M, Roberts D, Smadi O, et al. 2004. Road condition mapping with hyperspectral remote sensing. In: Proceedings of the 2004 AVIRIS Workshop

Leonardo C, Gianfranco F, Dario P. 2009. Analysis at medium scale of low- resolution DInSAR data in slow-moving landslide- affected areas. ISPRS Journal of Photogrammetry and Remote Sensing, 64: 598 ~ 611

Noss R F, Cooperrider A Y. 1994. Saving nature's legacy: protecting and restoring biodiversity. Washington D. C. : Island Press

NASA, USDOT. 2003. "Remote Sensing and Geospatial Information Technologies Application to multimodal transportation" Program report

Reinartz P, Lachaise M, Schmeer E, et al. 2006. Traffic monitoring with serial images from airborne cameras. ISPRS Journal of Photogrammetry & Remote Sensing, 61: 149 ~ 158

Xiong D M, Lee R, Saulsbury J B, et al. 2004. Remote sensing applications for environmental Analysis in transportation planning: application to the washington state I-405 corridor, technical report. Oak Ridge National Laboratory.

第4章　铁路交通遥感应用

第二次世界大战后期，西方发达国家已将遥感技术应用到铁路选线中。航测遥感技术应用于铁路新线勘测效益较好，特别是在地形、地质条件复杂和交通困难地区成效显著。国外的一些铁路线路项目，如非洲的坦赞铁路、加拿大魁北克省 Cartler 铁矿至 St. Larance 河铁路线、伊朗 Abbas 至 Ahwaz 铁路线、法国巴黎东南铁路线、日本北海道新干线勘测中，均采用航空像片进行选线、地质判释或测图（卓宝熙，2005）。在中国，自 1955 年原铁道部设计总局成立航测组以来，航测遥感技术应用于铁路交通领域在我国已经走过了半个世纪的发展历程。遥感技术应用促进了铁路勘测设计手段的进步与变革，改变了传统地面勘测设计和运营铁路管理工作的被动局面，现已成为铁路勘测设计现代化与运营管理数字化的重要手段和标志（陈绍光，1995；曹成度，2006；陈绍光和张忠良，2006；卓宝熙，2005）。总体上，铁路交通领域的遥感技术应用取得了如下进展。

（1）从遥感数据源看，从单一的航空黑白像片扩大到彩红外、红外扫描、多光谱、高光谱与雷达遥感影像等；从以航空遥感像片应用为主，转变为卫星遥感影像应用逐渐增多，航空与航天遥感影像数据综合利用的局面；在观念上，转变了以往只重视光学遥感影像的应用，而忽视雷达遥感影像应用的情况。

（2）从遥感应用阶段看，从 20 世纪 60 年代至 80 年代初只应用于勘测前期阶段，发展到目前可应用于勘测的整个阶段、施工阶段和运营阶段，并从线路工程地质调查、水文测绘为主的铁路勘查遥感应用，扩大到选线设计、铁路重点工程的调查和方案设计应用。

（3）从遥感应用对象看，涉及铁路工程的线路地质、桥涵水文、大型水源、施工调查、站场、隧道、路基等。其中，以地质调查、桥位选择、隧道调查、水文调查等勘查应用和施工与运营阶段的地质灾害遥感监测应用较多。随着我国铁路建设的蓬勃发展，遥感技术已开始应用于高速铁路安全运营管理和线路病害监测。

（4）从遥感应用成果看，从只能编制 1∶1 万地形图发展到可编制 1∶5000、1∶2000、1∶1000、1∶500 等各种比例尺的地形图，以及诸如近景摄影测图、正射影像图、DEM 等多种技术产品，发展到对铁路路基形变及区域沉降监测产品的出现，遥感成果种类、精度和质量得到明显的改善。

（5）从遥感信息提取方法看，由传统的目视判读发展到计算机自动分类识别与参数反演；从定性分析为主，只能获取相关的静态信息，发展为定性（如类型）与定量信息（如形变信息）相结合，静态信息与动态信息提取相结合（卓宝熙，2007），并已普遍利用遥感图像处理系统进行判读和制图的新阶段。甚至利用专家知识建立专家系统，支持信息提取。

随着遥感技术的发展，高分辨率卫星遥感、高光谱遥感、雷达干涉测量等新技术为铁路建设中遥感技术的应用注入了新的活力。此外，随着遥感技术的进一步发展，特别是与卫星定位测量技术、地理空间信息技术的集成应用，将在我国铁路建设和管理中发挥更大的作用。

4.1 铁路勘测遥感图像判读应用

除测绘铁路工程建设所需的各种比例尺地形图外，遥感技术主要用于铁路线路通过地区宏观地质背景的分析和评价，地质分区及线路方案工程地质条件评价，沿线地貌、地层岩性、地质构造、不良地质与水文地质等的判读，砂石产地调查和评估，隧道弃碴场地的调查，既有线路沿线地质灾害的调查，长隧道、特大桥、大型水源地等的位置选择，等等。本节对铁路勘测遥感图像判读应用的一般原则、规定、方法与步骤进行简要介绍。

4.1.1 铁路勘测遥感图像应用原则与规定

铁路工程地质遥感技术宜用于地形陡峻、交通困难、地面调查难以进行的地区；地质条件复杂、不良地质发育、水文地质复杂地区；地表基岩裸露良好或以物理风化为主的干旱和半干旱地区；河网密布、河流变迁复杂的平原地区；地质判读标志明显而稳定的地区（中华人民共和国铁道部，2003）等。

工程地质和水文地质遥感图像判读成果包括：①地貌特征及分区；②结合地质图勾绘地层（岩性）的界线并估测岩层的产状要素；③初步确定褶曲、断裂的位置和性质，规模较大的断层破碎带范围，活动断裂、隐伏断裂及节理密集带等的存在及延伸方向；④不良地质现象的类别、范围、成因、分布规律、危害程度和动态分析等；⑤地下水露出位置、水井位置、地下水富水地段，地貌、岩性、构造与地下水的关系；⑥水系分布范围，形态分类及发育特征等；⑦工程地质分区，工程地质条件概略评价，水文地质概略分区等。

对于一般的工程地质调查，可选用近期的全色黑白航空图像及 TM 图像，分辨率应满足测图精度和判读要求。根据调查目的和地质复杂程度，选用易于获取的图像，参考表4.1。航空遥感图像成像时间应选定在各目标物之间辐射能量差别或有效颜色差别出现最大值时。影像空间分辨率方面，由于高分辨率卫星遥感技术发展，卫星影像的空间分辨率越来越高。因此，在满足地面空间分辨率要求的条件下，卫星影像完全可以替代航空影像使用。

表4.1 遥感数据源的选择

类别	适用范围
卫星遥感图像	分析宏观地质背景和构造格架，概略评价工程地质条件
全色黑白航空影像	判读地貌、地层（岩性）、地质构造、不良地质、水体、植被等
天然彩色航空影像	判读裸露良好、色彩鲜艳的岩层，植被
黑白红外航空影像	判读雾霾严重影响地区，水体及植被等
彩色红外航空影像	判读地貌、地层（岩性）、地质构造、不良地质、植被、土壤含水量等
热红外航空扫描图像	判读地下水、温泉、充水断层、隐伏断层、浅层岩溶等
机载侧视雷达图像	判读线形构造、宏观地层、水体、森林分布等

遥感图像判读技术在工程地质调查中可对地貌、地层（岩性）、地质构造、不良地质、水文地质进行分析，可进行工程地质分区。在新线勘测中，工程地质判读应用较为广

泛，在施工和运营阶段也得到了应用。判读顺序一般是先卫星遥感图像，后航空遥感图像；先低空间分辨率，后中、高分辨率遥感图像。根据拟提取的信息目标和图像质量等具体情况选择合适的图像处理方法，如表4.2所示。为提高判读效率，可利用计算机自动判读。

表 4.2 常用遥感图像处理方法参考

处理方法		适用范围
光学图像处理	彩色合成	增强地貌、地层（岩性）、地质构造、不良地质、水体、植被、地下水等图像信息
	密度分割	增强平原地区隐伏断层、盐渍土、软土、地下水等图像信息
	边缘增强	突出图像的立体感和线形构造
	比值增强	增强线形构造、地层（岩性）及平原区居民点、植被、湿地、沙地、水体等图像信息
数字图像处理	灰度线性扩展	加大对比度较小的图像的对比度
	指数扩展	加大具有较高亮度值、对比度小、信息丰富的图像的反差，突出地物的细部结构
	对数扩展	增强色调较深的低亮值地区的图像，或阴影区、深色调岩石分布区的图像
	密度分割	增强平原地区隐伏断层、盐渍土、软土、地下水等图像信息
	比值增强	消除地形影响，增强地物、岩性、地下水及与含水有关地质现象的判读效果
	滤波增强	突出线形构造、线形影像以及地物、水系的边界等
	图像变换	突出岩性、线形构造、环状构造、第四系覆盖层下的隐伏构造等信息
	综合处理	增强多种遥感地质信息、建立地质立体模型，分析动态变化规律并量测其变化范围

据：中华人民共和国铁道部.2003.铁路工程地质遥感技术规程（TB10041-2003/J262-2003）

4.1.2 铁路勘测遥感图像应用方法与步骤

在铁路勘测中，应用遥感图像目视地质判读和填图时，其一般作业过程是大致相同的，即按准备工作阶段、室内初步判读阶段、外业验证调查阶段、资料整理阶段等顺序进行。图4.1为铁路勘测遥感地质判读流程。上述作业过程并非绝对，应结合具体情况灵活应用。

（1）准备工作阶段。判读前，需要收集测区的航空/航天遥感影像地形、地质、地震、勘探、化验以及有关工程建筑、人文概况等资料。包括1∶100万、1∶50万、1∶20万、1∶5万以及有关大比例的地形图件，1∶20万地质图、地貌图、水文地质图、地震图，以及其他有关地质资料与图件。可根据勘测阶段或需要酌情搜集勘探、物探、航磁重力等方面的资料，沿线有关的既有工程的勘测设计资料。此外，测区地理概况、人文概况、历史县志等的记载也往往是重要的参考资料。对搜集的各种资料进行充分研究，是开展图像判读和各种工程选线、选址的基础。测区资料掌握得越丰富，对工程地质情况的分析就越深入。

（2）室内初步判读阶段。一方面是配合线路方案的研究，提供初步的工程地质评价；

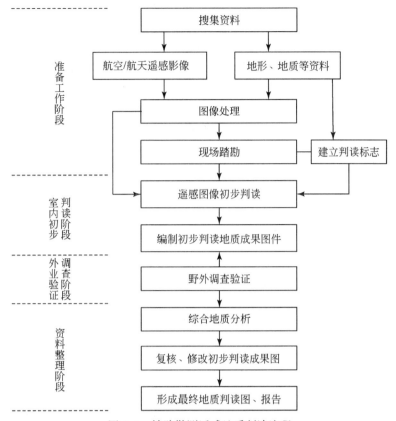

图 4.1 铁路勘测遥感地质判读流程

另一方面是了解区域地质地貌概况，起到指导外业地质测绘的作用。根据应用需要，对遥感影像进行处理，并建立判读标志，对水系、地貌、地层（岩性）、地质构造、不良地质和水文地质等内容进行初步判读。初步遥感影像地质判读完成后，应编制预判图和编写预判说明书。地质预判图的编制主要是便于外业使用，可用地形图或水系图作底图。预判说明书的主要内容包括沿线工程地质概述、各方案工程地质评价、存在问题及外业工作建议。

（3）外业验证调查阶段。根据初步判读结果，对不良地质地段以及在判读中有疑问的地段，进行实地调查验证，以修改和补充室内地质判读成果，为选线设计提供准确的地质依据（张占忠，2005）。外业验证调查的目的是满足勘测设计阶段的资料要求，应验证初步判读成果，特别是室内初步判读结果与现有资料有矛盾的内容，并补充和修改初步判读的内容，并作必要的说明；初步判读中提出的疑难问题应尽可能查证，包括尚未确定的地层（岩性）界线、地质构造线、不良地质现象以及其他地质问题等；补充遥感影像数据上无法取得的勘测设计数据；配合有关工种提供方案比选资料，共同确定合理的控制测量和制图范围；了解区域性判读标志，搜集工作地区地质样片。

（4）资料整理阶段。除制图有特殊要求外，有关工程地质遥感资料的整理，均按一般《铁路工程地质遥感勘察规程》中的要求整理（中华人民共和国铁道部，2003）。一般需编制提供全线 1：5 万 ~ 1：20 万遥感工程地质判读图、工程地质说明书以及地质样片集等。

4.1.3 铁路工程各勘测阶段遥感图像判读

目前，遥感技术作为一种先进的勘查技术手段，已广泛运用于铁路建设的各个阶段，与公路的勘测既有相似之处，也有差异。对于新建、改建铁路勘查、设计、施工及运营阶段的工程地质遥感工作，一般是按照《铁路工程地质遥感技术规程》（以下简称《规程》）进行。该《规程》明确规定：铁路工程地质勘察工作应充分发挥遥感技术的宏观指导作用，遥感技术应用应与其他勘查手段密切配合，合理使用。

总的来看，各勘测阶段中，遥感图像应用的方法与步骤大同小异，其应用程序都是按准备工作、室内初步判读、外业验证调查、资料整理四个阶段进行。但在具体应用方法上，各勘测阶段应用的遥感图像比例、判读宽度、应用深度以及应提交的成果方面仍有所不同，而且铁路、公路、水利等不同工程的应用方法也略有不同，现以遥感技术应用优势最为突出的铁路预可行性研究和可行性研究工程地质遥感工作为例（卓宝熙，2002），简述如下。

1. 预可行性研究工程地质遥感工作

预可行性研究工程地质遥感工作包括：准备工作、室内初步判读、外业验证调查、资料整理等。其中，遥感影像数据收集与成果提交资料要求如下：

（1）搜集各种航空、航天遥感影像数据，各光谱波段一般应搜集齐全。

（2）搜集航摄像片，比例尺约1∶5万即可，其他航空遥感图像可按需要搜集。

（3）卫星图像搜集范围以能充分反映区域地质背景为准，航片的搜集宽度不宜小于线路位置每侧各5～10 km；影像判读宽度不宜小于线路位置每侧各2.5～7.5 km。

（4）提交的遥感工程地质图比例为1∶5万～1∶20万，图面宽度不宜小于图中线路位置每侧各5～15cm。

2. 可行性研究工程地质遥感工作

可行性研究工程地质遥感工作包括：准备工作、室内初步判读、控测阶段的遥感地质工作、航测成图过程中及成图后的工程地质遥感工作。其中，遥感影像数据收集与成果提交资料要求如下：

（1）搜集航空像片，比例尺约为1∶8000～1∶2万。其他遥感图像可按需要搜集，航片搜集的度宽不宜小于线路位置每侧各2～3 km；航片判读宽度不宜小于线路位置每侧各1～2 km。

（2）控制线路方案的特长及长隧道、特大桥、重大不良地质工点等，可制作航空遥感图像略图、航空遥感图像平面图或正射影像地图等。

（3）提交遥感地质资料：①遥感工程地质说明书。②1∶1万～1∶20万全线遥感工程地质图，内容包括主要岩性分界线、构造线、代表性岩层产状、地层成因及年代、不良地质、特殊地质、地下水露头，地质图例、符号等。图面的宽度不宜小于线路位置每侧各5～10cm。有比较线，且两方案相距不远时，中间部分应予以补全，使其相连。③航测地形地质图，比例尺1∶2000～1∶5000，包括岩性分界线，褶曲、断裂、节理、不良地质、特殊地质等的类别和界线，地下水露头、地质观测点、地质图例、符号等。当地形、地质条件以及地物情况极复杂时，也可只绘制对线路有影响的断裂、不良地质、特殊地质、地下水露头等。

（4）各种专题图，包括水系图、地貌图、岩组分布图、节理裂隙图、第四纪地质图，以及不良地质分布图、活动断裂图、工程地质分区图、水文地质分区图、植被分布图等专题图，可视需要制作。

（5）遥感图像处理成果，包括航空遥感图像地质略图、航空遥感图像地质平面图、正射影像地质图、航空像片和地质像片册等的制作，均视需要而定。

4.2 铁路工程地质雷达遥感应用

随着遥感数据获取与信息处理技术的发展，近些年来，光学遥感（包括航空和航天）影像的铁路工程地质判读技术与应用已发展较为成熟（卓宝熙，2002、2006），SPOT、IKONOS 和 QuickBird 等高分辨率卫星遥感影像得到了较好的应用。但迄今为止，相对而言，雷达遥感图像独特的成像机理、斑点噪声和影像几何畸变等特征给雷达图像处理与判读带来困难，导致其在铁路行业应用进展较慢，且应用较少。

SAR 遥感影像不仅具有一定的地表穿透性，而且通过调节观测视角，其成像的立体效应可以有效地探测地表地物的空间形态，增强地形地貌信息的可读性。这些独特的优势使得雷达遥感相对光学遥感，在地质构造、断裂、地震带、岩性、隐伏地质体探测等方面具有很好的效果。随着新型成像雷达遥感技术（极化雷达、干涉雷达）的发展，雷达遥感获取的地表地物信息越来越全面，雷达遥感已经发展到可以进行地壳形变、地震与火山形变场、地面沉降、地质灾害监测的测量。当前，如何有效地发挥雷达遥感卫星影像的独特优势，以及如何充分利用其对光学遥感影像的互补性为铁路建设发挥积极作用，尚需要开展应用研究并加以推广使用。本节主要介绍铁路工程地质雷达遥感应用。

为提高工程地质判读与界限划分的准确性，应根据 SAR 图像成像机理与特征，充分利用图像处理与增强技术，制作色彩丰富、反差明显、清晰易辨的判读图像。还可以将雷达图像与其他遥感信息源进行进一步的复合处理，应采取适当的图像处理方法（如直方图调节、HIS 变换、比值合成等），从而更有利于雷达图像上专题信息的提取。经过处理、增强及合成后的雷达图像，可充分利用色调、纹理、形状、大小、模式和阴影等雷达图像判读标志，同时结合典型地质现象的图像特征进行目视判读。

4.2.1 雷达图像铁路工程地质应用分析

SAR 图像在工程地质应用中具有一些光学遥感图像不可替代的独特优势。只要掌握了 SAR 图像在不同地质应用中特定的雷达回波响应特征，便可为铁路工程地质遥感雷达数据的选择提供参考依据。因此，在铁路工程地质遥感应用中，应充分发挥 SAR 图像的独特优势，与光学遥感图像互补使用。

1. 地质应用 SAR 回波响应

SAR 图像的判读与应用，首先必须理解 SAR 图像上地表地物的回波响应特征（灰度变化），同时还要结合典型地物的遥感图像特征判读经验。SAR 遥感地质应用的 SAR 回波响应如表 4.3 所示，这是铁路工程地质遥感雷达图像应用的基础。

表 4.3　地质应用 SAR 回波响应特征

地质应用	雷达响应
地质构造填图	地质构造常有其特征形式。近地表处，由于侧视雷达能明显反映出地形起伏，其构造可通过地形表现出来，而褶皱和断层则以地形起伏方式表现出来。侧视雷达突出地形起伏从而反映构造形迹
表层岩石填图	不同物理风化情况下，地表基岩破碎为不同大小的碎片。岩石碎屑与岩石结构、纹理、矿物成分有关。破碎程度大小导致不同的表面粗糙度，SAR 图像中存在明显的后向散射差异而易被识别
地形判别	侧视雷达可以突出地形起伏，有利于对不同地貌类型成像
地表物质评估	无植被、表面未固结的地表有不同大小的碎块，有不同的表面粗糙度和含水能力，雷达对由此产生的不同地表单元的差异很敏感
地表沉积物制图	未被固结的沉淀物（如冰川沉积物）经常可由地形起伏表现出来，侧视雷达能反映地形起伏。沉积物的颗粒大小不同，表面粗糙度和含水量不同，雷达对由此产生的后向散射差异非常敏感
地震带确认	地震带常以断裂的出现为特征，而在地形上有所表现。侧视雷达可突出地表地形变化，有利于地震带识别
山体滑坡评估	山体滑坡会改变地表景观、转移植被和土壤，其影响区有不同的土壤和植被冠层表面粗糙度，雷达对此敏感

引自：郭华东等，2003。

2. 雷达图像选择

SAR 影像特征取决于两方面的参数：一个是雷达系统参数，包括波长、极化方式、入射角和照射方向（视向）；另一个是目标物本身的参数，包括复介电常数、表面粗糙度、几何特性、面散射特性和体散射特性及其方向特性。在具体应用中，对雷达系统参数的要求不尽相同，主要表现为对雷达波长、极化、入射角、视向、分辨率等参数的要求不同。

不同波段、不同极化状态的雷达入射波，对同种地物的探测效果各不相同。通过比较地表地物对不同波段的回波响应，及常用的线极化状态下同极化与交叉极化散射图像特征，可选择探测某特定地物最适合的波段与极化方式，大大增强对地物的判读能力。雷达遥感常用波段为 P、L、C、X，铁路工程地质遥感应用中的最佳波段及极化方式可参照表 4.4。

表 4.4　SAR 图像波段与极化方式选择

地质应用	X 波段			C 波段			S 波段			L 波段			P 波段		
	HH	VV	HV	HH	VV	HV	HH	VV	HV	HH	VV	HV	HH	VV	HV
岩性识别		●				●	●					●		●	
地质构造识别	●	△		●	△	●					△		—	—	—
地形识别	△	△	●	△	△	●				△	△	●	●		

注：●表示重要；△表示有帮助；—表示不是必要的；空表示目前没有足够的信息。

加拿大雷达卫星 RadarSAT-1/2 提供了多种成像模式的 SAR 数据，已在很多行业得到了应用。表 4.5 为 RadarSAT-1/2 SAR 数据地质应用时选择对雷达图像模式的建议（郭华东等，2000），这些建议也同样适用于其他雷达数据源的分析应用。铁路工程地质遥感雷达图像应用中，对于图像数据的成像模式选择（波束模式、入射角、视向等），可参照表4.5 进行。

表 4.5 地质应用雷达图像选择

应用	波束模式	入射角	视向	备注
地质构造填图	精细/标准模式适于大比例尺地质填图；宽波束模式和扫描模式适于区域地质构造填图	选择中等入射角	选择相对于地质构造方向的视向有利	
表层岩石填图	精细/标准模式适于大比例尺地表基岩填图；宽模式和扫描模式适于区域地表基岩填图	区分地表基岩不同岩块大小的主要参数是表面粗糙度。大入射角会使由粗糙度不同引起的后向散射差异最大	选择相对于地质构造方向的视向有利	含水量低时，获取数据的后向散射值与同表面粗糙度的相关性更大，与含水量无关
地形类别	精细和标准模式适于详细地貌类型填图；宽波束模式和扫描模式适于区域地貌类型的判别	大入射角能很好地增强微细的地形特征	选择相对于地质构造方向的视向有利	
地表物质评估	精细/标准模式更适于详细评估对地表物质；宽波束模式和扫描模式适于区域地表物质的判别	基于土壤湿度评估的地表物质评估最好用小入射角，以减少由土壤粗糙度产生的后向散射。基于土壤粗糙度来讨论地表物质，大入射角更为适合	选择相对于地质构造方向的视向有利	选择在含水量较小时获取数据有利
线性地物识别	精细/标准模式适于大比例尺线性地物识别；宽波束模式和扫描模式适于区域范围线性识别	大入射角更适于增强细微的地形起伏	垂直于线性特征的视向可增强对线性特征的探测能力	获取上升和下降轨道数据，能增大对线性构造识别数量
地表沉积物填图	精细/标准模式适于大比例尺的沉积物填图；宽波束模式和扫描模式适于区域的沉积物制图	基于地形起伏区沉积物填图，大入射角能增强细微地形特征；基于土壤湿度差异的沉积物填图，小入射角来减小与粗糙度有关的后向散射；基于表面粗糙度制图，大入射角更为适合	在中等至大的地形起伏地带，上升、下降轨道均可以	若基于土壤含水量制图，或基于表面粗糙度制图，应在植被覆盖最小时获取数据

应用	波束模式	入射角	视向	备注
地震带识别	精细/标准模式更适于地震区的识别；宽波束模式和扫描模式适于大范围内地震区的识别	大入射角对于增强小的地形起伏更为适合	垂直于线性特征的观向，能提高对线性构造的探测力	上升和下降轨道的数据能增大线性构造的识别数量
滑坡评估	精细/标准模式的雷达数据可用于获得单个滑坡的信息	大入射角会减小与中等至高地形起伏区有关的几何变形	中等至高起伏地形区，上升和下降轨道数据能得到最大量的滑坡信息	

下面以岩性识别与地质构造判读为例，说明 SAR 图像的判读效果。

1）岩性识别

决定雷达图像后向散射强度的岩石表面性质主要是表面粗糙度和介电常数。各类岩石物理化学性质及成分的差异使岩石具有不同的介电常数，经过长期风化、剥蚀，岩石表面呈现出各自复杂的几何形状和表面粗糙度。表面粗糙度是岩石的表现特征，是决定岩石图像色调的重要因素，取决于表面结构形迹。除未固结的砾石、沙和黏土外，表面粗糙度和岩性之间没有固定的关系。因此，不同岩性的岩石可能有相同的雷达回波，但由于风化作用会形成不同的地表形态，反映在雷达图像上则是不同的纹理。不同岩性的岩石，其表面粗糙度、风化特点和地貌形态特征为从雷达图像上识别和分析岩石类型提供了可能。

通常，裸露山区由于长期地表风化，不同岩性岩石的地表几何形态及介电特性存在很大的相似性，常规雷达后向散射强度（灰度）差别不大。依靠目视判读进行岩石界限划分和地质填图存在较大困难。而且单波段、单极化雷达图像只具有灰度视觉效果，灰度值差别小的地物难以区分。同时，成像的多波段多极化 SAR 可得到假彩色合成图像，具有较好的视觉区分效果。彩图 4.1 为美国"奋进号"航天飞机 SIR-C 获取的 L 波段与 C 波段多视雷达数据（郭华东等，2000），该图像经过了斑点噪声抑制、纹理与边界信息增强、直方图均衡与对比度增强处理，并以 L 波段 VV 极化、C 波段 HV 极化和 L 波段 HV 极化的图像分别按 R、G、B 通道进行假彩色合成而成。该区位于新疆北部阿尔泰山区，有硬砂岩、玢岩、砾岩、片岩、硬砂质长石砂岩、黑云母花岗岩、白云母花岗岩 7 种岩石类型。其中，黑云母花岗岩为区内的巨大圆形岩体，呈负地形，地面平坦，粗糙度较小；白云母花岗岩则相反，因抗风化能力较周围岩石强而呈正地形。

2）地质构造判读

雷达遥感侧视成像方式对地表几何形态非常敏感，可形成具有立体感的图像，从而能直观地分析地质构造，揭示构造现象。当雷达波束方向与主要的线性构造方向垂直或接近垂直时，可使线性构造的纹理增强，此时的线性构造信息反映得最为丰富和详尽。当雷达对地观测的入射角适中时，还可避免因阴影、叠掩过多，或透视收缩过大等原因造成的图像信息损失或变形，地质构造也很容易通过纹理分析表现出来。因此，通过 SAR 图像色调、阴影，特别是中等和宏观纹理分析，可非常有效地识别出地质构造，尤其是线性构造。彩图 4.2 为四川隆武地区 SIR-C SAR 彩色合成图像 (L-HH：R，L-HV：G，C-HV：B)，色彩鲜艳，反差明显，线性构造得到增强且清晰易辨 (郭华东等，2000)。铁路线路经过地质环境条件复杂、地质构造丰富地区时，应优先考虑采用 SAR 图像进行勘察。

4.2.2 雷达干涉测量技术应用

近年来迅速发展的 InSAR，为获取地面三维信息提供了全新的方法。雷达干涉测量被认为是实现 DEM 获取最为重要的当代遥感技术发展成果之一。当前，随着国内外雷达干涉测量技术应用的蓬勃发展，铁路工程部门应用这一新技术成果是必然趋势 (谭衢霖等，2009)。

近年来，随着国际上雷达干涉测量研究与应用的蓬勃开展，D-InSAR 技术已成功应用于由地震、火山、滑坡和地表沉降引起的形变测量和监测研究中。其工程化和实用化程度已得到很大提高，现正处于深入和扩展到其他相关学科领域的研究阶段，如单个重要建筑物、线状结构物 (海堤、铁路) 或重大基础设施的变形分析研究。差分雷达干涉测量已从实际应用中的厘米级、优于厘米级形变测量精度，发展到现在毫米级测量精度和 0.1mm/yr 的沉降速率估计精度；从只能提取特定时间间隔的地表形变量、形变场，到可以提取长时间序列的形变 (沉降) 速率；从形变场分布的定性、定量化分析，到变形预测及辅助分析物理特性场；应用尺度也从一般尺度及规模的地表形变研究 (如地震形变、冰川运移、火山活动)，向大尺度大规模的地表形变分析 (如地壳形变、断层及活动构造) 和较小尺度、较小规模的形变监测分析 (如城区地表沉降、矿山开采沉陷、山体滑坡和重大基础设施或构筑物变形) 发展。在铁路勘测设计 DEM 获取、铁路地质灾害监测和青藏铁路多年冻土区形变测量等方面，应用潜力巨大。

DEM 的获取已在第 2.3.2 节中予以介绍。下面仅对铁路地质灾害监测和铁路沿线地表变形监测应用进行介绍。

1) 铁路地质灾害监测

InSAR 能以厘米量级甚至更的小尺度测量地表形变，这对于铁路地质灾害研究具有非常重要的意义。地质灾害通常可分为渐变型和突发型两大类。突发型地质灾害，由于在极短时间内发生，一般很难进行监测。然而，在突发性地质灾害发生前，一般都先要经历较小的地表形变或块体蠕动过程。因此，对渐进式的蠕变和块体运移进行监测对于地质灾害的识别、预警和防治具有决定性的意义。

地质灾害的发生与斜坡紧密相关。斜坡地块运动速率变化范围从每年几毫米或几厘米的缓慢蠕动，到每天 1.5m 的快速运动，直到每秒几十米的极快速运动。而 InSAR 已被国际上诸多研究证实，在测量地表形变位移量、监测地表较缓慢的动态变形方面具有无可比拟的优越性，目前国外已有其在滑坡地质灾害监测方面的应用研究。

2) 铁路沿线地表变形监测

InSAR 由于对地表动态变化的灵敏度高，已成为空间观测地表形变的重要研究工具。我国铁路有关部门和高校已开展该技术监测铁路线路所经区域的地表沉降及进一步分析铁路路基表面变形的研究。InSAR 已发展到一个全新的阶段，不仅可从卫星雷达图像生成大范围高精度 DEM，而且在此基础上发展起来的 D-InSAR 可以使用二次差分干涉相位图及基线数据测量地表形变。至今，D-InSAR 变形监测精度已发展到令人惊讶的毫米级，加上该技术在形变监测领域具有一些不可替代的独特优势，其为地表变形的自动化监测提供了一种全新的手段和方法。D-InSAR 发挥其独特优势主要体现在以下方面（李德仁等，2004）：

（1）变形监测覆盖范围大，是大面积连续地表形变监测的有效技术手段。

（2）无需地面现场测量和先期布设地面控制点或建立地面观测站，成本低、自动化程度高。即使在 SAR 数据相干性极低的条件下，仅安装无需维护、代价极低的少量角反射器即可，不需要地面现场测量。

（3）可获得区域连续的地表形变信息。水准测量和 GPS 测量所得图像的地面形变是离散性的，而 D-InSAR 测量所得图像是连续的，可连续覆盖研究区，这对把握大范围地表形变分布时空变化特征及发展规律，从而进行模拟预测分析和沉降变形灾害范围评估具有重要作用。此外，可监测或识别潜在或未知的地面形变信息，获取大范围区域的地面沉降趋势信息，从而为地面水准测量、GPS 测量等现场实测手段的布设监测提供指导。

当前国际上可获取干涉数据的商业雷达卫星越来越多，为铁路路基变形研究提供了非常有利条件。

4.3　铁路线路勘测遥感应用

4.3.1　铁路线路勘测遥感应用概述

铁路工程建设属于基础设施建设，其设计与建设都与地形地质、水文地质、水文等自然条件息息相关。以往由于地面工作的局限性，难以查明工程地质、水文地质条件，造成工程建成后，后患无穷的例子很多。其中，最典型的就是宝天铁路线，此条铁路线由于在渭河河谷中沿渭河大断裂穿行，致使工程病害不断发生（方利和车晓明，2006）。

铁路新线勘测中，从预可行性研究、可行性研究到定测和补充定测，各阶段均可应用遥感技术，但不同阶段的应用程度和内容有所不同。预可行性研究阶段的纸上定线是在国家已有的 1:5 万比例尺地形图上进行的，个别地形困难的越岭地段须测制 1:1 万比例尺航测地形图。此外，主要是应用陆地卫星图像和小比例尺遥感图像开展工程地质判读；可行性研究阶段是依据线路方案沿线路进行大比例尺航空摄影，然后进行外业控测和内业成图，测制 1:2000 或更大比例尺的地形图，并开展包括地质在内的各个专业大比例尺航片判读；定测和补充定测阶段的航测工作，主要是测制大比例尺的工点地形图及纵、横断面图等。根据以往的工作经验，预可行性研究阶段应用遥感技术可提高工作效率 2~3 倍，可行性研究阶段能提高 1 倍左右（卓宝熙，2006；马相三，2006）。

遥感技术在选线中的应用内容主要包括图像处理、地学信息提取、野外调查验证、线路方案比选修改等。卫星遥感的应用进一步提高了勘测选线的工作质量，其优势在于，比地形图更现势、更直观，更能反映地面实际情况。高分辨率（如 2.5m、1m）卫星遥感图像可清晰地反映局部地物信息，易于地物识别和地质判读，在粗选方案时就可以规避一些重要的工程设施和地质灾害区。卫星遥感图像覆盖范围宽，如一景 SPOT 图像能覆盖 60km×60km 范围，一景 TM 图像能覆盖 185km×185km 范围，使设计人员视野更为开阔，方案设计也更趋合理，减少野外勘测工作量，降低勘测设计成本，缩短设计周期（曹成度，2006）。

遥感技术在选线中的应用，首先要收集与研究区大量的相关资料。除航空像片外，还需收集覆盖所有线路设计方案（正线和比较线）区域内的卫星遥感图像。通常采用较新的 TM 影像数据，并根据需要收集高分辨率卫星遥感图像（如 10m、5m、2.5m、1m，以 2.5m 或 1m 为最佳）。其他相关资料为研究范围内的区域地质资料、1:1 万与 1:2000 地形图等。

基于虚拟地理环境，可以建立遥感综合选线设计系统，在平面影像图或地面模型上以三维可视化模式操作，使设计人员可以更全面地分析、设计，实现平面设计和三维设计的交互，为设计人员提供精细分析的工作平台。吕希奎（2008）综合利用遥感正射影像图或三维立体影像地图，将计算机的快速计算功能与三维图形功能融为一体，开发了遥感选线系统。该系统实现了选线环境的数字化地质信息集成，加强了遥感地质资料及区域地质资料的使用和分析，有助于选线设计人员探明沿线地质状况、把握不良地质的潜在危害；结合数字化遥感解译成果，生成线路三维模型，通过大范围、多角度立体观察地形地貌，对线路走向和周围地理环境有直观的认识，可以直观地看到线路区域的自然环境和线路方案的设计效果。在此基础上，通过综合分析区内地形、地貌、工程地质、地理条件及不良地质分布等相关因素，可进行选线设计和多方案的比选。图 4.2 为利用遥感技术在铁路选线路线经过的两个区域中有效绕避大型滑坡等不良地质体的示意图。

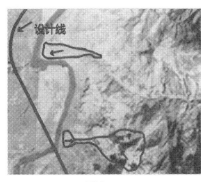 

(a)区域1　　　　　　　　　　　　　(b)区域2

图 4.2　绕避不良地质体选线示意图

4.3.2　铁路线路勘测遥感应用模式

遥感在铁路勘测中的应用已经过几十年的发展，形成了一套完整的模式。具体可分为预可行性研究（方案竞选）阶段、初测阶段和定测阶段三个阶段的应用。将遥感图像判读资料与 GIS 技术相结合，可以为施工提供大量的参考资料。

1. 预可行性研究（方案竞选）阶段

预可行性研究（方案竞选）阶段是开展大范围内的遥感地质勘测工作的阶段，其勘测成果可作为线路方案的主要地质依据。主要工作内容是搜集卫星遥感数据或小比例尺（1:2 万~1:5 万）航空图像，经过图像处理、制作线路方案遥感影像图，并进行工程地质遥感判读。在搜集和研究已有资料的基础上，通过重点外业验证编制工程地质遥感判读图，如彩图 4.3 所示（甄春相，2006）。主要提交成果包括：1:1 万~1:5 万线路图像平面图，1∶5万~1∶20万工程地质遥感判读图，1∶5000~1∶5万重大不良地质、特殊地质和重大工程（桥梁、隧道、站场灯）正射（卫星）影像图，并根据勘测设计一体化的要求建立新线勘测地理信息系统。

2. 初测阶段

初测阶段即可行性研究阶段。首先，进行航空摄影及航测制图。然后，利用航摄资料开展遥感工程地质勘测，提交航测图（1∶1万~1∶5万）及遥感工程地质勘测成果，供初测地质调绘、勘探工作量布置使用。初测工作进行期间，利用遥感图像编制重大工点（重点桥梁、隧道、不良地质、特殊地质和顺层、切坡或不稳定斜坡地段）的影像图，必要时对主要工程地质问题（如岩溶、煤系地层等）补充遥感勘测，编制遥感判读专题图。

3. 定测阶段

在以往的勘测设计过程中，在没有系统进行过遥感地质勘测而地质条件又特别复杂，或者线路方案有新的变动，或者有特殊情况下的需要时，定测阶段也可以进行遥感地质勘测。一般围绕工点展开，主要以大比例航空像片为主，需要提交工点判读图（1∶2000~1∶5000）及判读说明。这些资料也可为铁路勘测地理信息系统提供重要的补充（甄春相，2006）。

4.4 铁路隧道勘测遥感应用

遥感技术在隧道工程中的应用，主要是配合方案比选，开展大面积工程地质和水文地质判读，还可以评估隧道富水程度，选择隧道弃碴场地等。

遥感对于指导隧道工程地质综合勘探工作有重要作用，尤其是对隧道地区地质构造、地层界线、不良物理地质界线位置的判读具有很好的效果，可通过各不同种类遥感图像及不同比例尺图像的信息复合、确定各种地质界线位置，从而可提高布置隧道地质测绘路线、观测点以及确定调查重点和勘探点（如布孔位置）的准确性。

在长大隧道中采用遥感技术，并配合必要的物探、钻探与地质测绘的综合勘探工作，与常规工程地质勘测方法相比，具有很大的优越性。许多铁路长隧道设计方案比选中都应用了遥感技术，如京广铁路衡广复线的大瑶山隧道、南昆铁路的米花岭隧道（彩图4.4）、大秦铁路的军都山隧道、西康铁路的秦岭隧道、西合铁路的西秦岭隧道、渝怀铁路的圆梁山隧道、石太铁路客运专线的太行山隧道等的勘测中，遥感发挥了重要的作用（朱觉先和王英武，2006）。

对地质条件复杂和不良地质现象集中的隧道运用遥感判读更为有利。例如，南昆铁路青鱼塘隧道、渝怀铁路圆梁山隧道、黔桂铁路水坝隧道、遂渝铁路桐子林隧道、襄渝铁路二线新大巴山隧道等长大岩溶隧道，以及南昆铁路家竹箐隧道等铁路隧道，均分别采用了以航空和卫星遥感影像判读为先行，地质测绘为基础的综合勘探技术，取得了良好效果。

4.4.1 铁路隧道勘测遥感应用流程

在长大铁路隧道地质工作中，遥感技术应贯穿于整个工程地质勘查过程中，工作程序包括准备工作、遥感影像预判、地质测绘与勘探、勘测成果分析和资料整理（张项铎，2006）。

1. 准备工作

包括搜集测区内区域地质图及地质报告、各种比例的全色航空像片（1:1万最佳）、不同分辨率的光学卫星遥感图像和隧道各勘测阶段成果资料。

2. 遥感影像预判

工作内容包括测区隧道各方案（包括洞身、进出口及辅导位置）的主要地质构造分布情况及基本走向的判释，进而初步评价对隧道方案的主要影响。具体是通过对航空遥感图像的判读全面了解隧道区域的地形地貌、主要地质构造、层状岩层的大体走向、大型的不良地质现象等特征，以及地表建筑物、植被分布发育情况等，从而较好地掌握隧道各方案的总体工程地质条件。再将判读成果转绘编制成1:1万工程地质预判图，以指导地质测绘工作。通过对图像判读，划分隧道经过的不同地貌单元及其特征，确定隧道进出口、洞身、辅道的地貌特征，为隧道定线提供依据。结合遥感判读与区域地质资料分析，可判定隧道穿越地区不同时代地层出露位置和接触关系。根据对岩石露头点的调查验证，较准确地追溯不同时代地层的接触带，以及查明岩层产状和岩性特征，为各类工程措施的制定搜集足够的基础资料。根据区域地质资料，并结合隧道情况进行综合分析，通过对不同微地貌形态与不同时代地层组合关系的判读，直观地反映出褶曲构造及区域性断裂带的性质与分布，判明隧道与区域地质构造带的关系，并确定其位置、性质及对隧道工程的影响程度。对不良地质现象进行重点判读，初步判明其分布范围和形态特征，并结合野外调查与勘探，可进一步查明其性质。

3. 地质测绘与勘探

地质测绘及勘探是在遥感判读的基础上进行，因此调查测绘的目标明确，针对性强。通常采用1:5000和1:2000地形图，结合1:2万航片及1:1万遥感判读图，根据判读成果有重点地进行验证。在判读基础上，根据外业调查结果，选择合理的勘探方法，可取得较好的勘测效果。根据遥感判读成果，对影响隧道工程的主要地质构造和不良地质现象等用物探方法进行勘探。

遥感地质综合勘探方法包括：研究既有资料，对隧道地区的地质构造进行初步判读，提出地质调查测绘中应解决的问题，拟定地质测绘工作计划；与地质测绘相配合，对重点、新发现的地质现象进行追溯判读；根据地质测绘和各种物探成果资料，对隧道地区地表地质进行详细判读和综合分析，做出全面定性和定量评价，为解释不同物探成果，预测隧道工程地质和水文地质条件提供可靠的依据（张项铎，2006）。

4. 勘测成果分析

勘测成果分析是提高勘测质量的有力保证。根据不同隧道的勘测精度，结合隧道工程的具体要求，将对遥感判读、外业调查、重点验证与勘探等资料进行综合分析，以满足工程设计的需要。

5. 资料整理

资料整理是反映勘测成果的关键。在勘测过程中，利用航片判读、外业调查、重点验证及勘探等手段获得的勘测资料，经综合分析后，再转绘至航片和 1：5000 地形图上，按隧道工程需要编绘出隧道工程地质图，并编写工程地质说明。

4.4.2　铁路隧道富水程度遥感综合评价

隧道地区的工程地质条件，尤其是水文地质条件的正确评价至关重要。隧道水文地质问题又是勘测中的难点，常规手段由于观察视野以及地形、交通等条件制约，查明隧道通过地区的水文地质条件是十分困难的，不但需投入大量人力、物力和财力，而且周期长、劳动强度大。即便如此，也很难彻底查明水文地质条件和富水情况。因此，经常令勘测设计资料与施工实际情况相差较大，造成施工被动。遥感技术应用于隧道富水程度调查是一种既简便又能准确的方法，对保障隧道施工顺利进行具有重大意义。

隧道洞身富水程度的确定，一般是通过地面调查和勘探所收集的水文地质资料，采用水文地质对比法、回归分析法、水均衡法、地下水动力学法、解析法以及模拟法等计算得出。但由于隧道水文地质情况极为复杂，而各种水量计算公式都具有局限性，不可能全面、准确地反映出客观情况。遥感方法与常规方法有所不同，通过图像判读获得隧道通过地区的地形地貌、地层岩性、地质构造、地表水系、植被、人类活动等情况后，再结合该区降水量及隧道埋深等因素，可综合确定富水程度。这种方法速度快、考虑因素全面，虽无法得出具体的涌水量，但可得到不同地段的富水程度分区。

为使遥感在隧道勘测中更有效地发挥作用，提高估算隧道富水程度的可靠性，卓宝熙（2004）首先提出了遥感综合评估隧道富水程度经验公式。其原理是：先将遥感图像定性判读成果及其他影响隧道富水程度的诸多因素（如岩石、构造、地形、地层、隧道埋深、降水量等）定量化，然后将量化数值代入"隧道遥感富水程度估算经验公式"中，估算出富水程度分数（H），并确定出其富水等级[1]。根据在西康铁路秦岭隧道和南昆铁路家竹箐隧道的实际应用，认为富水程度评估的准确度高是可信的。"富水程度分数值"遥感估算经验公式为

$$H = H_{d} + H_{y} + H_{z} + H_{dl} + H_{j} + H_{js} + H_{hg} + H_{m} \qquad (4.1)$$

式中，H_{d} 为地形地貌富水程度分数；H_{y} 为岩石富水程度分数；H_{z} 为褶曲构造富水程度分数；H_{dl} 为断裂富水程度分数；H_{j} 为节理富水程度分数；H_{js} 为降水量富水程度分数；H_{hg} 为河沟富水程度分数；H_{m} 为隧道埋深富水程度分数。

首先，利用"估算经验公式"计算出"富水程度分数"（H）的分数值；然后，根据分数值确定富水程度的等级。富水程度分数值与富水程度等级的关系如下：

（1）按强富水区、中等富水区、弱富水区和贫水区四个区划分：$H>80$，为强富水区；$65 \leqslant H<80$，为中等富水区；$50 \leqslant H<65$，为弱富水区；$H<50$，为贫水区。

（2）按富水区、弱富水区和贫水区三个区划分：$H>80$，为富水区；$50 \leqslant H<80$，为弱富水区；$H<50$，为贫水区。

---

[1]　中华人民共和国铁道部．2004．铁路工程水文地质勘测规范（TB 10049-2004）

该评估方法虽然无法得到具体的涌水数量，但所得出的不同地段的相对富水程度，对施工部门很有价值，其效果不亚于地面勘测方法提供的成果，可与地面方法互为补充。隧道富水程度遥感综合评估方法是一种简便、实用的方法，特别适用于隧道水文地质条件的判断和富水程度的确定。隧道富水程度遥感综合评估方法为隧道勘测遥感应用开辟了一条新途径，使由以往的"遥感定性判读应用模式"转向"遥感定量判读应用模式"，也为遥感图像计算机判读和专家系统的建立创造了条件。

4.4.3 铁路隧道弃碴场选址遥感应用

隧道弃碴指隧道在开挖过程中产生的松散岩土物质。这些物质经地下爆破开挖，装运到地表后，需要寻找合适的堆放场地，这就是通常所说的"弃碴场设计"。由于历史原因，20世纪70年代以前，铁路部门基本上不开展专门的碴场设计工作，每年数百万方甚至千万方的隧道弃碴常常就地堆弃，或侵占农田，或挤压河道，造成大量水土流失、河床淤积、河道阻塞甚至泥石流危害的发生，给沿线的生态环境带来极为不利的影响。20世纪80年代后，随着一系列环境问题的暴露，人们的环保意识逐步增强。20世纪90年代末，随着《铁路工程环境保护设计规范》的出台，对弃碴场布置的要求也就越来越严格。时至今日，碴场设计已经成为隧道设计文件的重要组成部分。

弃碴场地布设，首先应充分考虑对区域地质环境的影响，其次不仅要考虑运输距离、碴场防护等工程费用，还应兼顾碴场土地整治和利用，以获取最佳经济效益和社会效益。因此，弃碴场地应尽可能地选在离线路方案较近、修筑弃碴便道和防护工程相对容易、占用耕地相对最少的地段，并应做好弃碴后的绿化和复垦设计工作。此外，在铁道部颁发的《铁路工程环境保护设计规范》中规定：不宜在沿江、河、海岸滩堆置弃土、弃碴，并不得向江河、湖泊、水库和专门存放地以外的沟渠弃土、弃碴。

利用遥感进行隧道弃碴场地选择，可以很好地满足碴场设计要求（胡清波，2006），其应用过程大致可以划分为资料收集、地质环境遥感判读和评价、碴场设计三个阶段。在满足《铁路工程环境保护设计规范》的前提下，充分发挥遥感技术优势，通过对隧道周边地区地质环境要素（包括地形地貌、地质构造、地层岩性、不良地质现象、植被分布、耕地等）进行遥感信息提取，并基于对区内小流域土壤侵蚀强度分区的考虑，将隧道弃碴与水土保持、小流域治理结合起来，从而在较短时间内就近选择适宜的弃碴场地。

4.5 铁路线路水文调查与桥梁选址遥感应用

4.5.1 铁路线路水文调查遥感应用

铁路线路规划经常需要在江河覆盖地区进行选线，详细的水文调查是不可缺少的环节。利用遥感技术可对线路附近的一些水文情况进行判断和分析，并可判读既有水工建筑物等的分布状况。此外，还可利用航空遥感替代某些水文测绘工作，如编制河流流域平面图、沿江（河）洪水位平面关系图、桥渡总平面图、桥（涵）址地形图、特殊水文地质水系地貌图，以及对小流域特征进行研究，圈绘小桥涵汇水面积与量测河流坡度等。在实际应用中，对焦枝铁路丹河口、连江和乾佑河等古河道，及青藏铁路北麓河的洪水泛滥线、唐古拉山南坡的漫流、勒池勒玛河桥渡的潜流等的判读，均取得了较好效果。此外，通过对集通线商都大盐海子地区的湖泊、沼泽和盐渍土的判读，使铁路线路绕避了沼泽地区，取得了较好的效果（任敬善，2006）。

1. 水文及有关特征判读

利用航空遥感图像（或航片）与卫星遥感图像，可进行桥渡位置的选择、水文断面的布置；可进行河段类型与节点、河道变迁及古河道、河床冲刷及淤积、洪水泛滥线、沙洲变形的判读，对特殊水文情况下（如泥石流、洪积扇、漫流、潜流、渠网、湖泊、泉眼、沼泽或盐碱湿地等）如何选定辅助分析的方案提供依据；并能判读出桥既有涵、水库、河道梯级坝、丁坝群等水工构筑物。

2. 水文测绘

利用航摄像片，可在室内较完整地编制河流流域平面图、沿江（河）洪水位平面关系图、桥渡总平面图、桥（涵）址地形图，量测江河宽度，编制特殊水文地段（如洪积扇、漫流地区等）水系地貌图，以及圈绘小桥涵汇水面积与量测河沟坡度等，并可减少乃至取消平面实测工作，使水文测绘仅需作单纯的洪水位高程测量即可。遥感水文工作可按资料搜集、室内判读、外业勘查、航测（水文）编图四个主要步骤进行（任敬善，2006）。

1）资料搜集

除搜集既有勘测资料，既有或计划中的大型水库、河道地形图及有关部门资料，还要搜集遥感资料。遥感资料包括：航空像片、航空放大像片、镶嵌复照图和像片略图、像片平面图及影像地图等。在需要进行航空摄影测量时，必须在航带设计前将其他资料搜集齐全，并作细致的分析。

在水文勘测中，各种遥感资料的作用有所不同，只有充分了解并适当选用，才能做好像片判读工作。

2）室内判读

在室内判读前对有关地区资料进行分析研究，是做好水文调查和测绘工作的重要环节。

在现场进行水文调查时，由于受地形、地物的限制，往往难以观测到被调查对象的全貌，特别是在水文复杂地区，这种情况尤为突出。用遥感方法搜集桥涵、水文资料可以较好地克服这种局限，遥感反映的地形、地物更加逼真，同时视野也更加宽广。因此，像片判读应贯穿于整个选线过程的始末。通过室内判读，对像片所反映的各种水文特征，就能够有一个较为全面的了解，从而对划分沿线一般与重点水文地段、编拟遥感水文工作计划、确定现场资料搜集内容、初步设置桥涵工点、选择调查及测绘的路线，以及安排具体工作方法和步骤等起到指导作用。室内判读前，必须熟悉判读标志；判读后，必须到重点地段进行调查核对。室内判读内容（如漫流、潜流、沼泽、河道演变、古河道及洪水泛滥线等）及现场验证成果应填入水文判读卡片内。

3）外业勘查

在室内判读基础上，有重点地到现场进行调查核对，以解决室内判读不清（如土壤等级、冲积物粒径、某些人类活动等）或无法判读（如历史洪水位等）的问题。经过室内判读及现场调查，用刺点的方法将所选水文点（如洪水位点、水面坡度点、水文断面定位点、桥渡方案线路位置定位点以及其他重点水文地段的控制点等）标记在航空像片上。

4）航测（水文）编图

结合现场调查结果，在已有的图像判读结果中进行详细标示，将各种水文地质现象划定范围并标明图例，为线路规划和施工提供参考。

4.5.2 铁路桥梁选址遥感应用

桥梁选址是铁路线路规划中很重要的一个步骤。利用遥感方法可全面考虑多种有价值的桥渡方案，合理确定桥渡位置。一些大型桥渡地区往往被第四系松散沉积层所覆盖，地面调查无法观察到覆盖层以下的地质情况，如地层岩性、隐伏断裂、岩溶等。利用遥感技术从宏观地质构造分析，用"以点连线"的方法推测出覆盖层以下的地质情况，确定桥渡区的岩性、断层等，然后再开展勘探工作，可以避免盲目钻探。遥感判读与勘探互为补充，可提高工程地质评价质量。彩图 4.5 是芜湖长江大桥桥渡区巴沈线西拉木伦河桥渡选址方案（朱全宝等，2006）。铁路勘探者利用 TM 图像在 $1500 km^2$ 大范围内，很快地从 6 个桥渡方案中确定哈图庙桥位为主要推荐方案，胡日哈庙桥位为比较方案。京九铁路黄河桥位选定、韶柳铁路阳山区段站连江左右岸线路方案综合比选、青藏铁路沱沱河西桥渡线路方案取舍等均采用了遥感技术（王英武和朱觉先，2006）。

通过对遥感图像的判读及综合对比分析，从宏观上获取调查区区域地质、工程地质、水文地质等信息，可对桥渡区工程地质条件做出评价。首先，通过遥感图像判读地表地质现象。然后，再以判读成果指导地面地质调查，从而克服常规地质调查的局限性和盲目性。遥感图像覆盖范围大、信息量丰富，能在较宽阔的范围内，从宏观上初步查明桥渡区的主要工程地质条件及重大不良地质问题，为多方案桥址比选提供地质依据。

在遥感图像判读中，结合桥渡区区域范围，主要进行水文信息和地质构造的判读。其程序为：首先，搜集、分析已有地质资料，获得大面积范围的多种遥感图像，并对它们进行判读后编制预判图；然后，利用遥感判读成果指导重点地面验证，分析所获取的地表地质信息，必要时进行区段物探和地质钻探；最后，分析、归纳整理满足方案比选阶段要求的地质资料。

铁路桥梁选址遥感应用具有以下特点：

（1）便于协同各专业进行综合选线。常规铁路选线程序是由点到线到面；采用遥感方法后，则可反转过来，从面到线到点。在地形、地质、水文复杂、交通不方便地区，充分利用遥感进行各专业综合选线，可以加快选线进度和提高勘测质量。

（2）能稳定重点桥渡区的位置与方案。对影响线路方案的重点桥渡及水文地段，采用遥感技术可做到不遗漏较有价值的桥渡方案，比常规方法更能稳定重点桥渡区的线路方案。在特大桥的桥位选址中，遥感图像具有区域宏观性、真实性和时效性特点，在查明区域地质构造、河道及江心洲的变迁中显示了特有的优越性。利用遥感判读成果可起到指导物探、钻探等工作的先导作用，缩短勘测工期，提高地质调绘质量，为特大桥工程建设的桥位选择提供可靠的地质依据。

（3）综合性强，便于桥渡方案取舍的论证与评审。由于遥感图像综合性强，在方案论证中的各种不同意见，如对各个桥渡方案的优缺点及各种地质、水文特征的评价，都可汇集到遥感图像上进行研究分析。这比使用单一的图纸和既有地面资料进行评价更具体、形象，必要时可做现场实地调查分析。

4.6　铁路线路运营管理遥感应用

铁路遥感技术应用，经历了自 20 世纪 60 年代以来的 50 多年的发展，在既有铁路运营管理方面的应用范围不断扩大，作用日益突出，成为铁路信息化建设的基本核心技术，特别是与之相关的各类信息系统的建设无不与遥感技术密切相关（李寿兵，2005）。遥感技术在既有铁路运营管理中的应用，已经显示了其巨大的技术经济效益，铁路跨越式发展的要求和遥感技术本身的发展趋势昭示了遥感技术广阔的发展前景。

4.6.1　铁路线路遥感测图

遥感技术在既有铁路线路测量中的应用，是以航空遥感或卫星遥感影像为测绘基础，加之野外工作获取大比例尺地形图。其作用是：加速既有线路复测工作，加快获得完整、可靠的既有铁路技术基础资料；有效完成铁路用地测量工作；大比例尺地形图可满足多方面的使用要求；为铁路灾害事故的抢修提供必需的决策技术基础资料。当铁路灾害事故发生时，可利用航空或卫星平台获取灾区遥感影像，以了解灾害事故地段、地物、地貌、救援路线等，及时掌握抢修的难易程度，为指挥抢修工作提供决策技术所需的必要的基础资料。

既有铁路遥感测图作业具体流程是：将航测与传统的线上测量、铁路设备调查密切结合起来。通过航测外业的线路联测，有效地解决了现场里程丈量误差与航测内业测图误差造成的差异，保证了航测铁路大比例尺地形图准确地反映现场的里程。在内业测图中，对现场测量和调查成果进一步检核，确保最终成果的可靠性，并节省了大量野外测量工作，如图 4.3 所示。在生产过程中，经常将像片成果与现场线上测量、调查资料相互核对，从而保证大比例尺地形图和复测资料准确、可靠。

采用遥感技术测绘大比例尺地形图，具有以下优点：

（1）采用了国家统一的平面坐标系和高程系，可以与国家基本图或其他部门的地形图沟通使用，有利于铁路建设和运输管理。

（2）图像覆盖面积大、表达现场逼真、内容丰富。在地物测量中，不需要人工野外逐点跑尺，可较快地在室内描绘出所需的铁路设备、周围的建筑物等。

（3）可获得精度较高的大比例尺地形图，以及数字化的反映铁路线路两侧地形地貌、铁路用地权属界线关系和所有铁路设备统一空间分布状况的大比例尺平面图、卷图、图像图册（或正射影像图册），和重点关键工程的三维立体景观。

对既有铁路测量，应用遥感技术在较短的时间内使用较少的人力，便可获得详尽、完整、准确和可靠的技术基础资料，所产生的经济、社会效益是传统的测量手段无法达到

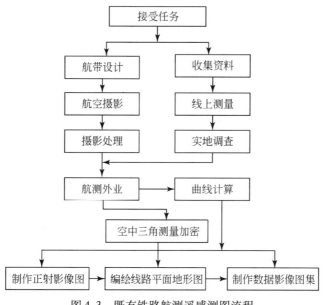

图 4.3　既有铁路航测遥感测图流程

的。例如，用航测方法对铁路沿线进行测量，为铁路土地地籍确权、发证和收费等管理提供准确可靠的资料（陈绍光和张忠良，2006）。自 1991 年以来，中铁工程设计咨询集团有限公司（原铁道部专业设计院）与哈尔滨铁路局合作开展地籍航测工作，利用分析结果进行地籍 GIS 的开发建设，极大地促进了土地管理的现代化和铁路房地产的开发建设。据统计分析，其费用是地面地籍测量的二分之一，其工效是人工地面测绘的 6 倍，而且得到了大量附属成果。遥感技术的应用是既有铁路测量现代化的有效途径，也是提高既有铁路测量质量、加快测量速度、增加效益的重要措施。

4.6.2　铁路沿线工程地质遥感调查

利用遥感技术对既有铁路不良地质进行大面积调查，查明其类型、产生原因、分布规律及危害程度等，编制各种专题图（包括地貌、岩性、地质构造、水文地质、不良地质、山坡坡度、水系、植被等专题图）有利于建立（特别是变化和更新）既有铁路线灾害工点技术档案，可为既有线管理提供重要资料。此外，遥感为从宏观背景研究地质灾害的形成与地形、岩性、地质构造、水文地质等提供了方便，从而有利于揭示其产生原因和分布规律。运营阶段利用遥感图不但可绘制详细的 DEM，还可进行沿线地质调查，为运营线路建立防灾减灾 GIS 提供资料。运营阶段工程地质遥感的内容包括线路沿线工程地质及重大不良地质灾害地段的判读，通过不良地质的动态变化分析，提出监测及防治措施，为建立防灾减灾 GIS 提供资料。

我国山区铁路所占比重较大，崩塌、泥石流、滑坡等地质病害较为突出。利用遥感技术可查明既有铁路沿线的地层、岩性、构造、不良水文、不良地质等现象的分布及其动态变化。例如，20 世纪 80 年代陇海铁路宝天段和宝成铁路宝略段沿线崩塌、滑坡遥感调查，发现了宝天段崩塌和滑坡 135 处，而原来已掌握资料显示仅 65 处；宝略段趋向稳定的滑坡 76 处，不稳定的有 107 处，新生的有 3 处（方利和车晓明，2006）。同时期成昆铁路沙湾至泸沽段泥石流普查，摸清了该段泥石流分布情况，并利用动态遥感数据获得了泥石流动态变化信息，为预测泥石流发展提供了依据（潘仲仁和曹林英，2006）。近些年，应用遥感技术在石太铁路、丰沙铁路等建立了地质病害信息管理系统，使铁路地质病害防治更上了一个新台阶。根据既有线航测（铁路复测）和遥感地质病害调查成果，可以科学地进行各种铁路地质灾害、水害的防治规划，制定铁路病害的抢险预案，保障铁路行车安全。在自然灾害或行车事故发生后，现场的地形、地貌、地物和线路设备往往会遭到不同程度的破坏，遥感影像数据可为抢修、救援和彻底全面的修复提供准确可靠的基础资料，节约时间，保证抢修救援工程的质量。

4.6.3　铁路路基沉降变形分析

高原冻土区路基稳定性是关系到铁路线路能否长期安全运营的基础和关键。在全球气候变暖和极端异常天气频发的背景下，高原多年冻土区路基的长期稳定性面临着考验和挑战。由于路基稳定性状况最直接的工程表现和标志是路基变形，因此，作为判断和分析多年冻土区路基稳定性最为直接的手段——路基变形分析，对保障高原多年冻土区线路路基工程安全和长期运营具有重要的意义。以青藏铁路为例，多年冻土区路基稳定性是青藏铁路工程建设、运营、维护管理面临的最大难题之一。至今，一些科技工作者进行了大量冻土路基变形现场监测试验、变形特征分析和变形机理分析等科学研究工作。当前，冻土区的路基变形监测基本都采用人工地面测量。在青藏高原特殊的自然地理环境下，地面工作极其困难，人工地面现场测量工作难度之高和工作量之大，可想而知。由于当前路基变形难以实现自动监测，因此，迫切需要研究和发展适合高原严酷自然条件、减轻现场人工测量劳苦的路基沉降变形监测方法和监测手段。但因受限于高原冻土区特殊环境和科学技术水平，至今仍鲜有进展。

青藏高原多年冻土区，基本上呈连续或大片分布，且大都是开阔平坦地形，腹部地带辽阔，地表岩土体基本裸露，缺少多年生植被，亦无乔木、灌木生长。地表景观单调，人迹罕至。这种独特的自然环境条件为遥感技术应用提供了契机。人工地面水准测量或者通过长期 GPS 观测进行冻土路基变形监测分析，由于条件限制，监测点布设只能是若干有限的离散点或线。以一景典型的 ERS SAR 影像（覆盖范围为 100km×100km）为例，若全部用 GPS 观测，大约需 $2.5×10^7$ 台接收机，这是极不经济也是不现实的。而且在该区开展地面工作十分困难，无法获取整个区域的路基地表沉降变形信息。而卫星雷达遥感影像可覆盖全球任何区域或地点，这与地面水准测量或 GPS 测量仅仅局限于有限数目的离散点或小区域是完全不同的。在精度上，GPS 在监测垂直位移分量方面精度相对较低，而 D-InSAR 却可与地面水准测量精度相当。

在青藏高原这种特殊的自然地理条件下，采用卫星 D-InSAR 进行路基变形分析，对提高监测效率、减少费用和地面人工测量工作量起到明显的积极作用。特别是雷达卫星，不仅可提供长时间序列的 SAR 影像数据，且具有快速、主动、廉价的优势。

如图 4.4 所示为采用获取于 2003~2007 年期间北麓河试验区的 ENVISAT-ASAR 数据进行差分干涉测量的初步分析结果。对比分析试验区青藏铁路片石路基与铁路桥梁的沉降变形曲线，结果表明，青藏铁路桥梁比青藏铁路片石路基的形变量小（谢酬，2008；谭衢霖等，2010）。

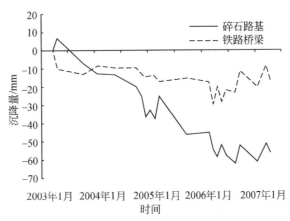

图 4.4　基于卫星差分干涉测量结果的青藏铁路路基变形沉降曲线

D-InSAR 测量所得图像是连续的，由此得到的地表形变图可连续覆盖研究区，这对把握大范围地表形变的时空变化特征及发展规律，从而进行模拟预测分析和沉降变形灾害范围评估有重要作用。此外，还可监测或识别潜在或未知的地面形变信息，获取大范围区域的地面沉降趋势信息，从而为地面水准测量、GPS 测量等现场实测手段的布设监测提供指导。

当前，国际上越来越多的商业雷达卫星可获取干涉数据，为高原多年冻土区路基变形研究提供了有利条件。随着我国将自主发射雷达卫星获取干涉数据提上议事日程，结合该技术从空间全局和地面局部现场监测冻土路基地表形变，有望建立起自动化程度高、地面现场测量，使养护工作大大减少，甚至不需要进行地面现场测量工作的"冻土区路基变形长期监测与分析系统"。

4.7　数字铁路建设

"数字铁路"是基于运输系统、GPS、遥感及空间数据库、信息技术的铁路综合信息系统。打造"数字铁路"，将会为铁路运输安全提供更有效的保障，并大幅度提高铁路运输生产效率，最终为客户提供更加优质和数字化服务。其建设目标就是建立铁路信息化服务共享体系，实现铁路基础信息共享，全面提高铁路资源管理、利用效率和服务质量。数字铁路的建设需要大量准确的地理空间信息。遥感具有快速、经济、高效获取地理空间信息的优势，是铁路信息化建设的基础，不仅可迅速建立完整的信息服务系统，而且可长期进行维护更新，促进铁路信息化建设的持续发展。哈尔滨铁路局、南昌铁路局、北京铁路局和郑州铁路局等分别根据各自信息化管理要求，建立了基于铁路工务或铁路用地管理的、以既有线航测（铁路复测）及遥感地质病害调查为主的 GIS（刘志荣，2001）。目前，铁路数字化建设主要表现在以运营管理为主和以沿线地质灾害调查为主的铁路地质灾害信息系统的开发，以及铁路遥感图像自动判读与专家系统的构建。

4.7.1　3S 技术与数字铁路建设

将遥感、GIS 和 GPS 集成应用于线路运营管理中，可实时监控车辆的运行状态，确保运行安全，使铁路运输部门的管理人员足不出户，就可以对目前的铁路线路上运行的列车情况了如指掌。这对实现铁路运输管理自动化，减少运输服务时间，提高铁路运输整体效益，具有重要的意义。如通过 GIS 技术可快速获得铁路沿途的电子地图，将铁路各段区域图储存起来，其精度、信息量远高于印刷的纸质铁路交通图。加之 GPS 技术的运用，列车所在位置、行驶方向、速度等信息就能随时显示在电子地图上。由于铁路建设和铁路交通状况是不断变化的，即使将 GIS 和 GPS 结合，仍不能及时反映这些变化；而加上遥感技术的支持，就可以及时发现铁路的变化，并在电子地图平台上及时修改、更新。遥感是 GIS 重要的数据获取与数据更新的手段，同样 GIS 也为遥感中的数据处理提供辅助信息，用于语义和非语义信息的自动提取。

目前，我国相关铁路部门已将 3S 技术结合应用于铁路维护和管理。例如，北京铁路局工务地理信息系统，利用航空遥感像片作为地图，采用 MicroStation GeoGraphics GIS 平台和 DB2 大型数据库对铁路地形图、纵断面图、配线图、病害工点、各线路表进行查询、分析、管理。再如，青藏铁路公司为给青藏铁路工程设计、施工和养护管理提供科学依据，建立了"数字路基"和"仿真平台"。"数字路基"可以验证和分析青藏铁路工程设计和结构措施的合理性，并用于反馈设计；"仿真平台"是通过集成和创新建立的"青藏铁路地理信息"信息平台，包括信息查询、空间分析、辅助工程设计、与工程有关的专业数据库、GIS 和计算机辅助设计的集成等，为青藏铁路建设提供共享数据库资源和支持。

将 3S 技术有效结合在我国铁路建设中，具有广阔的应用前景。遥感技术为空间数据框架的数据采集和更新提供了必要的数据源；数字摄影测量技术是快速生产和更新数字空间数据的必要手段；GIS 为海量空间数据存储、管理、分析和应用提供了强有力的技术手段；GPS 的发展和应用大大加快了数据采集进程。另外，将遥感与虚拟现实技术相结合，生成铁路沿线和各站点的 DEM，以及利用遥感技术获得的地表、地物等属性信息，结合虚拟现实技术创建智能化铁路管理和信息服务系统，将采集到的各种信息（如地质信息、位置情况、站点服务设施、各地方的景点介绍等）通过计算机为公众提供形象、生动的服务，也是铁路管理和服务发展趋势之一（谭衢霖等，2007）。

4.7.2　既有铁路地质灾害信息系统

既有铁路地质灾害信息系统（railway geological hazard information system，RGHIS）的建立，不仅可使铁路地质灾害管理步入更为科学系统的轨道，还可为铁路地质灾害的防治提供决策支持，为突发灾害的抢险提供快速反应能力。RGHIS 的建立改变了传统的铁路地质灾害的管理与防治模式，可以快速便捷地以多种方式录入灾害与地理环境数据，以更为有效的数据组织形式进行数据库管理、更新和维护，地质灾害的快速查询检索，灾害要素空间指标的量算和多综合分析，并以多种方式输出灾害管理和防治所需要的地理空间信息，明显地提高了灾害防治工作的效率和科学性。20 世纪 90 年代以来，3S 技术的发展为铁路地质灾害的监测和防治开辟了新的前景。以 3S 为手段建立地质灾害信息系统，具有重要的作用与意义。通过以遥感技术为先导的综合勘测，可随时获取铁路沿线地形地貌、地层（岩层）、构造、地质灾害、植被、人类活动及环境变化等情况，还可提供 DTM 及各种比例尺地形图、透视图、各种地质专题图、各种统计数字等资料。这样，可对铁路沿线地质灾害的类别、规模、分布情况、危害程度、灾害发生时间的预测、监测、整治、救灾抢修部署等提供依据。

既有铁路地质灾害信息系统主要包括地质灾害遥感分析与制图、综合数据库与地质灾害分析模型三部分。地质灾害遥感分析与制图是利用遥感技术实现地质灾害的判读分析或自动提取与灾害制图。综合数据库是灾害信息系统的核心，为其提供基础数据。为满足数据库对数据的代表性、权威性和现势性的要求，除搜集分析铁路工务部门的病害台账和地质灾害研究资料外，还须对铁路沿线地质灾害进行全面的遥感普查，为建立灾害信息系统提供基础数据。地质灾害分析模型实现对灾害的风险评价、预警等功能。

RGHIS的建立改变了传统的铁路地质灾害的管理与防治模式，可以快速便捷地以多种方式录入灾害与地理环境数据，以更为有效的数据组织形式进行数据库管理、更新和维护，地质灾害的快速查询检索、灾害要素空间指标的量算和综合分析，并以多种方式输出灾害管理和防治所需要的地理空间信息，明显地提高了灾害防治工作的效率和科学性。例如，陇海铁路宝鸡—天水段的铁路地质灾害信息系统以陇海铁路宝鸡—天水段为研究区，以铁路地质灾害信息、地理基础信息和工务工程信息为基本数据源，将全线各种地质灾害数据以及与灾害相关的工程、地形、水系、岩性、地质构造、地震烈度、植被等要素，按全线和工点两级系统建立图形、图像和属性库，并进一步建立灾害空间数据库和数据库管理系统，主要是结合铁路工务管理和灾害防治工程技术人员的要求，开发设计灾害分析模型和用户界面，形成一个实用的灾害信息系统（吴为禄等，2006），如图4.5所示。

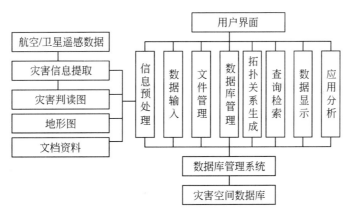

图4.5 铁路地质灾害信息系统结构图实例

已有研究表明：对全国铁路地质灾害严重的线、段先期进行灾害遥感普查，而后建立灾害信息系统，是切实可行的，符合铁路工务管理现代化的实际需求。灾害信息系统充分利用遥感、GIS及计算机技术，以综合数据库（图形、图像和属性）为核心，集灾害的管理、勘察、计算机制图和灾害防治CAD技术于一体，可为铁路灾害的防治和管理开创一条新途径。同时，还可为灾害的预测、预报和抢险提供信息综合处理和发布手段。

4.7.3 铁路遥感图像自动判读与专家系统

传统的目视解译（也称判读或判释）卫星遥感图像或航空影像以获取地表专题信息，

需要判读者具有丰富的地学知识和判读经验，时间长，劳动强度大，结果因人而异。遥感图像自动判读与专家系统均是模式识别与人工智能技术相结合的产物，是采用模式识别方法获取地物多种特征，为判读遥感图像提供证据；同时应用人工智能技术，基于遥感图像判读专家的经验和方法，模拟目视判读思维过程，进行遥感图像判读。因此，遥感图像自动判读是由计算机自动完成对图像的判读，一般采用分类识别的方法，如监督与非监督分类；遥感图像专家系统起到判读专家的作用，可实现遥感图像智能化判读和信息获取，逐步实现图像理解。

遥感图像自动判读与专家系统在铁路选线与沿线灾害调查中都能发挥很好的作用。遥感图像判读专家系统既需要对遥感图像进行处理、分类和特征提取，又需要从遥感图像判读专家那里获取判读知识，构成图像判读知识库，在知识的引导下，由计算机完成遥感图像判读。通常主要包括图像处理与特征提取子系统、判读知识获取子系统和专家系统三大功能组成部分。

（1）图像处理与特征提取子系统。包括大气校正、几何精校正和正射校正、滤波、增强等遥感图像处理功能，以及通过区域分割和边界跟踪抽取目标地物形状与空间关系特征功能。目标地物的位置数据和属性特征数据，通过系统接口存储在判读专家系统的数据库中。

（2）判读知识获取系统。主要完成获取遥感图像判读专家知识的工作，具有增加遥感判读新知识、修改原有知识或补充新知识，根据判读结果自动总结经验、修改错误知识，增加新的判读知识三个层次的功能。专家知识首先需要进行形式化表示，完整性和一致性检查后，通过系统接口存储在知识库中。

（3）专家系统。狭义的遥感图像判读专家系统，包括遥感图像数据库和数据管理模块、判读知识库和管理模块、推理机和解释器等。

铁路遥感图像自动判读与专家系统的应用主要包括铁路工程地质环境（如断裂、地质体）及地质灾害等的判读分析。我国铁道部专业设计院、北京交通大学、西南交通大学等对遥感图像判读与专家系统进行了多年研究和应用探索。如北京交通大学以专家系统为引导，利用现代计算机技术和人工智能技术，在吸取遥感地质专家对断裂构造影像判读的实践经验并将其条理化的基础上，与图像处理和模式识别技术相结合，采用人机交互方式和自动识别模块相结合的方法，建立断裂构造半自动判读专家系统，采用交互式的方法自动提取断裂信息（杨松林等，2006）。此外，还研制了对滑坡进行识别和分类的"滑坡识别与分类专家系统"（LIC）。即将地质专家在滑坡识别及分类方面的经验、知识存储于知识库中，利用模糊推理过程替代传统的隶属函数表述因素之间关系的方法，完成对滑坡的识别和分类工作。

4.8 小 结

本章概述了包括铁路勘测遥感图像判读、铁路工程地质雷达、铁路线路勘测、铁路隧道勘测、铁路线路水文调查与桥梁选址、铁路线路运营管理、数字铁路建设等遥感应用模式、应用程序与方法以及应用情况。详细介绍了利用航测或卫星立体测图手段测绘地形图，以满足铁路工程建设各阶段及运营管理所需地形资料，获取地貌、地层（岩性）、地质构造、水文地质、不良地质等信息，以及利用光学遥感影像进行铁路工程地质遥感调查，特别是雷达遥感技术应用与雷达干涉测量的技术方法。介绍了铁路线路地质勘测、隧道地质勘测、桥梁水文调查和选址，线路运营管理中沿线灾害调查、路基形变监测分析中的遥感技术方法，以及数字化铁路建设中的遥感应用等。

参 考 文 献

曹成度.2006.卫星遥感影像在铁路选线中的应用.铁道勘察，(6)：23～25

陈绍光，张忠良.2006.航测技术在既有铁路测量中的应用.铁道工程学报，(S1)：175～180

陈绍光.1995.摄影测量与遥感在铁道工程中的应用.北京：测绘出版社

方利，车晓明.2006.宝天铁路增建二线滑坡与崩塌调查中的遥感技术应用.铁道工程学报，(S1)：243～247

郭华东，邵芸，王长林，等.2000.雷达对地观测理论与应用.北京：科学出版社

胡清波.2006.遥感技术在铁路隧道弃碴场地调查中的应用.铁道工程学报，(S1)：233～236

李德仁，廖明生，王艳.2004.永久散射体雷达干涉测量技术.武汉大学学报（信息科学版），(8)：664～668

李寿兵.2005.航测遥感技术在运营铁路管理上的应用.铁道勘察，(3)：1～3

刘志荣.2001.北京铁路局工务地理信息管理系统的开发和应用.铁路航测，(2)：13～15

吕希奎.2008.基于遥感信息的选线系统地理环境建模方法及应用研究.西南交通大学博士学位论文

马相三.2006.铁路新线建设前期工作中的航测遥感技术.铁道工程学报，(S1)：62～67

潘仲仁.曹林英.2006.遥感技术在成昆铁路泥石流沟调查中的应用.铁道工程学报，(S1)：237～242

任敬善.2006.遥感技术在水文调查中的应用.中国铁路航测遥感50年（铁道工程学报增刊）：196～201

谭衢霖，魏庆朝，杨松林.2010.卫星遥测高原冻土路基沉降变形研究初探.铁道工程学报，27(1)：4～9

谭衢霖，魏庆朝，杨松林，等.2009.铁路工程地质遥感雷达图像应用分析.铁道工程学报，26(1)：17～22

谭衢霖，杨松林，魏庆朝.2008.合成孔径雷达干涉测量技术及铁路工程应用分析.铁道工程学报，25(1)：11～16

谭衢霖，沈伟，杨松林，等.2007.摄影测量与遥感在我国铁路建设中的应用综述，铁道工程学报，24(1)：13～19

王英武，朱觉先.2006.京九铁路地质调查中遥感技术的应用.铁道工程学报，(S1)：193～195

吴为禄，李光伟，胡清波.2006.既有铁路地质灾害信息系统研究.铁道工程学报，(S1)：248～251

谢酬.2008.基于永久散射体的青藏高原冻土形变研究.中国科学院遥感应用研究所博士学位论文

杨松林，谭衢霖，吴景坤，等.2006.遥感图像自动判释与专家系统.铁道工程学报增刊（中国铁路航测遥感50年），12：252～257

张项铎.2006.遥感技术在铁路长大隧道地质综合勘探中的应用.铁道工程学报，(S1)：208～213

张占忠.2005.遥感技术在铁路勘察选线中的应用.铁道勘察，(1)：44～47

甄春相.2006.铁路勘察中遥感技术的应用.铁道工程学报，(S1)：181～183

朱觉先，王英武.2006.遥感技术在大瑶山长大隧道勘察中的应用.铁道工程学报，(S1)：202～207

朱全宝，李光耀，曾洪贤.2006.遥感技术在芜湖长江大桥桥位选址中的应用.铁道工程学报，(S1)：219～222

卓宝熙.2002.工程地质遥感判释与应用.北京：中国铁道出版社

卓宝熙.2004.隧道富水程度遥感定量判释评估方法的探讨.工程勘察，6：12～15

卓宝熙.2005.遥感技术在工程建设中的实践与认识.北京：中国铁道出版社

卓宝熙.2006.南昆铁路施工阶段遥感工程地质调查的应用.铁道工程学报，(S1)：227～232

卓宝熙.2007.铁路工程勘测技术的回顾、现状与展望.铁道工程学报，(1)：6～12

Bert M. Kampe S. 2006. Radar interferometry：Persistent Scatterer Technique. Berlin：Springer

Ferretti A, Prati C, Rocca F. 2001. Permanent Scatteres in SAR Interferometry. IEEE Trans. Geosci. Remote Sensing, 39 (1): 8～20

Ramon F H. 2002. Radar interferometry: data interpretation and error analysis. Dodrecht: Kluwer Academic Publishers

Tan Q L, Xie C. 2012. Preliminary Result of Permafrost Roadbed Settlement Measurement Using Satellite D-InSAR Technology. Applied Mechanics and Materials, 105～107: 1912～1915

第5章 水路交通遥感应用

水路交通（又称"航运交通"、"水上交通"）运输是利用船舶、排筏和其他浮运工具，在江、河、湖泊、人工水道以及海洋上运送旅客和货物的一种运输方式，包括内河运输和海洋运输。其历史悠久，素有交通运输"祖先"之称。在18世纪交通运输业生产中占主要地位。水路交通运输（简称"水运"）具有投资少、成本低、货运量大、占地少等优点，通用性好，可作为大型、笨重和大宗长途货运的主要承担者。当前，综合运输已成为世界交通运输发展的大趋势，现代化综合运输网的建设，为充分发挥水运优势创造了条件[①]。海洋运输是各国对外贸易的主要运输方式，占国际贸易总运量的三分之二以上。我国绝大部分进出口货物都是以海运形式运输的。海运的结构模式是"港口—航线—港口"，通过国际航线和大洋航线联接世界各地的港口，形成运输网络，对区域经济的全球化和全球范围内的经济联系发挥着极其重要的作用。长期以来，世界海运市场一直被少数发达国家和传统海运大国所垄断。截至1992年，以美国为首的海运国家（还包括日本、挪威、希腊、俄罗斯和意大利等）仍掌有世界商船吨位的60%以上。但近年来，世界海运开始由发达海运国家向新兴工业化国家和发展中国家转移，如中国、韩国、新加坡等都在大力扩大港口规模、积极建设和发展水运，努力打破发达国家对国际海运市场的垄断。

水路交通是我国交通体系的重要组成部分，与公路、铁路、民航和管道等交通运输方式共同组成了国民经济大动脉。近年来，我国航道、港口设施建设取得了显著成绩，水运货运量持续增长，运输船舶大型化、标准化趋势明显，水运市场日趋活跃，水运进入了快速发展的较好时期。据统计，2005年，我国仅内河航道通航里程12.3万km，其中可通航千吨级船舶的三级及以上航道8631km；内河港口1300多个。2010年底，全国内河航道通航里程12.42万km，枢纽4177处，港口吞吐量连续6年保持世界第一（交通运输部综合规划司，2011）。经过多年建设与发展，长江干线已成为世界上水运最为繁忙且运量最大的河流；西江航运干线已成为沟通西南与粤港澳地区的重要纽带；京杭运河已成为我国"北煤南运"的水上运输大动脉；长江三角洲、珠江三角洲航道网已成为区域综合运输体系的重要组成部分。随着我国对外经济贸易发展和进出口规模迅速扩大，水运需求不断增加，水运货物周转量占全社会货物周转量的比重快速上升。

对水路交通而言，当前信息技术比以往任何时候都更具重要意义。遥感技术作为一门新兴的综合性高新技术，以信息宏观、准确、系统和实时等特点，在水路交通各种应用中发挥着越来越重要的作用。在水路交通规划、建设与管理中，遥感为港口规划、水路交通参数检测与水上交通量监测提供了先进的手段；在水运环境监测方面，水体质量监测及水下地形的信息提取方法已经比较成熟；在港口规划中，用于近岸泥沙输运与海床滩槽稳定性分析，具有事半功倍的效果。同时，遥感数据获取优势也为数字航道的建设提供了数据基础。

---

① 中华人民共和国交通运输部. 2011. 公路水路交通运输节能减排"十二五"规划

5.1 水上交通要素遥感信息提取

水上交通实况调查分析是进行水上交通安全、水上交通运输规划等相关研究以及实施管理对策的基础，是水上交通信息化建设的重要组成部分。对沿海及内河水域实施全面、翔实的水上交通实况调查与分析十分必要。近年来，伴随我国经济的快速发展和船舶数量的剧增，沿岸水域的通航环境发生了很大的变化。但目前对于水上交通实况基本数据的了解和掌握还不够全面和翔实，这将影响我国在水上安全、防止船只所造成的海洋环境污染，以及水路交通运输规划等方面决策的科学性和合理性。

遥感为水上交通监测提供了一种大范围、远距离、周期性的监测手段，与其他观测手段互相补充，可以提供更为丰富的信息。水上交通要素遥感监测涉及港口检测、航道边缘检测以及舰船监测技术。

5.1.1 港 口 检 测

港口是重要的军事和民用建筑，是遥感图像海洋应用研究的重要方面，准确、高效地在遥感图像中自动提取港口目标，对军事战斗和航运服务具有重要的现实意义和迫切的实际需求，这也是目前模式识别和图像处理领域的研究热点之一。而且，检测港口对于进一步发现舰船、油库等目标具有重要的提示作用。

人们从图像中目视判断港口容易，但如何利用港口先验信息建立港口模型、自动检测识别港口目标，却是一个难度极大的课题。完整的港口目标识别，包含海陆分割、海岸线的提取和轮廓线的识别，需要综合应用图像处理、模式识别、人工智能等技术。

通过对大量实际图像的分析，发现由于港口与其他陆地的灰度和纹理有非常相似的特征而难以区分，但是它的形状特征与其他陆地有较大的差异。然而，港口有多种类别和形状，很难用统一的几何模型来描述其形状（吴建华，2005）。同时，其所处背景也很复杂，不同图像的海洋、陆地分布情况可能会有不同。另外，在海岸线上也会有突出的（如半岛）、内陷的（如河口）复杂地形，有些与港口的结构类似。复杂的地貌地形会给港口检测识别造成极大的困难（朱兵等，2006）。由于港口目标的多态性及背景的复杂性，目前还没有通用的港口检测方法，其快速有效的检测识别一直是遥感图像分析中一个重要且具有挑战性的课题（周拥军等，2008）。

目前有通过检测港口码头、检验港口岸线封闭性（Zhu et al.，2006；张志龙，2005）、检测港口防波堤（魏军伟，2007）三种思路来定位港口。其中，检测港口码头又可分为基于直线的港口检测（Mandal et al.，1996；杨耘等，2005；赵波，2004）、基于轮廓差分链码的港口检测基元（Li and Peng，2001）和基于角点的港口检测等方法（侯彪等，2002）。基于直线的港口检测方法可检测脉冲型港口码头，检测速度较快，但只能提取码头，而无法标识出整个港口目标。基于轮廓差分链码港口基元检测方法可检测人工/天然港口，通用性较好，但不能单独检测码头，检测速度慢，可能将自然地形作为港口，如无码头等设施的一段海岸会被误认为是港口。基于角点港口检测方法是利用防波堤的形状特征和相互位置关系进行港口识别。

另外，发展了基于模型的港口检测方法，即通过深入研究港口目标配置，建立港口模型和港口先验知识库，在此基础上提出基于模型的遥感图像港口检测方法。进一步，为解决获取的港口目标范围偏大的问题，通过定义港口目标的主轴，并通过主轴获得港口目标的外接矩形，从而更准确地定位港口。检测到的港口具有目标完整、定位准确及更好的通用性等特点（陈琪等，2010），如图5.1和图5.2所示。两图中，灰色框为基于模型的遥感图像港口检测结果；白色框为通过港口目标的外接矩形准确定位的港口目标。

图5.1　SAR图像港口检测　　　　　图5.2　光学图像港口检测

5.1.2　航道边缘检测

航道边缘信息是航道地理信息的重要组成部分，对于航道信息化管理有着重要的意义，准确高效的获取航道边缘信息对于航道GIS系统的高效运行非常重要。传统的航道边缘数据获取往往采用人工测量方法，不但需要耗费大量人力与物力，还要花费很长时间，限制了航道GIS系统中边缘信息的及时更新，难以满足航道GIS系统对航道边缘信息的需求。遥感与图像处理技术的发展，使得从卫星遥感图像中快速获取航道边缘信息成为可能。

基于遥感的传统边缘检测方法，主要利用边缘的一阶和二阶导数表现出来的特性，通过模板与图像卷积的方式来获取图像的边缘，常用的有Sobel算子、Canny算子等，然后根据边缘轮廓特点去除杂散的冗余边缘，并进行边缘的修补。

但采用Sobel算子检测到的边缘较粗，精确度不够，除了航道边缘信息之外，很多不需要的边缘信息也被提取出来。由于航道轮廓没有特定的形状，很难去除这些不必要的信息，不利于航道边缘信息的获取。

Snake模型可很好地解决该问题。它将航道边缘提取问题视为提取河流轮廓的过程，首先利用区域生长算法获得Snake模型的初始化轮廓，然后通过具有方向外力的Snake模型迭代演化，最后提取出航道的边缘信息（习景，2006）。从图5.3中可看出，算法检测到的航道边缘很好地逼近了目标结构，边缘提取精确度较高。

通过遥感图像处理提取航道边缘，能快速准确地为数字航道系统提供最新航道边缘信息，实现航道的动态管理。通过对不同时段的遥感图像提取的航道边界信息利用GIS进行对比分析研究，可为水利、环保以及航运的规划、建设和管理提供决策依据。

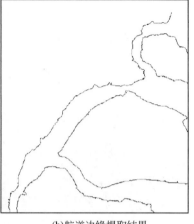

(a)遥感图像   (b)航道边缘提取结果

图5.3 遥感提取航道边缘（据习景，2006）

5.1.3 舰船监测

目前使用的舰船监测手段，如港埠船舶追踪管理系统（vessel traffic system，VTS）、自动识别系统（automatic identification system，AIS）等，均受到了监测距离限制，无法实现对水域全部船舶的监测、调查和分析。为全面了解水域的船舶交通状况，提高交通安全规划、管理等决策的科学性，保证海上交通安全，结合遥感、GIS 与 GPS 等新技术建立船舶监测系统非常必要（孔繁弘，2009）。

遥感技术对舰船监测具有重要意义。舰船监测是各海岸地带国家的传统任务，利用卫星对重点海域和重要港口进行监控，可大大提高海防预警以及海运监测管理、调度的能力。可以实现全面调查、搜集海上交通实况的基本数据信息，并在此基础上对其进行分析，了解和把握海上交通的现状、特征与规律。通过调查可以发现妨碍海上交通安全和效率的因素，寻求改善海上交通的办法和措施，积累预报未来海上交通状况的资料和数据，为建立交通流理论模型提供基础资料。

SAR 成像有着全天时、全天候、远距离、大范围、多参数等优点，是目前欧美发达国家进行船舶监测、船舶信息获取的最有效的手段之一。利用 SAR 图像进行舰船检测的研究和技术开发，在海洋遥感领域获得了高度重视。例如，加拿大 OMW 系统对 RadarSAT 图像（也可对 ERS 或其他 SAR 数据）进行近实时处理，就可输出关于船只可能位置和大小估计的报告。如果船只存在尾迹，对尾迹分析后可得到船只的航行方向和速度。

随着 IKONOS、QuickBird 等高空间分辨率遥感卫星的成功发射，基于高分辨率光学遥感影像的信息提取与目标识别逐渐成为新的研究热点。遥感影像中的海上舰船目标的背景基本上是以海面为主的自然背景，与舰船目标在灰度、纹理等特征上差别比较明显，因此基于自适应阈值、几何模型等的算法均取得了较好的识别效果，详见第 2 章。

舰船目标检测完成后，可对检测结果进行统计分析，实现感兴趣区域某时间段船舶交通量显示分析、船舶密度统计分析及船舶统计，从而可了解区域的船舶大小分布及密度等交通量。船舶密度分析统计是对一定的海域范围内的船舶，按其密度情况（每平方海里的船舶数）进行统计分析；对给定海域范围以及一定时间内的船舶按大小统计分析，如可以将船舶大小分为<50m、50～100m、100～200m、200～300m、>300m几个类别（孔繁弘，2009），以不同符号在海图背景上显示水上交通量。

通过遥感获取交通实况的基本信息，可以发现妨碍水上交通安全和效率的因素，寻求改善水上交通的办法和措施，积累预报未来水上交通状况的资料和数据，为建立水上交通流理论模型等提供基础资料。

5.2 航道环境遥感监测

环境保护关系着人民身体健康和生活质量，是国民经济可持续发展的重要保障之一。自1973年第一次全国环境保护工作会议起，交通水运的环境保护经历了20世纪70年代的起步阶段、90年代的成长壮大阶段、21世纪以来的快速发展阶段（杨雪峰和周富春，2008）。20世纪70年代初，我国海湾污染明显加剧，保护海洋环境、防治油污染刻不容缓。交通部水运科学研究所筹建成立了海域防污染研究组，开始启动我国水运环保科研工作，为港口和船舶污染物处理、溢油应急清污设备工程技术与规程、相关环境标准等科研项目的立项、实施和成果推广应用等提供科学技术支持。

河口海岸区域地形复杂，岸线曲折，水下浅滩与深槽交错。河口水流由潮流、径流、沿岸流以及波浪流等流动合成，变化多端。受其影响，泥沙在河口区处于悬浮、搬运、沉降与再悬浮的永恒运动之中。因此，河口海岸地形也处于变化之中。要定期对港池和深水航道进行监测和维护，以保证港口航道的正常使用。

传统监测方法是采用大规模水文同步调查和地形测量来获取基本的水文、泥沙和地形资料，不仅费时费力且成本高，获得的资料是离散数据，无法得到整个区域同步观测的资料；对特别海况、风况条件下的资料无法测量，对缺损的历史资料也无法弥补（陈一梅和张东生，2001）。卫星遥感技术可大范围、快速、同步、周期性地获取河口海岸区水体动态变化资料，20世纪80年代，开始逐渐成为港口、航道工程监测与分析的一种重要的新手段。

5.2.1 航道水环境遥感监测

遥感有利于查明污染物的来源和去向，反映区域或流域污染现状和空间分布特征，为水资源保护和规划及水运环境可持续发展提供动态基础数据和科学决策依据。

水环境遥感监测是以污染水与清洁水的反射光谱特征研究为基础。清洁水体对光有较强的吸收性能，反射率比较低，较强的分子散射性仅存在于光谱区较短的谱段上（周晨，2011）。因此，清洁水体一般在遥感影像上表现为暗色调，而在红外谱段上表现尤为明显（于镇华和黄朔，2008）；污染水体中污染物会增大水体的反射率，使入射进水中的光发生散射和反射，从而使污水在遥感影像上的色调变亮。

在江、河、湖、海各种水体中，污染物种类繁多。为便于利用遥感方法开展研究，习惯上将各种水污染分为悬浮泥沙、富营养化、石油污染、废水污染、热污染和固体漂浮物六种类型，其特征如表5.1所示。

表 5.1　污染水体的遥感影像特征

污染类型	生态环境变化	遥感影像特征
悬浮泥沙	水体浑浊	在彩色红外图像上呈淡蓝、灰白色调，浑浊水流与清水交界处形成羽状水舌
富营养化	浮游生物含量高	在彩色红外图像上呈红褐色或紫红色
石油污染	油膜覆盖水面	在紫外、可见光、近红外、微波图像上呈浅色调，在热红外图像上呈深色调，为不规则斑块状
废水污染	水色水质发生变化	单一性质的工业废水据其所含物质的不同，色调有差异，城市污水及各种混合废水在彩色红外像片上呈黑色
热污染	水温升高	在白天的热红外图像上呈白色或白色羽毛状，也称羽状水流
固体漂浮物		各种图像上均有漂浮物的形态

引自：黄家柱．南京师范大学地理科学学院《遥感地学分析精品课程》教案．http：//kc.njnu.edu.cn/ygdxfx/Main.html

为达到不同的监测目的，水环境遥感对于影像地面分辨率、光谱分辨率及重访周期的需求有所不同。表 5.2 列出了不同污染源遥感监测对遥感数据获取的不同要求。

表 5.2　水环境污染遥感监测对影像数据的要求

监测对象	地面分辨率/m	光谱分辨率/μm	波长范围/nm	重访周期	视场角	摄影范围(km×km)
悬浮泥沙	20 (500)	0.15 (0.15)	350～800，400～700	2h (1d)	0°～+15°(-5°～+30°)	350×100(10×10)
富营养化	100 (2000)	0.05 (0.15)	400～700	2d (14d)	0°～+15°(0°～+30°)	350×350(35×35)
石油污染	10～30(300)	—	紫外、可见光、微波	2～4h (1d)	注意光晕	200×200(20×20)
热污染	30 (500)	温度分辨率±0.2℃ (±1℃)	10～20μm(10～14μm)	2h (10d)	—	35×35(10×10)
固体废物	10 (200)	0.15 (0.15)	350～800，400～700	5h (10d)	0°～+15°(-5°～+30°)	35×35(10×10)
赤潮	30 (2000)	0.015 (0.015)	400～700	5h (2d)	0°～+15°(-5°～+30°)	350×350(20×100)

注：表内数字是指理想值，括号内的数字是最低限度允许值。

综合考虑空间、时间、光谱分辨率和数据可获取性，TM 数据是目前水质监测中最有用，也是使用最广泛的多光谱遥感数据。此外，SPOT 卫星的 HRV 数据、IRS-1C 卫星数据和 NOAA AVHRR 数据及中巴资源卫星 CBERS 数据也有一定的应用。MODIS 数据因其一天两次的重访能力，在水质监测中发挥着非常重要的作用，如太湖、巢湖等的水华监测以及 2008 年青岛奥帆赛区的浒苔监测中均广泛应用了 MODIS 的 250m 分辨率数据。

水环境遥感监测的主要内容包括：悬浮泥沙、富营养化、石油污染、废水污染和热污染，其定量监测方法较为成熟。

1. 悬浮泥沙监测

航道治理和维护的核心是泥沙问题。悬浮泥沙的运移特征又是沿海河口形状和演变规律研究的核心，其直接影响到港口环境质量和航道的开发利用。了解悬浮泥沙时空分布规律是开展航道回淤规律研究和指导防灾减淤工作的关键。对悬浮泥沙水体进行遥感定量分析，首先是要掌握悬浮泥沙水体的反射光谱特性，其次要了解大气传输特性。在外界自然光源照射条件下，水体对入射光的反射、衰减、吸收和散射作用，随含沙浓度变化而变化，其反射光谱特性亦有差别（温令平，2001）。

太阳辐射到达水面后，一部分被水面直接反射回空中形成水面反射光，它的强度与水面状况有关，但除非发生镜面反射，一般仅占到入射光的 3.5% 左右。其余光透射进水中，大部分被水体吸收，部分被水体悬浮泥沙和有机生物散射，构成水体散射光，其中返回水面的部分称"后向散射光"；部分透过水层，到达水底再反射，构成水底反射光，这部分光与后向散射光一起组成"水中光"，回到水面再折向空中。所以遥感器接收到的光包括水面反射光和水中光（还包括天空散射光）。

水中悬浮泥沙在可见光遥感影像中能得到很好的反映。一般，清水的反射率在可见光区都很低（仅蓝光波段稍高），且随波长增加而进一步降低，当波长至 0.75μm 以后的红外波段，水体几乎成为了全吸收体。水中悬浮物颗粒会对入射进水里的光发生散射和反射，增大水体的反射率。泥沙含量很高的混浊水体，在可见光波段范围的反射率明显提高，提高的幅度随悬浮泥沙的浓度与粒径的增大而增加。

图 5.4 为不同泥沙含量水样的光谱反射曲线。从曲线中可以看出，随着泥沙含量增高，水体反射率急剧增，其峰值从蓝光移向绿光和黄绿光，最佳透过波段则从 0.50μm 附近向红色区移动（李四海等，2002）。在 0.6~0.7μm 波段，反射率与水体悬浮泥沙含量存在线性关系。因此，0.6~0.7μm 波长范围是定量分析悬浮泥沙的最佳波段之一。

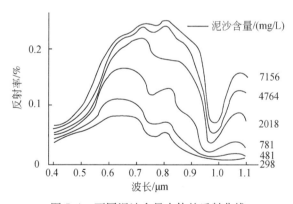

图 5.4　不同泥沙含量水体的反射曲线

基于遥感获取定量的悬浮泥沙时空分布数据，关键在于建立遥感数据和悬浮泥沙含量之间的定量关系模式，即 $S = f(R)$。式中，S 为悬浮泥沙含量；R 为水体反射率（陈一梅和张东生，2001）。一些研究者从水体光学理论和模拟实验两个方面进行探索，建立了一些理论模式；另一些研究者利用遥感数据与地面同步或准同步测量数据，建立经验性相关关系。研究认为，适合我国内陆水体的悬浮物浓度多光谱遥感监测生物光学模型为

$$\frac{R_{rs}(\lambda)}{(1 - r(\theta_v))(1 - r(\theta_s))/1.778 + 2R_{rs}(\lambda)} = \frac{f}{Q} \frac{b'_{bp}(\lambda)C_s}{a_w(\lambda) + b'_{bp}(\lambda)C_s} \quad (5.1)$$

式中，$R_{rs}(\lambda)$ 为遥感反射率；$a_w(\lambda)$ 为纯水吸收系数，b'_{bp} 为悬浮物单位后向散射比例系数，二者为单位固有光学量；θ_v 为观测天顶角，θ_s 为太阳天顶角，二者属于观测几何；f/Q 为光学参数；C_s 为悬浮物浓度。

遥感反射率、单位固有光学量、观测几何、光学参数 f/Q 作为已知量。利用 1 个近红外波段代入方程（5.1）计算悬浮物浓度（C_s），如下式所示：

$$C_s = \frac{r_{rs}(\lambda)}{\frac{f}{Q} - r_{rs}(\lambda)} \frac{a_w(\lambda)}{b'_{bp}(\lambda)} \quad (5.2)$$

其中，$r_{rs}(\lambda) = \dfrac{R_{rs}(\lambda)}{(1 - r(\theta_v))(1 - r(\theta_s))/1.778 + 2R_{rs}(\lambda)}$

彩图 5.1 是利用 MODIS 数据反演得到的太湖水体悬浮泥沙浓度分布图（国家环境保护部卫星遥感重点实验室，2008）。

利用卫星遥感开展悬浮泥沙遥感及相应的定量反演算法研究，在我国已取得一些成果，如恽才兴等（1995）提出了几种悬浮泥沙定量分析的经验和半经验模式，"七五"期间分别对黄河口和长江口提出对数模式、线性分析模式和双比模式等。朱立俊和尤玉明（2000）利用 Landsat MSS 和 NOAA AVHRR 影像资料，对杭州湾悬沙分布与动态变化进行分析；利用多时相 MSS、TM 数据，对辽东湾绥中海岸演变，近岸水体悬沙分布特征和悬沙含量进行准定量分析张东生和张鹰（1991）；利用 TM 影像获得悬沙分布规律和准定量结果，分析河口演变陈一梅和张东生（2001）；对珠江崖门出海航道及鸡啼门出海水道的水沙输移特性进行分析，监测建港后水沙的变化趋势，为高栏港的建设及崖门出海航道整治提供了科学依据。

2. 富营养化监测

水体富营养化监测（eutrophication）是指在人类活动的影响下，氮磷等营养物质大量进入湖泊、河口、海湾等缓流水体，引起藻类及其他浮游生物迅速繁殖，水体溶解氧含量下降，水质恶化，鱼类及其他生物大量死亡的现象。这种现象在河流、湖泊中出现称为藻华，在海洋中出现称为赤潮。富营养化水体兼有水和植物的光谱特征，浮游植物含量越高，光谱曲线与绿色植物的反射光谱越近似，可通过叶绿素浓度来反映水体富营养化的程度（陈楚群等，1996；Gitelson，1993）。本节主要介绍叶绿素浓度与藻华的监测。

1）叶绿素浓度监测

水体中的叶绿素浓度是浮游生物分布的指标，也是衡量水体初级生产力和富营养化作用的最基本的指标。

当前对叶绿素的研究，集中在采用卫星遥感、航空遥感和光谱仪遥感等技术对叶绿素 a(chl-a) 的反演。叶绿素 a 对蓝光和红光的吸收作用较强，对绿光的反射作用较强。在 440 nm 和 670 nm 波长附近有吸收谷，在 550 ~ 570 nm 和 681 ~ 715 nm 波长附近有明显的反射峰。在 681 ~ 700 nm 波长处的反射峰通常被认为是荧光效应造成的，是含藻类水体最明显的光谱特征，如图 5.5 所示。图 5.6 反映了航空遥感测得的不同叶绿素浓度的海水的光谱响应差异，当叶绿素浓度增加时，可见光的蓝光部分的光谱反射率明显下降，绿光部分的反射率上升。

利用叶绿素浓度与光谱响应间的这些明显特征，采用不同波段比值法或比值回归法等，以扩大叶绿素吸收（蓝光波段）与叶绿素反射峰（绿光波段）或荧光峰（红光波段）间的差异，提取叶绿素 a 的浓度信息。

水体叶绿素 a 的反演流程为：首先，基于反射率图像，根据区域、季节等选取相应的经验模型；然后，基于模型选择波段；最后，将所选波段数据代入模型进行计算。彩图 5.2 为利用 MODIS 数据反演太湖水体叶绿素 a 浓度结果①。

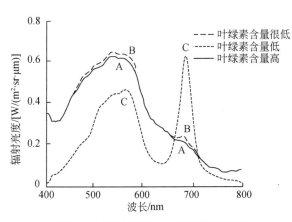 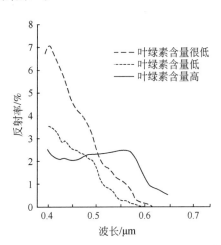

图 5.5　不同叶绿素含量水体光谱曲线　　　图 5.6　航空遥感测定的海水光谱响应曲线

利用遥感手段估算水体叶绿素浓度，国内外学者开展了大量研究，建立了不少遥感数据与不同叶绿素浓度的水体光谱间的数学模型。例如，Thiemann 和 Kaufmann（2000）利用印度 IRS-1C 卫星数据对德国 Mecklenburg 湖叶绿素浓度进行探测，评价其富营养状态；Pulliainen（2001）等认为悬浮物浓度与叶绿素 a 浓度有很大的相关性，先根据悬浮物浓度对监测水体进行分类，再对不同的类别选用合适的算法计算叶绿素 a 的浓度，可提高算法的精度；Dall'Olmo 等（2005）利用高光谱数据模拟了 MODIS 数据的波段设置，分析了其红光到红外波段在定量反演混浊水体叶绿素浓度方面的潜力。国内学者多以太湖作为研究区域（顾亮等，2007）。由于水中叶绿素的光谱信号相对较弱，加上水中悬浮固体含量的影响，目前遥感估算水中叶绿素含量的精度不高，平均相对误差约 20% ~30%。

2）藻华监测

藻华是威胁、危害海洋生态环境和人类健康的一种海洋灾害，还包括淡水水华。随着人类大规模开发利用海洋、河湖资源，海洋、河湖的污染程度日趋严重，导致藻华灾害发生的频率越来越高，规模越来越大，持续时间越来越长。目前我国沿海地区、内陆湖泊的藻华灾害非常严重。沿海地区有害藻华频发，对我国沿海的海洋生态环境造成了严重影响，并导致巨大的直接和间接经济损失，已严重威胁当地经济发展及大众健康与生存环

---

① 国家环境保护部卫星遥感重点实验室．2008．遥感监测简报

境；而以内陆湖泊更为严重，90%以上的内陆湖泊都有不同程度的藻华发生。因而，迫切需要开展藻华的监测预报，以满足海洋、河湖资源开发利用和社会经济发展的需求。

目前，近海藻华的监测方法已从简单的目测报告逐渐发展到具有统一实施细则以及判断和评价标准的规范化监测。

藻华水体光谱反射率曲线，尽管受藻种差别的影响，但均在主要由颗粒散射形成的反射光谱背景上，集中表现为下列两个特征吸收峰和一个特征反射峰（李炎等，2005）：在440nm 附近的吸收峰，藻华水体叶绿素 a 浓度与 440nm 吸收系数呈正相关；在 670nm 附近的吸收峰，与 670nm 吸收系数呈正相关；在 680~740nm 区间的反射峰，与位于683nm 附近的反射峰高度呈正相关，也与 680~740nm 区间的反射峰位置红移呈正相关。鉴于藻华水体光谱反射率曲线的这种特征，可较容易地利用单波段阈值、波段比值、波段差值、植被指数等方法将藻华分布信息提取出来。

对于 2009 年 10 月 24 日~11 月 4 日发生的赤潮，国家环境保护部卫星环境应用中心利用 HJ-1CCD 数据连续对珠江口近岸海域进行监测，结果如彩图 5.3 所示[①]。与赤潮类似，由浒苔形成的绿潮是在特定的环境条件下，因海水中某些大型绿藻浒苔爆发性增殖或高度聚集而引起水体变色的一种有害生态现象。自 2008 年 5 月中下旬开始，大量浒苔从黄海中部海域漂移至青岛附近海域，不但导致青岛至黄岛的航线一度停航，且覆盖到了奥帆赛场部分海面，直接危及 2008 年北京奥运会帆船比赛的训练和正常举办。

2008 年 5 月，正值青岛奥帆赛期间，黄海海域开始暴发浒苔海藻。中国科学院遥感应用研究所利用航空光学/红外/多波段遥感数据、光学/微波卫星遥感数据、浮标/船载实测数据等多种数据源对其进行了监测。以较高时间分辨率的 MODIS 数据为主要数据源，北京一号（BJ-1）小卫星、CEBERS-02 星获取的数据等作为补充。利用浒苔水体在MODIS 图像第二波段（近红外波段）的反射率明显升高的光谱特征，选取第 1 和 2 波段反射率，输入浒苔阈值，得出浒苔分布专题信息及其分布图（彩图 5.4）[②]。并在此基础上统计浒苔发生面积，估算重点影响区域范围。

在云雨天气条件下，可利用微波遥感进行浒苔应急监测，如 RadarSAT-1/2、COSMO-SkyMed 1/2 星等遥感数据。在海面上，SAR 接收信号的强弱主要取决于海面粗糙度。当水中出现浒苔时会明显增加海面的粗糙度，使雷达后向散射强度增大。除后向散射特征外，在雷达遥感图像上，浒苔一般呈较细的条带状分布，这种特殊的几何形态特征也是识别的重要依据。在预处理后的 SAR 图像上，浒苔呈现为亮目标，并且其几何结构特征也明显区别于海面上的其他亮目标，如船只、钻井平台以及云团、风浪等大气海洋现象，检测时应综合考虑浒苔的后向散射特征和形态学特征。但直接检测结果一般会存在虚警，需要综合分析检测到的亮目标后向散射强度、几何形状、空间分布等特征，剔除虚警后，识别出浒苔，再统计分析其范围和空间分布，如彩图 5.5 所示。

在上述基础上还可估算浒苔漂移方向和速度。利用 COSMO-SkyMed 1（2008 年 7 月15 日 17 时 58 分）和 COSMO-SkyMed 2（2008 年 7 月 15 日 18 时 46 分）获取的雷达数据对浒苔进行检测和综合分析，结果如彩图 5.6 所示。在相差不到 50min 的时间里，浒苔在海面上向东北方向飘移，北部海域漂移方向约北偏东 45°，漂移速度约 1.45km/h。由于

---

① 参见：国家环境保护卫星遥感重点实验室工作简报（2009 年）
② 参见：国家环境保护卫星遥感重点实验室工作简报（2008 年）

海面风场是决定浒苔漂移和运动趋势的主要因素，结合微波散射计反演的海面风场资料和前一时相雷达遥感图像得到的监测结果，可实现对浒苔漂移特征和运动趋势的分析和预测。

充分利用微波遥感不受云雨天气影响的特点，利用雷达遥感图像对浒苔进行识别和面积量算，并利用海面风场资料对浒苔的漂移特征和运动趋势进行综合分析和预测，所获得的成果为奥帆赛的顺利进行提供了信息保障。

3）海上溢油监测

海上溢油是造成海洋环境污染的主要因素之一，无论在发生频率、分布广度、还是在危害程度上均居首位。海上溢油是由事故引起的，如轮船的碰撞、翻船、海上油井和输油管道的破裂、海底油田开采泄漏等。随着世界海洋运输业的发展和海上油田不断投入生产，溢油事故不断增加，不仅造成大面积海面石油污染，使海洋、大气自然环境、生态资源受到损害，造成海洋生物的大量死亡，还给海洋经济业带来巨大损失，且严重危害人体健康。因此，开展溢油事故的研究十分迫切（许欢和李适宇，2005）。

溢油对近海海域的污染，已引起各国政府的重视。发达国家投入了大量资金建立探测系统，对近海专属经济区和领海海域进行巡视、监测和管理。在已投入的监测系统中，遥感是最重要和最有效的手段，在溢油发现和应急处理中发挥着越来越重要的作用（李四海，2004）。目前，国际上探测溢油主要使用航天平台和机载平台的微波辐射计、合成孔径雷达（SAR）和侧视雷达（SLAR）、紫外（UV）光学传感器、可见光/近红外光学传感器、荧光传感器等。

近几年，溢油监测的研究大多集中在卫星遥感上，特别是ERS-1，ERS-2，RadarSAT-1和JERS-1雷达卫星受到许多国家的重视。卫星遥感在确定溢油位置和面积等方面能提供整个溢油污染水域宏观的图像，对于慢性泄漏而言，越来越多的海事国家主要利用卫星图像来监视这些污染源（安居白和张永宁，2002）。在广阔海面上风、浪、流的作用下，溢油具有动态特性，航空遥感以部署上的灵活机动性及遥感器的可选择性等优点。在灾难性大量油类泄漏情况下，同时利用卫星遥感和航空遥感跟踪监视溢油的漂移和扩散。

与传统的船舶报告、视觉观察等被动监视方式相比，卫星遥感溢油监测具有主动性强、覆盖面广、价格低廉等优势。其中，雷达卫星能对海面进行全天候的有效监视，可以辅助海事部门在第一时间发现海面油污，迅速界定污染范围，既缩短了应急反应时间，又为海上溢油事故应急处置决策和污染索赔提供了重要依据。这将对保护我国海洋环境，进一步提升溢油事故预控和应急反应水平产生深远影响。迄今为止，国内外利用卫星遥感技术监测海洋溢油已有较多成功的先例（Salisbury et al.，1993；Matthews，2005；郑全安等，1984）。

1969年，美国首次使用机载可见光扫描仪对井喷引起的油污染进行监测，取得了较好的效果。O'Neil等（1983）利用GOES和AVHRR数据探测墨西哥的溢油。Cross等（1992）利用AVHRR数据对不同地区的溢油进行探测。Fingas等（1998）认为，在红外影像上，厚油膜由于吸收太阳辐射多于蒸发而表现为"热"特征，中等厚度的油膜由于蒸发大于吸收而表现为"冷"特征，但薄油膜不能被探测出来；厚度在$50 \sim 150 \mu m$范围内的冷、热油膜之间会发生热量的传递，而油膜最小探测厚度为$20 \sim 70 \mu m$。

我国海上油污染问题由来已久，但"八五"期间才相继开展了卫星遥感油污染监测研究。赵冬至和从丕福（2000）对原油、柴油和润滑油的可见光近红外波段光谱特征曲线进行了对比分析，揭示了油膜随厚度变化的光谱特征、油水反差规律及吸收特征参数等，在可见光波段，随原油油膜厚度增加，反射率呈现下降趋势。张永宁和丁倩针（1999）分析了溢油的波谱特征，提出利用 TM 和 AVHRR 数据监测煤油、轻柴油、润滑油、重柴油和原油的最佳波段组合。2005 年，烟台海事局利用我国风云气象卫星图像和法国 SPOT 卫星图像判读了"12·7"珠江口船舶溢油信息（孙向晖等，2005）。

在雷达遥感海面溢油监测方面，国内外科学家应用 SAR 进行海面溢油检测的研究，取得了显著的成效。早在 1984 年，Kasiscke 等（1984）报道了 SAR 图像可用于检测海面油膜；Barni 等（1995）应用 Seasat 卫星图像检测船舶泄漏油污的研究成果，证实了 SAR 图像用于检测海面油膜的可行性。近几年来，我国国家海洋应用中心利用 SAR 遥感数据已建立针对渤海和南海地区的业务化海上溢油监测系统。

雷达遥感海上溢油监测原理是根据海面存在油膜时会引起海水表面张力减小、阻尼海面短表面波（毛细波和短重力波）对入射电磁波的散射作用，改变海面粗糙度，进而使海水表面的散射特性发生改变。海面油膜对海面毛细波、短重力波的阻尼作用使得其在 SAR 图像上呈低散射区。污染性油膜在雷达图像上呈现为大片的低后向散射区域，或者称为低亮度区域，与海浪形成对比，并具有特殊的边界形态，据此可以利用雷达图像进行油膜检测。海洋溢油应急信息提取技术流程主要包括：自适应阈值分割、聚类分析、基于溢油检测知识库及基础地理空间信息数据库的辅助判别。

中国科学院遥感应用研究所利用 2008 年 8 月 20 日 19 时 14 分意大利 COSMO-SkyMed 1 雷达卫星数据，对 8 月中下旬广西北部湾石油管道破裂泄漏造成涠洲岛周边海域大面积石油污染进行了监测（彩图 5.7）；利用 2010 年 7 月 19 日 17 时 48 分获取的加拿大 RadarSAT-2 图像，对 16 日傍晚大连新港输油管道爆炸引发的附近海域大面积溢油污染事故进行了监测，如彩图 5.8 所示（图中红线标出的区域为油膜污染核心污染区的范围，黄色为污染区）。并测算了污染溢油污染面积，结合当天的微波散射计数据海面风场反演结果判断油污的扩散方向。[①]

4）废水污染监测

在沿河、沿海或港湾的工业区或人口密集区，有大量工业和生活废水排入河道与海洋中。这些废水往往是多排污口、多渠道的，有的还是间断性的。用常规方法对这些污染源及其输移扩散进行整体监测往往有一定困难，而遥感则是一种有效的方法。波谱测定表明：造成水体污染的城市生活废水、工业废水和固体废弃物等，其光谱反射特征有较明显的差异。因此可利用污染水体光谱特征的差异，用遥感手段探测其污染状况，监测其动态变化及其稀释扩散情况。

由于废水的水色与悬浮物性状千差万别，在特征曲线上反射峰的位置和强度也不大一样。一般用多光谱合成图像进行监测。利用 TM 影像可进行水体污染调查，区分出污染程度，为治理污染提供依据。污水排放的控制点，扩散方式、稀释混合等特征也是识别污水的重要标志。污水的排放口一般与污染源（如工厂等）相距不远，或与渠道相通，较其

① 中国科学院遥感应用研究所.2011. 海洋环境与灾害应急天空地遥感综合监测技术系统及应用技术报告

周围污染水体的浓度高。污水扩散特点有以下几种情形：

（1）在静止水体中，图像上显示以排放口为中心，呈半圆或喇叭形向外逐步过渡到周围清洁水体。

（2）在流动水体中，图像上显示的污染区位于排污口下游，且面积不大，这是由于污水在流水作用下迅速扩散的缘故。

（3）在河口地区，由于潮水的周期性涨落，污水的展布形态也会发生变化，特别是当潮水上溯时，排污口与污水连成一片，一旦退潮，就会形成与排污口失去联系的离源污染。

由于排污及废水污染的以上特征，通过遥感图像的适当处理，进行人工判读和目视判读就能得到水体污染的信息。

彩图5.9为2010年10月4日匈牙利铝厂废水泄漏污染河流的遥感图像，图中红色区域为被污染的水体范围。彩图5.10为渤海葫芦岛附近入海排污口遥感监测图像，水体为蓝黑色，从该图像上可以识别排污口，并可以根据不同水体的光谱响应特征，获得废水的污染源类型、污染程度、污染范围等信息。

5）热污染监测

当电力、钢铁、化学等工业中使用的冷却水，超过允许的热水排放标准而排入江河湖海时，会使自然水体的温度上升，引起水体物理、化学和生物过程的变化，这就形成了"热污染"。热污染常使水体中的鱼、虾、蚌、贝类大量死亡。引用热污染的水灌溉农田，会影响农作物的生长。

应用红外扫描仪记录地物的热辐射能量，能真实地反映地物的温度差异，所获取的遥感图像称为"热图像"。在热图像上，热水温度高，发射的能量多，呈浅色调；冷水或冰发射的能量少，呈深色调；热排水口排出的水流，通常呈白色或灰白色羽毛状，称为"热水羽流"（彩图5.11）。羽流的影像，由羽根到羽尖，色调由浅逐渐变深，由羽流的中轴向外，色调也由浅变深。

值得注意的是，有些非热污染水体也可能在热图像上呈浅色调，需根据形状加以区别。热水羽流的形状较明显，呈羽状或流线型絮状，色调最浅的中心区域即为排水口附近地区。而浑浊水体中的悬浮物是良好的热载体，当水体流速极小时，水温不易扩散，使水面呈弥漫的雾状或黑白相间的絮状，混合污水是消色体，吸收太阳辐射的能力强，发射能力也强，呈均匀浅色调。对图像作密度分割，根据少量同步实测水温，可绘出水体等温线。

热红外图像基本上反映了热污染区温度场的特征，利用成熟的温度反演算法，如单通道法、分裂窗法、多角度法等，能达到定量判读的目的（王祥等，2011）。利用TM图像热红外波段对广州大亚湾核电站温排水水域进行水温反演的结果显示，多个时相的TM图像能有效地评价核电站温排水强度、扩散范围和环境影响（吴传庆等，2006）。

5.2.2 航道水深遥感测量

水下地形是港口、航道工程研究、河口演变分析的基本资料，获取水下地形的关键是探测水深。水深是重要的水文要素，水深测量是水利、航运、近海工程、水资源利用、滩涂开发中的一项重要工作。传统的水深测量方法主要是利用测量船上安装的测深设备（以往采用测深杆、测深锤、回声测深仪等，现代主要采用多波束声呐）和定位设备（六分仪、雷达定位仪、GPS 导航仪等）在测深水域作网状布点测量从而得到研究水域的水下地形资料。由于水深信息采集范围广及部分地区环境条件恶劣使野外测量人员难以涉足等的影响，传统的测量方法在资料的同步性、经济性、周期性、灵活性和宏观性等方面存在一定的缺点。

利用遥感快速、大范围、准同步、高分辨率的优势，可进行大范围海域水深测量，结合 GPS 定位技术、海洋测量技术，可以快速、精确地获得水下地形数据（陈一梅和张东生，2001）。通过制作水深图，对江湖海岸进行地形演变分析、水利工程土方计算，对航道开挖、监测与疏浚、滩涂围垦与开发利用提供重要的决策依据（叶明等，2007）。

利用卫星多光谱遥感数据反演水下地形开始于 20 世纪 70 年代。随着对遥感探测水深认识的深入，以及计算机技术、空间遥测技术的发展，水深遥感逐步由定性分析发展为定量计算，算法方面主要有理论解译模型和统计相关模型等形式。其中，以统计相关分析为基础的半经验算法应用较为简便，且在一、二类海水中反演精度较高，成为水深反演的主要算法之一。近年来，多光谱可见光扫描技术的应用和发展、GIS 技术的引进以及与遥感影像处理技术的优化组合，大大提高了遥感水下最大可测深度和精度，同时也使遥感水下地形成图质量较以往有很大提高。水深遥感技术由方法研究逐步向实际应用发展，并已开始在诸多领域发挥作用（张鹰和王义刚，2000）。应用较多的遥感数据主要是 TM、SPOT、ERS-1、SPIN-2 等。近年来也较多地应用 SAR 数据解决灾害天气遥感测深困难的问题。

1. 水深遥感测量原理与方法

遥感数据用于水深计算的主要依据为：可见光各个波段对于水体均具有一定的穿透力。如 TM1 波段对水体的穿透深度最大，在清洁水的情形下可以穿透 30m 左右；TM2 波段可穿透 10m 左右；但 TM3 的水体穿透力则相对较弱。对于各种类型的水体，可见光的水体衰减系数最小值都在可见光范围内，蓝绿光对清澈的水体穿透深度最大。TM1、2、3 波段是遥感测深的最佳波段。对于清澈水域的岩礁，其探测深度可达到 30m，水深的辐射强度与光在水中衰减程度呈线性关系。探测器的遥感响应包含了水深、底质成分、水质和大气条件等多种因素的贡献。当水体足够清澈、底质比较均一、大气条件较好时，可根据遥感图像的灰度值与光在水中的衰减程度（水深）之间的线性关系，推算出水深值。

水深遥感是利用遥感图像光谱值与水深之间的相关性，应用数理统计原理建立两者之间的数学关系式，把经水深专题信息增强处理后的卫星图像数据，通过这一数学关系式转变成相应的遥感水深数据，进而得到水下地形图（张鹰和王义刚，2000）。目前，水深遥感主要依靠可见光对水体的透射。可见光在水体中的衰减系数越小，其对水体的穿透性越强。衰减系数 α 和遥感"可视"水深 Z_R 之间的关系可表示为

$$\alpha = \frac{1}{Z_R} \tag{5.3}$$

可见光衰减系数决定了光在水体遥感中的可测深度。不同的水体，由于所含物质不同，在可见光波段有不同的衰减系数。对水中信息进行透射遥感的最有效波段在蓝色（0.45μm）和黄色（0.60μm）之间。

依据上述原理，传感器接收到的辐射亮度中包含有水深信息，通过适当的方法可从辐

射亮度中提取水深信息。对多波段可见光扫描遥感数据，目前已经发展了一些模式以提取和计算水深信息，典型的有波浪法、密度法、水体散射遥感测深模型（叶明等，2007）。

1）波浪法

根据波浪模式（波速、波浪周期和波浪折射等）与水深及海底地形等的关系、重力波在浅水区产生的折射、潮流线经过浅水区所引起的水面粗糙度的变化，以及内波在图像上形成的图谱，分析得出水深。Leu 和 Chang（2005）用此方法对 SPOT 数据进行水深反演，结果显示：水深在 12m 以内区域的误差为 0 ~ 2m，水深大于 12m 的区域则误差较大。其优势是对水质和海底底质类型空间差异性大的区域较为有效，但可探测的水深有限。

2）密度法

根据水体的物理光学理论分析浅水区水体中光的辐射传输过程，由此建立水体光谱反射率与水深的解析关系式。根据解算方法的不同又可分为解析法、统计法和人工神经网络法。

解析法：即建立传感器接收到的辐射亮度与底质反射率、水深等的解析表达式，然后解算出水深。该模型需要一系列水体辐射参数，这些参数与水体物理、水化学性质密切相关，较难获得。

统计法：即利用几个实测点经回归分析得到辐射亮度与水深之间的关系，进而推求未知水深点的水深。

神经网络方法：是模拟人脑行为的一种信息处理方法。由于具有自学习、自组织、自适应和非线性动态处理等特性，因而在模拟非线性变化系统上比传统的统计法具有更好的能力。Sandidge 和 Holyer（1998）利用 BP 人工神经网络模型在美国佛罗里达州海域进行了水深反演研究，检验结果表明，模型的反演值与实测水深值之间的误差比较小，模型精度比较高。王艳姣和张鹰（2005）利用 ETM+遥感图像反射率和实测水深值之间的相关性，引入动量 BP 人工神经网络的方法反演长江口南段的水深值，平均绝对误差为 0.9m，对小于 5m 的水深值反演精度较高，平均绝对误差为 0.6m，而对大于 10m 的水深值反演精度较差，平均绝对误差为 1.7m。

3）水体散射遥感测深模型

水体散射遥感测深模型是基于底层反射的遥感测深模型，其基础是底层反射率要高、适宜的水质及较浅的水深等，这极大限制了其在水体混浊、底层反射差的沿海水域的应用。另外，传统方法通过从传感器信号中减去平均辐射亮度来消除大气和水体的影响，可能造成"过量减扣"，从而给计算带来误差。Ji 等（1992）采用单次散射辐照模型（SSI）作为辐射传输模型，推导出新的测深模型，在一定范围内的水深可与卫星观测到的信号相联系，并且由于模型具有与后向散射相关的特性，从而克服底层反射模型的局限性（叶明等，2007）。

2. 水深遥感测量应用

早在 20 世纪 60 年代中后期，美国密执安环境研究所（Enviromental Research Institute of Michigan，ERIM）的研究人员即开始利用卫星多光谱数据进行水深测量研究，并在原理和方法上做出了巨大贡献。随着 1972 年陆地卫星的发射，国外在这方面取得了突破性进展，包括水深测量定量研究分析法和基于底层反射模型的水深测量定量研究分析法。随后，国内外众多学者依据这些原理开展了很多区域性研究。Clark 等（1987）利用 TM1/2 波段的图像数据，采用多波段线性回归模型提取加勒比地区波多黎各的比耶克斯岛（Island Vieques）附近的水深值；Mgengel 和 Spitzer（1991）利用 TM 影像对荷兰近海水域进行多时相水深测图（叶明等，2007）。国内从 20 世纪 80 年代开始，在遥感测深方面也不断有研究成果发表。任明达（1981）利用 Landsat MSS 影像完成了琼州海峡海岸带水深遥感估算；平仲良（1982）建立了卫星影像密度和海水深度之间的数学关系；其他学者大多在前人研究基础上针对特定区域特征，对模型和方法作了不同程度的改良或改进。

总的来说，多光谱遥感反演水深的精度为 10% ~ 30%，探测水深在 30m 以内，虽然目前尚不能完全替代常规测量，但可为常规测量提供重要施工参考。

随着遥感技术及相关学科的发展，水深遥感在国内外又出现了一些新的态势，主要有两个明显特点：一是高分辨率遥感技术的应用，二是改进的或者新的反演水深的方法不断涌现。

5.2.3　航道安全遥感监测

利用遥感技术可以进行航道安全监测，建设过程监测、环境治理与生态环境保护监测，便于了解河道变化、预测河道发展趋势，为水利规划、航道开发以及防灾减灾提供服务，产生了十分可观的经济效益和显著的社会效益。

1. 水运航道灾害遥感监测

沿主要河流、湖泊和海岸的航道的驳船交通易受到区域天气变化的影响，如洪水、旱灾、结冰。1993 年，密西西比河发生水灾，1612mi[①] 的航道被迫关闭，1075 艘驳船被搁浅在密西西比上游，对驳船运输业造成 100 万美元的直接经济损失。此外，干旱直接造成水位下降，使内河航道不能通行，船只搁浅，也会造成经济损失。NASA 对地观测事业部等对此进行了研究。通过将 MODIS，多频率、双极化被动微波辐射计（AMSR），热带测雨使命（tropical rainfall measuring mission，TRMM）卫星上的微波辐射计（TMI）等传感器获得的遥感数据作为水文模型的输入，预测区域性降雨量，有效减少航道的危险。此外，还利用 MODIS、ASTER 和 Landsat7 的可见光和近红外波段跟踪水灾期沉积物羽流的活动情况，从而减轻对航道的影响，节省航道疏浚所需要的投入[②]。

水运航道上大规模结冰，不仅会造成严重的经济损失，还严重威胁水路交通的安全，其主要危害表现为：堵塞港口航道、挤压损坏舰船、破坏水上工程建筑和各种水上设施等。目前，水上冰情监测的手段有海洋站定点观测、船测、飞机航测、卫星遥测，与其他手段相比，卫星遥测可以获得长期、连续、大范围、同步实时水上冰情监测资料，已成为发达国家采用的主要技术手段。还可与无人机雷达相结合，在冰情高发区域，进行水上冰情现场实时观测。通过遥感观测冰情，可提取水上结冰类型及对应冰厚度、流冰漂移速

---

① 1mi = 1.609 344 km

② Transportation Applications. http：//www. observer. gsfc. nasa. gov/ECSInfo/library/lib_ doc/trans. pdf, 25

度、方向、冰边缘线等要素，获得水上冰情实况图，及时准确地提供现场水面的流冰分布动态，为冰区内舰船作业安全提供保障。

此外，在大型水库蓄水前，对辖区内易滑坡地段进行遥感排查调研，并做出相应维护预案，防止地质灾害阻碍航道或影响航道正常维护，以确保蓄水期航道畅通。如遥感在三峡水库等大型水库的蓄水期航道维护方面发挥了重要作用。

2. 航道水生植物遥感监测

利用遥感技术监测航道内水生植物覆盖的变化情况非常具有优势。一般情况下，水生植物生长速度快，在范围和密度上的变化很快，人们难以进入水生植物生长区域进行实地调查（彩图5.12）。大量漂浮在航道中的水生植物往往会损毁交通基础设施，给桥梁、码头、水闸等带来巨大的危害，不加控制会导致通航水路完全封锁。美国堪萨斯大学从2001年利用4m分辨率IKONOS多光谱数据、TM7 ETM多光谱数据以及1m航空多光谱数字影像，连续几个月在德克萨斯州开展航道水生植物遥感监测研究，目的是识别水生植物堵塞航道的现时状况以及对航道运输安全的潜在威胁（Jakubauskas et al.，2002）。如彩图5.13为水生植物堵塞航道前后的IKONOS对比图像。

5.3 港口规划遥感应用

港口开发是一项投资大、开发周期长、成本回收期长的工程，需要科学规划、有效开发，才能保证港口的健康有序发展（张华国等，2003）。港口规划、设计需要进行大量的水文、泥沙、气象、地质、地貌资料的收集和勘测工作。为了提高港口的勘测设计水平和质量，应充分利用各种先进技术和手段。

在港口选址与工程规划中，为确认工程区域的泥沙输运、动力条件及地形冲淤变化状况，须进行大量前期基础工作，包括有关潮流、波浪、泥沙和地形的实地观测，对繁琐的潮流、波浪及泥沙等进行数值模拟，以及对其数学模型进行分析与计算。然而，由于观测技术和使用仪器的限制，港口选址区的波、流与泥沙活动的复杂性，以及数学模型或水沙模型本身的局限性，往往使分析与计算的工程区水沙状况和实际并不相符，有时出现较大误差，如对近岸优势波浪方向的确认、表层悬浮泥沙含量和泥沙净输运方向等。

遥感作为一种高效的信息采集手段，具有高分辨率、大范围、连续性的特点，为GIS提供了信息源和数据更新的手段。同时，遥感影像的识别需要在GIS支持下改善其精度，并进一步得到应用。此外，结合GIS专业软件的矢量图形编辑和栅格图像数据分析功能，可为处理不同时段的水下地形图提供可能性。显然，将二者结合，可在很大程度上克服工程数据采集的困难，并能对沿岸悬浮泥沙、涨落潮流态等进行合理的判别（戴志军等，2006）。

5.3.1 近岸泥沙输运规律遥感分析

1. 泥沙输运方向

近岸泥沙的输运方向与工程区的波浪动力直接有关，特别是沙质海岸的港口工程区。波浪的性质决定了泥沙的输运特征，其中确认近岸优势波浪的入射方向是判定泥沙输运路线的关键。遥感影像（如 SPOT5）能清晰地反映波浪进入浅海、因地形的作用波向线是如何改变的，以及沙嘴是如何响应波浪作用而发生调整的。实际上，根据波峰线之间的距离还可挖掘波浪传播波长。显然，通过对高分辨率遥感影像中波浪场特性和沿岸地貌形态的判读分析，可相互验证并分析泥沙的输运方向。

另外，通过提取不同时相遥感影像中的泥沙分布及其变化特征，也可以识别泥沙的整体运输方向。彩图 5.14 为黄河三角洲不同时相的 MSS 和 TM 数据 4、3、2 波段组合。时间序列的图像反映了泥沙及周边的自然状况的变化：黄河入海河道由东南走向改变为东北走向，新河道河水充盈，大量泥沙在新河口淤积，三角洲已由鹰嘴状变成羊角状，为合理利用黄河水沙资源提供了极珍贵的信息。

2. 悬浮泥沙时空分布

港池航道开挖的可能性和建成后的港口泥沙回淤，除与海床物质组成相关外，还与其周边环境悬浮泥沙的活动量直接有关。因此，可利用沿海水域多时相遥感影像（如 TM）进行悬浮泥沙定量反演，以估算深水港选港区表层水体悬沙浓度时空分布状况。

悬浮泥沙定量反演的技术流程为：首先，根据气象站的多年统计资料，挑选深水港区在不同年份的夏季与冬季的大、中、小潮及风天时的遥感影像；然后，对多时相遥感影像进行配准，并根据反演模型估算悬浮泥沙的浓度。具体反演方法详见 5.2 节。

5.3.2 近岸海床与滩槽稳定性遥感分析

海床冲淤特征在很大程度上代表了所在海岸带的性质，港口的开发与选址涉及岸线的冲淤变化，而沿海的港口工程则与邻近海床的冲刷和淤积直接相关。在我国近岸海域，由于滩面广、水浅滩平、变化频繁，给常规现场测量工作带来很大困难。可以利用水边线高程反演技术对深水选港址的潮滩进行涨坍等反演，其技术流程见图 5.7。

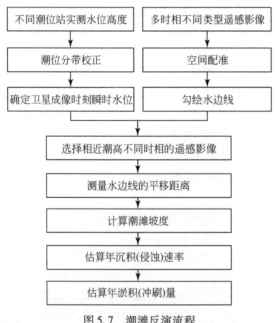

图 5.7 潮滩反演流程

首先，对研究区多时相遥感影像进行几何精校正，再经过增强处理，使其尽可能地突出水陆边界信息，并按不同潮情勾绘出潮滩和水体的边界，如图5.8所示（韩震等，2009）。

图 5.8　长江口北四滧港东滩不同时期潮滩和水体的边界线（据韩震等，2009）

然后，在研究区卫星成像时刻的潮情和研究区水位高度的基础上，选择相近潮高的卫星遥感图像的水边线进行对比分析。

最后，通过对这些边界线之间的位移距离进行量算，得到不同部位不同年份潮滩平均涨坍速率。为进一步求得研究区潮滩冲淤速率，可以根据不同年份同高程的水边线位移距离和潮滩坡度进行推求，推求表达式为

$$Y = A \cdot X \tag{5.4}$$

式中，Y 为年冲淤速率；A 为潮滩坡度；X 为水边线年涨坍速率。

总之，高分辨率遥感影像（如 SPOT5）能够宏观揭示沿岸的地貌形态、波浪折射与绕射以及泥沙输运方向，从而为港口工程选址提供大范围的直观的波浪折射、绕射状况和清晰的地貌形态，而这恰是港口工程选址时利用其他仪器都无法观测的。可见，卫星遥感在分析港口选址的波、流、泥沙的输运等方面具有显著优势；利用沿岸多幅不同时相遥感影像可完成不同时空尺度的潮滩冲淤和近岸水体表层悬沙浓度的定量反演。

这表明：在缺乏大面积水文观测和实测地形变化资料的情况下，利用多时相遥感影像分析长时间尺度的岸滩稳定及表层悬沙浓度的时空分布，结合数字化地形分析港口选址是可行的和实用的（戴志军等，2006）。恽才兴等（1999）应用水体悬浮泥沙遥感监测技术对鸭绿江口的丹东新港选址进行可行性论证，（何青和恽才兴，1999）对三门湾地区水沙因子的空间分布、动态变化和滩地变化进行遥感研究，并结合现场观测数据的验证综合分析海岸岸滩的稳定性。河海大学利用 TM 图像对九龙江口及厦门湾悬沙分布和输移进行多时相分析，了解悬沙分布和来源、运动状况和动因，揭示悬沙运动规律，为厦门地区港口规划和航道建设提供了决策依据。珠江水利委员会水利科学研究所将遥感技术应用于珠江口治理规划，利用 MSS 和 TM 数据以及中国土地卫星影像共 28 个时相的资料和卫星同步或准同步的地面水文观测数据，对伶仃洋中表层水体悬沙量进行遥感定量研究，结果与观测值较接近（陈一梅和张东生，2001）。

5.4 数字航道

航道是传统的交通动脉，在历史上发挥了巨大的作用。今天航道运输仍然是重要的交通运输线。受地势变化、降水量变化、地质灾害以及其他人为因素影响，航道发生动态变化，必须有能经常进行动态更新的电子地图来实时反映这种变化。且航道整治、工程部署、沿岸码头建设、导航的布设也需要有好的辅助决策系统支持。

信息化是 21 世纪发展趋势，作为综合交通一个不可缺少的环节，水运及其基础设施的信息化、数字化是必然趋势。建设一个能够支撑整个水路交通信息化的信息资源共享平台及其相应的业务应用系统体系，已成为水路交通信息化的关键。

设计航道信息管理系统，可以对航道主要航段、船只情况或其他沿江的活动，进行实时监控，便于更好地疏浚船只，指挥航运交通，甚至可以发展 GPS 导航。"数字航道"正是在此背景下发展起来的。

5.4.1 数字航道概述

为了提高我国内河航道管理的效能，更好地服务于内河航运经济发展，我国内河航道的建设者和管理者进行了许多有益的尝试，引入了航道扫测、水位自动测报、航道遥测遥控、电子航行参考图等系统，利用先进的信息提高航道数据采集和服务的准确性和及时性，并在此基础上提出了"数字航道"的整体概念，将我国内河航道管理的理念提升到了一个新的水平（胡宁和刘杨，2007）。"数字航道"可以从三个方面理解：

（1）从水路交通事业发展层面上看，它是以信息化推动水路交通管理现代化的发展战略和重要举措。

（2）从水路交通综合管理服务层面上看，可以整合各种水路交通信息资源，增强信息资源的综合利用能力，提供水路交通管理手段，提高水路交通管理水平、面向公众的服务能力和科学决策能力。

（3）从信息技术层面上看，是水路交通信息化的重要组成部分，是由标准规范、总体结构、技术体系、信息基础设施、资源共享平台、应用支撑平台、应用系统和保障环境有机组成的共享、交换、互联、互通的信息化综合体系。

综上所述，"数字航道"是在水路交通管理中，充分利用现代信息技术，深入开发和广泛利用水路交通信息资源，建设高效优质的管理手段，为管理方式变革、管理现代化、决策科学化、服务社会化提供支撑的信息化综合体系。

"数字航道"是对航道管辖区域、管理对象、管理活动的数字化表现，是综合运用遥感、遥测、GIS、通讯、计算机模拟、多媒体等多种技术为航道业务流程、动态监控管理和辅助决策服务的虚拟化、数字化、网络化、智能化和可视化的技术系统，是信息基础设施和信息系统的集成；对内提供航道演变的预测、航道维护辅助决策等全新管理方式，对外提供电子航道图、航道通行公共信息等信息服务，是实现航道跨越式发展的综合性的系统工程（贾晓明，2010）。目前，测绘领域的新兴科技——3S 技术、"4D"（DLG、DEM、DOM、DRG）产品，在数字航道中已经被广泛应用。

5.4.2 数字航道建设遥感应用

以遥感和 GIS 支持的航道信息化系统能有效地提高航道管理水平,具有很好的实用价值。GIS 在港口、航道规划、设计、决策中有着重要作用,而遥感的应用能获取 GIS 系统所需的航道边缘、建筑物以及航道水下地形等地理信息,更新 GIS 数据和生成所需的航道信息地图,两者结合则能使得系统获取信息及管理信息的能力更加强大。其次,GIS 为航道信息建设提供基础平台。它所贮存的数据和图像不再是单一、片面的信息,而是由空间数据组成的现实世界的抽象模型,可从横剖面、纵剖面、空间平面等不同角度研究航道的特点(李洪灵和张鹰,2005)。因此,将 GIS 与遥感图像处理结合起来,遥感技术可快速、低成本地获取航道空间信息,及时对航道信息管理系统进行数据更新;GIS 则可对多种来源的时空数据进行综合处理、集成管理、动态存取和显示。

目前,国外航道管理水平最高的是美国密西西比河以及欧洲的莱茵河、多瑙河,但都尚未提出数字航道的概念,仅是各专项应用系统之间的简单协作,没有形成整体的、数字化的航道维护、管理和服务体系。在我国"数字长江"建设为长江"黄金水道"带来了美好前景。国内首条数字航道已在南京至浏河口 300km 江段初步建成。"十一五"期间,长江数字航道总体框架形成,并分段投入试运行(贾晓明,2010)。

数字航道建设将提高港口、航道信息资源的开发利用程度,推进港口、航道信息化的进程。同时产生的共享信息资源及形成的高质量、多层次的信息服务,无疑将提供高效益、多机遇的港口、航道经济活动条件,开辟丰富的港口、航道信息工作环境,从而极大地提高港口、航道全行业信息化应用水平,对促进港口、航道、物流管理现代化,推动水运行业数字化、信息化、智能化以及推动经济区域发展均具有重要的战略意义。

5.5 小 结

遥感技术在水路交通领域的作用主要是通过对港口、航道边缘以及舰船检测,水上交通量监测,有助于有关部门全面了解舰船交通状况,提高水路交通规划与管理的科学性,保证水路交通安全。同时遥感也是近岸泥沙输运规律、海床与滩槽稳定性等研究的重要技术手段,可解决大范围、动态数据采集的问题。通过与 GIS 的进一步结合,为港口规划研究提供有力的空间数据分析工具。遥感还为水运环境监测提供新的技术手段,为水运环境保护和可持续发展提供科学依据。通过遥感探测水深,进行水下地形监测,为港口与航道工程的研究提供基础资料。此外,遥感已成为更新和补充数字航道建设中 GIS 数据库的主要信息源之一,在水路交通领域发挥着越来越重要的作用。

参 考 文 献

安居白,张永宁. 2002. 发达国家海上溢油遥感监测现状分析. 交通环保,23(3):27~29
陈楚群,施平,毛庆文. 1996. 应用 TM 数据估算沿岸海水表层叶绿素浓度模型研究. 环境遥感,11(3):168~175
陈琪,陆军,杨全,等. 2010. 基于模型的遥感图像港口检测. 信号处理,26(6):941~945

陈一梅，张东生．2001．卫星遥感在港口、航道工程中的应用回顾与展望．水运工程，（10）：10～13，16

戴志军，恽才兴，韩震．2006．卫星遥感与数字化地形信息结合在港口工程中应用——以茂名深水港选址为例．海洋工程，24（1）：115～121

顾亮，张玉超，钱新，等．2007．太湖水域叶绿素 a 浓度的遥感反演研究．环境科学与管理，32（6）：25～29

韩震，恽才兴，戴志军，等．2009．淤泥质潮滩高程及冲淤变化遥感定量反演方法研究——以长江口崇明东滩为例．海洋湖沼通报，（1）：12～18

何青，恽才兴．1999．遥感在海岸岸滩稳定性分析中的应用．海洋学报，21（5）：87～94

侯彪，刘芳，焦李成．2002．基于小波变换的高分辨 SAR 港口目标自动分割．红外与毫米波学报，21（5）：385～389

胡宁，刘杨．2007．数字航道技术在内河航道管理中的应用．水运工程，（10）：52～54

恽才兴，任友谅，益建芳，等．1989．卫星遥感在丹东新港选港中的应用．见：陈吉余，王宝灿，虞志英．中国海岸发育过程和演变规律．上海：上海科学技术出版：384

恽才兴，时伟荣，何青．1995．长江口通海航道泥沙场动态分析．华东师范大学学报（长江口深水航道治理与港口建设专辑）：50～69

贾晓明．2010．数字航道技术应用．http：//www. hyqb. sh. cn［2011-10-25］

交通运输部综合规划司．2011．2010 年公路水路交通运输行业发展统计公报．http：//www. moc. gov. cn［2011-10-09］

孔繁弘．2009．基于卫星遥感的海上交通监测与分析系统．大连海事大学硕士学位论文

雷坤，郑丙辉，王桥．2004．基于中巴地球资源 1 号卫星的太湖表层水体水质遥感．环境科学学报，24（3）：376～380

李洪灵，张鹰．2005．基于 RS 和 GIS 的长江口深水航道可视化研究．中国港湾建设，（5）：7～9

李四海，唐军武，恽才兴．2002．河口悬浮沙泥浓度遥感定量模式研究．海洋学报，24（2）：51～57

李四海．2004．海上溢油遥感探测技术及其应用进展．遥感信息，（2）：53～57

李炎，商少凌，张彩云，等．2005．基于可见光与近红外遥感反射率关系的藻华水体识别模式．科学通报，50（22）：2555～2561

平仲良．1982．卫星照片密度和海水深度之间关系研究．遥感信息，（4）：47～51

任明达．1981．琼州海峡幅卫片的多光谱解译．海洋与湖沼，12（3）：210～224

孙向晖，赵谱，郝光亮．2005．烟台海事局首次利用卫星对珠江口溢油事故成功判读．http：//news. sina. com. cn/c/2005-01-08/07524756119s. shtml［2011-10-1］

王祥，赵冬至，黄凤荣，等．2011．基于高空间分辨率的热污染遥感监测研究进展．遥感技术与应用，26（1）：103～110

王艳姣，张鹰．2005．基于 BP 人工神经网络的水体遥感测深方法研究．海洋工程，4（23）：33～38

魏军伟．2007．遥感图像中港口目标检测研究与实现．西安电子科技大学硕士学位论文

温令平．2001．伶仃洋悬浮泥沙遥感定量分析．水运工程，17（9）：9～13

吴传庆，王桥，王文杰．2006．利用 TM 影像监测和评价大亚湾温排水热污染．中国环境监测，22（3）：80～84

吴建华．2005．遥感图像中港口识别与毁伤分析研究．南京理工大学硕士学位论文

习景．2006．遥感图像边缘检测及其在航道 GIS 中的应用研究．东南大学硕士论文

许欢，李适宇．2005．海上溢油事故风险评价回顾与展望．环境保护，（8）：50～52

杨雪峰，周富春．2008．中国水运环境保护研究进展．中国水运（下半月），8（11）：11～12

杨耘，王树根，邱丹丹．2005．基于规则的高分辨率影像港口识别模型．测绘信息与工程，30（5）：40～42

叶明，李仁东，许国鹏．2007．多光谱水深遥感方法及研究进展．世界科技研究与发展，29（2）：76～79

于镇华，黄朔．2008．"3S" 技术在生态环境监测中的应用．中央民族大学学报（自然科学版），17（S1）：64～67

张东生，张鹰.1991.灌河口河口演变的遥感图象解译.河海大学学报，(4)：18~26

张华国，周长宝，楼琇林，等.2003.舟山群岛——宁波深水港群遥感综合调查.国土资源遥感，(4)：63~67

张鹰，王义刚.2000.遥感水下地形成图技术.海洋工程，18（3）：88~91

张永宁，丁倩.1999.海上溢油污染遥感监测的研究.大连海事大学学报，25（3）：125

张志龙.2005.基于遥感图像的重要目标特征提取与识别方法研究.国防科技大学博士学位论文

赵波.2004.遥感图像目标识别算法研究.国防科技大学硕士学位论文

赵冬至，从丕福.2000.海面溢油的可见光波段地物光谱特征研究.遥感技术与应用，5（3）：160~164

郑全安，孙元福，师元勋，等.1984.海面溢油航空遥感监测方法研究——波谱特征及试验结果分析.海洋学报，6（4）：531~541

周晨.2011.环境遥感监测技术的应用与发展.环境科技，(S1)：139~141，144

周拥军，朱兆达，丁全心.2008.遥感图像中港口目标识别技术.南京航空航天大学学报，40（3）：350~353

朱兵，李金宗，陈爱军.2006.基于知识的快速港口识别.计算机应用，26（3）：729~732

朱立俊，尤玉明.2000.辽东湾绥中海岸演变及悬沙分布特征的遥感分析.海洋工程，(1)：65~69

祝令亚，王世新，周艺，等.2006.应用MODIS监测太湖水体叶绿素a浓度的研究.遥感信息，（2）：25~28

Ann Arbor：Environmental Research Institute of Michigan，：411~418

Barni M，Betti M，Mecocci A.1995. A fuzzy approach to oil spill detection an SAR images. International Geoscience and Remote Sensing Symposium，1：157~159

Clark R K，Fay T H，Walker C L.1987. A Comparison of Models for Remotely Sensed Bathymetry. AD-A197973

Cross A.1992. Monitoring marine oil pollution using AVHRR data：observations off the coast of Kuwait and Saudi Arabia during January 1991. International Journal of Remote Sensing，13（4）：781~788

Dall'Olmo G，Gitelson A A，Rundquist D C，et al.2005. Assessing the potential of SeaWiFS and MODIS for estimating chlorophyll concentration in turbid productive waters using red and near-infrared bands. Remote Sensing of Environment，96（2）：176~187

Fingas M F，Brown C E，Mullin J V.1998. The visibility limits of oil on water and remote sensing thickness detection limits. In：Proceedings of the Fifth Thematic Conference on Remote Sensing for Marine and Coastal Environments. Ann Arbor：Environmental Research Institute of Michigan：411~418

Gitelson A.1993. The peak near 700nm on radiance spectrum of algae and water：correlations of its magnitude and position with chlorohyll content. Remote Sens，(13)：3367~3373

Jakubauskas M E，Peterson D L，Campbell S W，et al.2002. Mapping And Monitoring Invasive Aquatic Plant Obstructions In Navigable Waterways Using Satellite Multispectral Imagery. In：Land Satellite Information IV. ISPRS Commission I. FIEOS 2002 Conference Proceedings

Ji W E I，Daniell C，Williamc K.1992：Satellite Remote Bathymetry：A New Mechanism for Modelling. Journal of Photogrammetry & Remote Sensing，5：545~549

Kasischke E S，Meadows G A，Jackson P L.1984. The use of synthetic apeture radar imagery to detect hazards of navigation，ERIM Report No. 169200-2-F. Defense Mapping Agency，Hydrographic/Topographic Center

Leu L G，Chang H W.2005. Remotely sensing in detecting the water depths and bed load of shallow waters and their changes. Ocean Engineering，32（10）：1174~1198

Li Y，Peng J.2011. Feature extraction and recognition of harbor contour. SPIE，4550：234~238

Lyzenga D I.1978. Passive remote Sensing techniques for mapping water depth and bottom~mures，Applied Optics，17（3）：379~383

Mandal D P，Murthy C A，Pal S K.1996. Analysis of IRS imagery for detecting man-made objects with a multi-valued recognition system. IEEE transactions on systems，man，and cybernetics. Part A，Systems and humans，26（2）：241~247

Matthews J. 2005. Stereo observation of lakes and coastal zones using ASTER imagery . Remote Sensing of Environment , 99 (1/2): 16~30

Mgengel V, Spitzer R J. 1991. Application of remote sensing data to mapping of shallow sear-floor near by Netherlands. International Journal of Remote Sensing, 57 (5): 473~479

O'Neil R A , Neville R A , Thompson V. 1983. The arctic marine oil spill program (AMOP) , remote sensing study. Environment Canada Report EPS 4-EC, 83 (3): 257

Pulliainen J, Kallio K, Eloheimo K, et al. 2001. A semi-operative approach to lake water quality retrieval from remote sensing data. The Science of the Total Environment, 268 (1~3): 79~93

Salisbury J W , D'Aria D M , Sabins J F F. 1993. Thermal infrared remote sensing of crude oil slicks. Remote Sensing of Environment, 45 (2): 225~231

Sandidge J C, Holyer R J. 1998. Coastal bathymetry from hyperspectral observations of water radiance. Remote Sensing of Environment, 65 (3): 341~352

Thiemann S, Kaufmann H. 2000. Determination of chlorophyll content and trophic state of lakes using field spectrometer and IRS-1C satellite data in the Mecklenburg lake district, Germany. Remote Sensing of Environment, 73 (2): 227~235

Zhu B, Li J Z, Cheng A J. 2006. Knowledge based recognition of harbor target. Journal of Systems Engineering and Electronics, 17 (4): 755~759

第6章 管道运输工程遥感应用

管道运输作为运量大、成本低、不受气候和地面其他因素限制的长距离交通运输方式之一，承担着大比例的能源物资运输任务。目前，世界上油气长输管道总长度已超过 200 万 km，其中天然气管道约占 70%，达 140 多万 km；美国约为 46 万 km。20 世纪 70、80 年代是全球天然气管道建设的高峰期。全世界现有天然气管道中，约有 1/3 建设于 20 世纪 80 年代。几条世界级的大型输气管道，如美国和加拿大合建的阿拉斯加公路输气系统、横贯地中海的阿—意输气管道、前苏联的乌连戈伊至中央地区及西欧的 6 线输气系统等，都在 80 年代建成。20 世纪 90 年代以来，全球范围内的输气管道建设活动依然很活跃（阎光灿，2000）。

新时期管道运输工程的距离长、环境复杂，对管道规划、设计和建设管理都提出了巨大的挑战。由于管线长，涉及的勘测点多，地质灾害的类别众多，环境因素复杂多变，基础设施的建设水平参差不齐等，使得长距离运输管线的规划、工程勘查、施工及运营管理等，都面临着很大困难。

传统的管道运输工程中的管线规划、设计所用的基础地形图资料陈旧，宏观性不够，从而造成设计内容和现场施工脱节等诸多问题，传统的工程测量耗时耗力、效率低下、成本高；且传统的管道运营管理手段落后，已不能满足现代管道工程的需要。因此，迫切需要采用遥感等新型数据获取手段辅助管道运输工程的建设与管理。

6.1　管道工程建设遥感应用

遥感作为新型的数据获取手段，覆盖范围大，获取数据的信息量大，现势性强，受地面条件限制少，不仅为管道工程的规划、建设和管理提供了价格低廉、内容丰富的动态信息，已经成为管道运输工程规划、设计和建设的重要数据源；还为节约工程投资、缩短建设周期、减灾防灾等提供了有效的技术支撑。

遥感图像可直观表达山地、盆地、高原、沼泽、平原、河流、湖泊等不同地貌特征，帮助管道工程勘查人员找出最为合理的线路方案，从而全程宏观掌控复杂多变的地理环境。例如，可以通过遥感获取管道沿线一定范围内的居民点、村镇、城市、道路、铁路、水系等人文地理信息，并根据这些信息获取管道沿线的经济发展水平及市场信息，建立明确有效的绕开或穿过市区的线路方案，尽量减少管线建设成本。另外，通过卫星遥感还能调查管道工程途经区域的工程环境状况，如确定盐渍土、沙漠、黄土、膨胀土壤类型的分布区域，有效应对管道工程面临的环境与地质问题（郭勇军，2009）。

国外管道工程中的遥感应用主要包括管道选线、管道建设以及管道运营过程中的安全监测。如利用 DEM 数据、LiDAR 数据和数字正射影像对管道规划建设项目进行评价，主要是地形研究、环境影响评价等。如 Bahuguna（2010）利用由 Cartosat-1 卫星获取的立体像对进行管道选线，如彩图 6.1 所示；基于遥感数据，结合地形、地质和土地利用资料，利用 1：25 万和 1：10 万的地图数据，在 GIS 环境中进行建模和综合对比分析，对伊朗西南部 Ahvaz 到 Marun 的长 34km 的管道开展了路线选择及其走廊带制图工作（Bahuguna，2010），如彩图 6.2 所示。

遥感技术在我国管道工程中的应用，可追溯到 20 世纪 80 年代中期，但大规模应用则是在西部油气开发项目中。20 世纪 80 年代中期，在管道工程中，主要是利用 SPOT 遥感卫星像片结合已有的地图数据，了解拟建管道通过地区的工程环境信息，为管道工程建设服务。2000 年后，涩北—西宁—兰州输气管道工程、兰州—成都—重庆输油管道工程、忠县—武汉输气管道工程、西气东输管道工程等长输管道工程开始建设，这些管道工程途经青藏高原、秦巴山区、川东—鄂西山地，工程环境复杂多样。工程面临众多难题，尤其是数据获取，如现有地形图数据资料太过陈旧，环境差的地方数据缺失，无人区数据难获取等。在管道工程多线路方案的论证工作中，特别是在水网地区和人类工程密集的地区，利用地形图资料一般只能对大江、大河等大尺度地物进行分析，而对经济发达地区新建的密集道路、村镇等中小尺度地物遗漏较多（王卫民等，2006）。遥感技术凭借其快速、准确、不受环境影响的优势，有效地解决了这些工程难题，并且节约了工程成本与人力资源，取得了良好的经济效益，在管道工程中的应用也越来越受到重视。

目前，管道运输工程应用的遥感数据源包括全色、多光谱、高光谱、雷达（包括 LiDAR）数据等，可通过航空与卫星遥感平台获得。利用高分辨率遥感数据进行中比例尺遥感制图，更新地形图和生成线路带状 DEM 数据，以表达管道所经路线的地面信息。在此基础上制作地面三维景观场景，使各种研究、分析与评价能在可视化环境中进行，增强了直观表达效果（肖德仁，2003）。此外，利用遥感数据还可以进一步获得地质灾害、地貌、植被、土壤类型等专题信息，进行灾害、土地利用情况以及管道线路周边环境等的调查与评价。制作专题图，用于室内规划选线、路线的比较和选择。

从目前管道规划、设计、建设、运营的整个环节中，遥感的应用主要体现在管道规划、管道工程可行性研究、管道工程设计与管道施工图设计，管道运输运营管理中的管道分布调查、地质灾害调查、管道泄漏检测、管道环境变化监测，以及数字管道建设方面（刘丽和万仕平，2010）。以下章节中将分别予以介绍。

6.2 管道运输工程规划与设计遥感应用

6.2.1 管道运输工程规划遥感应用

管道规划是在考虑管道所经地区的地形、地质、地貌、环境等特征基础上，对管道布局、走线、选址、管线长度等进行合理安排，使管道安全可靠、施工和维修方便、施工成本降低。一个好的规划要有充分的数据作为支撑。如果数据不准确，必将严重影响规划结果的合理性，以及管道施工、维护难度和成本投入（蒲明等，2005）。如陕—京天然气管道于 1997 年 10 月建成投产，全长 1098km，途经三省两市（陕西、山西、河北和北京、天津），工程总投资 50 亿人民币。在其规划设计过程中，因数据不足，缺乏对湿陷性黄土的特性认识，以致水工保护和水土保持工作不到位，使湿陷性黄土对管道的危害一直存在，导致管道维护的工作量和费用大大增加。1998 年，韩家楼上游水库放水，造成下游 40 多 m 管道被冲刷悬空。截至 2001 年底，陕—京管道累计抢险加固 1442 次，仅维护费用就高达 4000 万元。因此，充分、准确的基础地理数据是管道规划工作的重要环节，而基础数据的精度和质量直接影响管道规划的质量，甚至可能导致规划决策的失误。

传统调查方法获取的数据精度不高，现势性差，一般很难满足管道规划对数据的要求。而遥感作为新型的数据获取手段，其获取的数据是地表信息的综合反映，不仅能逼真地反映地形、地貌、地质和地表景观信息，还能提供反映如河流改道、湖泊变化、耕地变化、居民点扩容等动态变化的信息。遥感已成为管道规划的重要数据源，可用于地形地貌分析、地质分析、管道途径地区环境腐蚀性分析、现有管道结构分析等，为管道规划提供科学的技术手段和高效的信息服务。

1. 地形地貌遥感分析

由于基础地形图数据一般更新较为缓慢，难以满足管道规划对地形数据的要求。我国目前可用于长输管道规划的地形图均是 20 世纪七八十年代编制的，其各种要素与实地情况已有很大的差异。运用这种地形图进行管道规划，必然使结果与实际存在很大的偏差，从而影响管道工程的质量，甚至造成严重的工程决策失误。而遥感数据则能够提供丰富的地形地貌数据。可以运用遥感图像的立体像对数据或机载激光雷达系统获取的点云数据生成 DEM，再通过对地形、地貌的分析选择出适宜进行管道铺设的地区，进而计算管道铺设的工程量，估算工程的施工难度和成本。

地形地貌遥感分析应用于管道规划，已有不少成功的案例。例如，秦岭是入川输油管道不可避绕的最大障碍，是入川输油管道可行性研究的关键。东西向高耸的山体与狭窄的相间沟谷是秦岭的地形特征。入川管道走向与秦岭山体走向相交。通过地形地貌遥感分析，选取顺向沟谷、山谷和垭口，确定中线走向方案。又如，入川管道北段黄土地貌区，遥感解译认为陇山东、西两区域虽同为黄土地貌，但陇山以东区域黄土塬占主导，呈黄土塬地貌，冲沟、水系呈规则平行状结构。陇山以西区域，黄土塬地貌不发育，多表现为黄土梁、黄土峁地貌。黄土梁轴向发育短，川梁相间，沟壑众多且深切，冲沟沟底狭窄坡岸陡峭，冲沟走向散乱，无固定方向性。通过对遥感数据进行专题信息提取结果的空间分析发现，陇山以西区域地形破碎，若管道线位选取该区通过，会多次穿越沟和梁，不仅导致施工量增加、施工难度加大，还会存在边坡不稳和后期管理复杂的问题。而经过地形地貌分析，发现陇山以东区域地形相对平坦，降低了施工难度，减少了施工量，并且提高了油气管道的稳定性（方杰等，1997）。

2. 地质遥感分析

区域地质背景的稳定性直接影响油气管道的安全性。在管道规划中，基于遥感数据对管道所经地区进行地层分析和灾害地质分析，包括滑坡、泥石流、水土流失和土壤侵蚀分析等，得到管线区域的地质稳定性专题信息并制作管线区域地质稳定性专题图，可为管道工程选线、工程量和成本的计算提供重要的依据。如在我国西气东输管道工程中，通过卫星遥感技术测定了地质危害带和地震断裂带，并设计出管道最佳避害线路和最佳通过角度。又如，中国石油天然气管道工程有限公司在西气东输管道工程、兰—成—渝管道工程、忠—武管道工程中，应用大量遥感图像，开展灾害地质调查和选线工作（董鲁生等，2002）。在忠-武管道工程中，应用遥感技术成功绕开了 2/3 以上的湖塘，从而缩减了建设周期和成本。

3. 管道途经地区环境腐蚀性遥感分析

埋地管道的腐蚀不可避免，在管道规划中必须考虑管道的抗腐蚀性。运用遥感数据事先对管道所经区域进行专题调查分析，划分土壤类别、土壤酸碱度和植被种类，进而得到这些区域的土壤腐蚀性分析图，以帮助工作人员进行管道防腐材料的选择和成本的预算。

对长输管道而言，不同地段的腐蚀情况不同，采取的防腐措施也不尽相同。如果所用数据仅来自腐蚀环境基点（一般设在城市附近）和少量野外点的测试（一般是等间距测试），分析结果势必缺乏科学性。而运用遥感数据可以对管道所经地区进行全面的分析，有目的地选择有代表性的野外测试点，根据不同腐蚀强度，做出腐蚀环境等值线图，为管道施工防腐提供科学依据（方杰等，1997）。在西气东输管线规划设计中，就较好地运用了遥感技术对途经地区进行监测和土壤侵蚀性分析，很好地辅助了管线的防腐设计。

4. 管道分布结构遥感探测

管道规划不仅要考虑管道所经地区的地质、地貌以及土壤腐蚀性等因素，还要充分考虑现有管道的情况，避免重复建设，提高现有管道在管道规划中的使用率，尽量减少不必要的管道铺设，节约管道建设的成本。由于一般管道都埋设在地下，运用传统的人工调查方法很难获取精确的、现势性强的管道结构数据。而应用地面遥感技术（如侧视雷达等），结合低空雷达和热红外传感器，可以探测埋地管道的结构，制作埋地管道分布图（方杰等，1997）。管道分布图不仅有助于进行管道规划，在管道管理中也能发挥重要作用。

在管道规划阶段，遥感能够增强规划成果的科学性和可靠性，使区域管网规划的决策水平进一步提高。在这一阶段，遥感主要是用于中比例尺遥感制图、地形图更新、面DEM 的建立，以及辅助规划方案的调查、区域工程地质调查和环境分析等。例如，在天然气管网规划中应用遥感影像获取地貌、水系、山脉与水文走势、交通网现状和城市现状数据，并在这些数据的基础上总体规划出天然气管网体系。如彩图 6.3 所示是利用遥感技术完成的浙江省天然气管网规划遥感影像图。

此外，将遥感与 GIS 结合，把精确定位的管道、管线的矢量信息、土地利用和地形资料等输入到 GIS 中，可以将成果资料用于可视化和进一步的综合分析，为管道规划等决策提供信息与技术支持。

6.2.2 管道运输工程可行性研究遥感应用

管道运输工程建设可行性研究阶段的工作是确定长输管道的起点和终点、线路走向方案设计、大型穿跨越选址、厂站及阀室选址。随着遥感数据精度的提高和价格的下降，利用遥感技术选择野外勘查线路，不仅精度高，而且省时、省力、节约成本。遥感技术在管道运输工程初期的路线选择和可行性研究中的应用越来越广泛。另外，利用遥感数据，通过对图像判读、分析和归纳获得各种相关的专题数据，可以帮助工作人员选取具有不同地表景观、不同地貌类型、不同地质体的勘查点（方杰等，2000），以便选择最优的野外勘查路线。在此基础上，通过 GIS 生成集管道沿线人口、交通、地质、环境等信息为一体的三维景观模拟系统，为可行性研究后期的专家评审提供依据（刘丽和万仕平，2010）。在乌鲁木齐—兰州、喀什—乌鲁木齐、阿拉山口—乌鲁木齐、兰州—重庆、兰州—洛阳、乌鲁木齐—洛阳、靖边—北京等长输管道项目的可行性研究阶段，均运用了遥感数据提取线路两侧 25~40km 范围的地貌、地质、植被和人文景观等专题信息，为不同的管道线路方案的比较与选择提供了信息和技术支持（方杰等，2000）。

管道工程可行性研究中遥感主要应用于室内规划选线、多方案线路比选与管道选线综合评价等方面。

1. 室内规划选线

遥感技术解决了野外调查难以描述地形变化特征等困难，将大量野外工作移到室内来进行，辅助室内选线工作。通过利用卫星遥感与航拍数字摄影测量技术进行选线，可以形象、直观地体现管道空间走向、管道埋地情况及管道周边环境等综合的信息，通过综合分析线路长度、征地、施工难度、施工赔偿等因素，实现多角度的管道线路优化和施工图设计。这样不仅缩短野外作业时间，减轻选线人员的劳动强度，提高工作效率；还可使室内的选线更合理，减少由于设计不合理造成施工困难的情况，有效保证施工进度，降低施工成本。

目前，国外选线一般都利用卫星图片、航测图纸及遥感测量所得的资料作为研究线路的依据（阎光灿，2000）。例如，美国阿拉斯加输气管线的线路勘测，运用航空摄影测量技术了解地面情况，为管道勘查提供了准确的数据。Mahmoud 和 Fereydoon 运用卫星遥感影像生成地形、地质和土地利用图，借助 GIS 强大的空间分析功能，对伊朗西南部的 Khuzestan 省的管线进行最小成本路径选择，使得选出的管道路线比现有的管道路径的成本减少 29%（Mahmoud 和 Fereydoon，2007；Fereydoon，2003），而且最优管线比最初线路长度大大缩短。1985 年，我国在库鄯线（库尔勒—勒善）输油管道（长度为 475km）规划选线中首次应用卫星遥感图像分析了地质灾害和地质影响，优选了线路走向，比人工测绘、机械钻取工程地质资料提高了 30 多倍的效率（茹慧灵，2006）。另外，在陕甘宁至北京输气管道工程中，通过利用陆地卫星 TM 和 MSS 资料，对全线地质、地貌等环境特点进行了全面的分析，综合考虑经过活动断裂及地震带的次数、穿越山地长度及险易程度、难点工程地段多少、交通及人文条件的好坏等各种因素，提出了最佳选线方案，从而节省了大量的资金（冯筠和黄新宇，1999）。由此可见，利用遥感技术进行室内规划选线，可以明显提高工程效率、节约成本。

室内规划选线阶段利用遥感技术，主要是进行地质灾害和地质影响分析、用地现状调查分析，获取管道空间走向、埋地情况及周边环境、土地利用情况等多方面的宏观与综合性信息，并结合其他规划资料等制定出特定区域的管线规划图。至于更详细的分析和更精确的信息获取择往往是在线路方案比选阶段进行。

2. 多方案线路比选

管道运输工程可行性研究中多方案线路比选的任务主要是直观展示全线概貌，制作全线遥感影像图及地理地貌、地质条件综合解译图，整理统计全线各类重要信息，分析指出沿线重点地段及应注意的工程问题，提供系统的沿线基础资料；并在重点地段进行多方案线路比选，提出比选意见，缩小比选范围，为最终方案的确定提供更充分的科学依据。遥感技术在长输管道多方案线路比选工作中的主要应用包括以下几个方面。

1）直接提供重要的宏观基础信息

管道运输选线工作中的一项重要内容就是通过各种手段收集、分析和处理管线经过区域的地形、地貌、地质构造、地层、岩性、腐蚀性土壤分布、水文地质、腐蚀场、温度场等方面的相关资料。这些信息都可以通过遥感影像数据快速、准确地获得。设计人员借助遥感影像提供的信息可以初步判断工程的可靠性，测算工程量，估算工程投资，进而从宏观上把握，选择出最优线路走向。

2）提供动态性、现势性强的信息

管道选线与人文景观有密切关系，而在当今有些地区人文景观变化很快，传统的调研方法由于工作周期长难以胜任此项工作。而卫星和航空遥感具有动态观测能力，通过对同一地区不同时相的遥感数据的分析，可以清晰地得出这一地区的变化情况，从而为管道设计人员提供不断变化的现势性数据资料，进而提高管道设计的合理性和准确性。

3）指导工程地面勘查工作

由于许多资料可以直接通过遥感图像获取，无须再重复进行工程地面勘查，使得工程勘查工作量大大减少。同时也减少了野外勘查工作的盲目性，使野外工作更具有针对性和目的性，即可以在图像判释的基础上有目的地选择勘查路线、勘查点，有针对性地确定现场勘查的内容。还可把地面勘查资料和遥感图像判释所获得的信息与 GIS 技术结合起来，进行系统的分析，使通过野外分散的勘查点所取得的零散资料在统一的环境中得出概括性更强、准确性更高的结论，从而使野外勘查资料能在更高层次上得到利用。另外，还可以遥感图像为背景，利用管道中线及相应的场站阀室等设施，并辅以必要的地名、河流、道路等名称信息，制作管道工程的遥感影像概况图，使工程概况数据能直观、清晰地表达出来，能够让资料使用者快速掌握工程的重要信息。

4）提供沿线地质条件信息

在常规的选线定线中，一般是借助大中比例尺地形图，而地形图信息只表明地物的几何信息，且时效性较差，在实际应用中有很大的局限。在地形图缺失的地区，遥感则成为定线中唯一可以参照的基础信息，在选线现场发挥着指导性作用。遥感影像反映的是地物的最新信息。利用遥感图像可以对沿线的地质条件进行准确的判断，包括对大的断裂带、地质灾害、出露岩石的长度、岩层种类以及施工难度的判读，有助于提高选线的质量。利用遥感数据还可以通过对一段较长的河段进行综合判释，来选择较合理的河流穿越点。

遥感在我国管道工程选线定线中的应用始于 1985 年，原地质部遥感中心和原石油部规划设计总院开展了输油管线选线定线遥感技术应用专题研究。1996 年，遥感技术在中俄输气管道工程、涩北—西宁—兰州输气管道工程、兰州—成都—重庆输油管道工程、以及忠县—武汉输气管道工程等中得到广泛应用（刘丽和万仕平，2010）。如彩图 6.4 为荒漠地区管道选线时进行室内模拟定线的示意图。

遥感在忠武输气管道选线中也发挥了重要作用。由于管道通过的荆州地区，湖泊、池塘密布，地理环境的变迁使原有地图不能提供准确的地理信息，导致现场踏勘后一直不能确定通过这一地段的管道最终方案。设计人员根据 SPOT 与 TM 数据融合影像图，只用了两三天时间就确定了通过方案,为勘查、设计和施工赢得了时间。据统计,在该工程中,最终线路方案大约有90%是根据遥感影像图选定的(程仲元等,2001)。

西气东输工程的选线方案大部分都是利用遥感技术选定通过方案的,即先应用卫星遥感影像图制作专题地图,并对管道沿线两侧各5km范围的1:5万地形图进行了修测,使地形图的误差不超过0.5mm。在这些高精度的数据上进行初步的线路选择,再将选定的坐标用GPS系统进行现场定位和优化,最终制定最佳的管道通过方案。另外,还采用了最新时相遥感数据开展郑州—上海段管道沿线1:5万地形图修测。从遥感的视角对靖边—郑州段的5条比选线路进行了方案的比选,通过对不同线路的优缺点进行评价,为确定最优的中线方案提供了依据(吴宏,2003)。在板桥和三江口两地段的管道选线研究中,通过对多时相及部分高分辨率的遥感数据的判读分析,发现了长江河道的演变及两岸的地形地物条件和分布特征,找出了板桥和三江口两地适宜的穿越河段,为管道穿越点的综合评价提供了重要的基础资料(肖德仁,2003)。

5)地质灾害评价

对长输管道有影响的地质灾害主要是山地地质灾害。由于不同类型地质灾害对工程和可持续发展的影响方式和危害不同,因此防治对策和措施也不同。长输管道经常跨越不同的地貌和地质环境,会遭遇多种不同的地质灾害类型,因此对长输管道工程地质灾害的评价是一项系统工程。

对各种管道工程产生破坏和影响最严重的主要是崩滑流灾害,其次是地面塌陷等灾害。在大直径高压管道线路上,一旦发生严重的崩滑流灾害,油气泄漏会造成巨额的经济损失,更重要的是会带来严重的环境问题。利用遥感图像的宏观、直观特性和信息量丰富的特点。对灾害进行识别并预测其发展趋势,为管道选线提供相应的依据,是管道工程遥感选线的一项主要应用内容。陕—京线、兰—成—渝等管道工程、西气东输管道工程等都进行了专门地质灾害的调查与评价。其中,兰—成—渝管道成县—江油段(山区段)地质灾害调查发现:滑坡54处,崩塌47处,泥石流23条,断裂9条。在线路定线和设计中根据不同情况采取了相应的措施(董鲁生等,2002)。

3. 管道选线综合评价

在管道选线综合评价中,遥感的作用也是不容小觑的。管道选线综合评价主要是对管道的合理性、管道的经济效益以及管道对周围环境可能造成的影响进行评价。因此,需要对区域情况进行综合研究,对所选的不同备选线路所涉及的地形地貌、断裂、岩性、不良地质现象、岸坡稳定性、人文、交通等问题,进行全面、客观地评价。而一些宏观现状信息(如地形地貌、断裂、岩性、不良地质现象等)最适合以遥感作为信息源来获取。利用遥感图像可以编制线路两侧一定范围内的地貌图和地质解译图,以及遥感综合解译图,包括河流、铁路、公路等直接影响管线的因素。

例如,胡艳等(2004)以遥感技术和GIS技术为支撑,利用层次分析法对靖边—郑州段输油管线进行综合评价。首先,建立了管道选线的综合评价体系,涉及线路长度、交通状况、穿越障碍、地形地貌等4个方面的12个因子。再运用层次分析法结合专家知识,实现了全部评价因子的权重排序。以GIS为技术支撑,对各专题进行了空间分析和统计,建立管道选线综合评价模型。利用TM与SPOT5的融合图像进行解译,获取地貌、地质、水系、交通等相关信息，并编制了线路两侧各5km范围内的地理地貌图和地质专题图。最后，详细客观地对各备选线路进行了综合评价，为管道选线决策提供依据。Montemurro和Gale（1996）利用GIS和遥感技术等对加拿大的输油管线路线选择进行评价，获得了最佳路线。

6.2.3 管道运输工程设计遥感应用

管道运输工程设计分为初步设计和详细设计两个阶段。

初步设计是在管道运输工程项目确立后，根据设计任务书的要求，结合管道运输工程具体条件做出具体实施方案。此阶段是设计人员对可行性研究阶段的线路的优化，主要包括线路方案的确定，厂、站具体位置的选择，和对一些困难复杂地段的深入设计。初步设计是进行项目建设和工程施工的主要依据，要求所用基础资料必须充分、准确、翔实可靠。详细设计是在初步设计及其审批意见的基础上，对整个管道工程进行更详细的设计，并绘制出正确、详细、完整、清楚的施工图纸（王绍周，2004）。遥感作为一种新的数据获取手段在管道运输工程设计中发挥着重要作用。由于管道运输工程设计的关键是初步设计所用数据的准确性，因此，在管道运输工程设计中遥感的重要作用主要体现在初步设计阶段。

初步设计阶段采用的遥感数据的分辨率不能低于2.5m，地形图的比例尺达到1：1万，甚至更大。运用高分辨率的卫星遥感数据能够很容易地得到特征地物的高程数据、不同类型地物的专题数据以及现势性强的地质数据。设计人员可以根据遥感判读的数据和现场踏勘采集的地勘数据进行管道线路设计和工程量估算；使用大比例尺、较高分辨率的航空图像能够获得局部区域的更详细数据和地表的微观特征。航空图像主要用于小规模地质体的识别和提取，不良工程地质段的判断，土壤腐蚀性和各类管道占地长度的定量分析。例如，在石油管道工程设计阶段从遥感影像中提取出管道所经地区的地质、地貌、水文、土壤类型信息，从中提取出特殊不良工程地质地段和不同水文地质条件（如湿陷性黄土、沼泽地、软土）等，以便估算管道的造价和施工的费用。此外，运用遥感数据可以生成DEM数据，结合GIS的空间分析功能，可以快速、准确地计算出管道线路的土石方量和相关的施工费用，为管道设计方案的确定提供依据。

6.2.4 管道运输工程施工图设计遥感应用

施工图设计阶段是指导管道运输工程具体施工的一个重要阶段，遥感在其中也发挥着重要作用。主要体现在以下几个方面：

（1）利用高分辨率的遥感立体像对，结合局部隐蔽地区野外实测数据，采用全数字摄影测量系统，能够解析出长输管道线路的纵断面及部分调整的中线转角桩。

（2）利用高分辨率遥感数据（如WorldView 0.5 m分辨率卫星遥感立体像对数据），采用全野外像控布点，经调绘、内业加密定位，制作1：2000数字线划图（DLG）、DOM和管道沿线高精度的DEM。其中，DEM数据是后期建立三维数字管道的必要基础数据，也是工程量计算和最终成果检验的重要依据。

（3）基于遥感影像判读得到的数据，结合GIS技术，建立管道遥感研究成果数据库。

在此基础上可开发集图形图像管理、显示、查询、分析、多时相动态演示和三维模拟飞行等多种功能为一体的遥感与 GIS 信息服务系统，为数字管道的建设奠定基础（将在 6.4 节中具体说明）。

在西气东输管道工程中，运用了多达 52 景的 TM 数据进行遥感影像镶嵌制作出了全线遥感影像图，并对管道全线的地理、地貌和地质条件进行综合判读，获得了地理地貌、地质条件综合解译图；整理统计了全线各类重要信息，分析判断出沿线重点地段及应注意的工程问题（吴宏，2003；白生明等，2005）。此外，还运用自动统计、快速编制地形剖面图和三维模拟飞行等技术，提高了整个管道工程施工的质量及工作效率。

6.3 管道运输工程运营管理遥感应用

管道安全运输是公众和管道运输业关注的热点。如果对管道运营管理不善，造成管道泄漏等，将会造成巨大的经济损失和严重的社会恐慌。例如，在高压天然气管道运行过程中，若操作失误或人为破坏导致管道断裂、天然气泄漏，将会引起火灾、爆炸、人员中毒、窒息等严重安全事故，给管道周边人民的生命财产安全带来严重威胁，同时也会影响下游天然气用户的正常生产和生活，扰乱正常的社会经济秩序。不言而喻，管道的安全运输至关重要，必须重视管道运输的运营管理，以做到及时发现管道安全隐患，迅速采取措施，提高管道运输安全系数的目的。

由于影响管道运输安全的因素有很多，如气候变化、黄土湿陷、自然灾害等，因此，需要采用有效的技术来对管线安全与环境进行监测。管线分布地区往往地处偏远涉及的地区范围广，难以监测。运用传统的人工方法，不仅效率低，而且数据精度低、监测费用高、周期长。遥感作为新型的数据获取手段，在管道运营管理中发挥着重要作用，特别是在长输管道、跨国管道等的运营管理中发挥着主导作用。

管道运输工程运营管理中遥感的应用主要包括：利用遥感数据制作电子地图，辅助管线分布的调查；对管道周围环境进行变化监测，以及对各种灾害、事故等进行监测、分析和评价等。

6.3.1 管线分布调查

对管道网线进行及时调查，实时更新地下管道分布图，不论对于管道运营管理，还是管道规划和设计都十分重要。只有充分了解整个管道的分布状态之后才能进行有效、合理的管理，提高整个管网的运输效率。相反，如果对管道分布不了解，将会带来巨大的经济损失，甚至是灾难。2010 年 7 月 30 日在南京市，一台挖掘机在施工时将主供气管道挖断，造成附近千余户居民家中停气。同年 8 月 9 日，南京市再度发生两起煤气管道被挖断事故。在同月 10~11 日仅十几个小时内，接连发生三起煤气泄漏，不仅造成附近居民中毒事故，还严重影响了周围的环境及人们的正常生活。导致这些事故的原因众多，最重要的原因就是没有准确的地下管网的分布图（佚名，2010）。由此，地下管网分布调查的重要性可见一斑，它是管道运输运营管理的基础，也是管道安全运输的保证。

一般情况下，管道规划时就应该完成管道分布规划图的制作。但是在实际施工过程中，由于追求工程进度或为了节省成本（绘制 1km 的管道综合分布图要上万元的成本），存在不严格按照管道设计图纸施工的情况。不仅如此，有些地方在工程验收时，甚至还没有进行必要的管道工程沿线勘查等工作。这就导致了实际的管道位置分布与管道规划图上的位置不符，有的相差好几米远。再者，由于地表下沉、水土流失等引起的地下环境变化，常常导致管线移位，使得管道位置与之前设计图纸中的位置不符。因此如果不及时更新或纠正错误的管道分布数据，就不可避免地会给管道施工和管理带来极大的不便，甚至安全隐患。

由于大多数管道都埋设在地下，传统的现场测量方法一般要用 10~20 天，甚至更长的时间，才能制作出管道综合分布图。这显然已经不能满足管道运输运营管理对数据更新的要求。雷达卫星遥感具有对地物的一定的穿透能力和对不良环境的强大抵抗力，应用地面遥感技术（侧视雷达等），结合低空雷达、热红外传感器，可以制作埋地管道的分布图（方杰等，1997）。采用雷达卫星遥感对管网进行调查不仅能获得精度较高的数据，还能节省大量的人力、物力和财力，大大提高管线调查的工作效率。

6.3.2 管线周边地质灾害调查

遥感在管道工程地质灾害危险性评价中应用广泛。地质灾害是指由地球内力或外力产生的，危及人身、财产、工程或环境安全的事件。地质灾害种类繁多，根据地质灾害发生的自然地理位置，可分为：①山地地质灾害，主要包括崩塌、滑坡、泥石流等；②平原地质灾害，主要包括地面沉降、土地盐渍化等；③滨海地质灾害，主要包括海水入侵、海岸侵蚀等；④海洋地质灾害，主要包括海底滑坡等。地质灾害中，对长输管道有影响的主要是山地地质灾害。

为了保证管道的安全运营，必须利用遥感技术对管道所经线路上的崩塌、滑坡及泥石流等地质灾害进行系统的监测、判读、实地验证和综合分析，以便及早发现地质灾害、采取相应的防范措施，减少对经济和环境造成的损失。王世洪等（2009）对兰成渝成品油管道的礼县—广元段，运用 SPOT、ETM、IRS-P5 等遥感数据，建立了泥石流灾害的遥感判读标志，并采用模糊综合评判法分析了降雨作用下泥石流灾害发生的概率，对管道沿线泥石流灾害危险性进行了评价，从而实现了管道沿线泥石流灾害的快速预警。

无人机遥感系统机动灵活，比较适合长距离管道的地质灾害调查。应用无人机遥感技术可对地质环境和地质灾害进行及时、循环的监测，采集地质灾害发生的范围、程度和源头等信息，为管道工程安全运营管理提供快速、准确的数据支持。因此，无人机遥感在管道工程运营应急管理方面具有较好的应用前景。

6.3.3 管道泄漏检测

随着管线铺设距离的延长，服役期的增长，由于运行磨损、设备老化、腐蚀、地理和气候环境变化以及人为损坏等原因，管道泄漏事件时有发生。管道泄漏不仅影响管道正常输送，当输送有害、易燃、易爆等介质时，还会污染环境，引发火灾、爆炸等二次灾害，威胁人们的生活和生存环境，造成较大的经济损失和社会恐慌。例如，2009 年 8 月 7 日，法国南部罗纳河口省一条输油管道发生泄漏事故,近30亩①农田被污染(何滨,2010);2011年9月,宁波市镇海天然气管道泄漏,造成12000户居民"断气",影响居民的正常生活(佚名,2011)。因此,对管道泄漏的实时监测、检测和定位技术研究具有极为重要的现实意义(王绍周,2004)。

目前,管道泄漏检测的主要方法有:泄漏噪声探测法,系缆式漏磁探测法,放射性示踪剂检漏法,嗅觉传感器和负压波法等。此外,还可以利用遥感技术进行管道泄漏检测,如航空遥感和卫星遥感术,这些手段已经得到了较好的应用。大多数情况下,管道内介质的温度与周围环境的温度不同,一旦发生泄漏,周围环境的温度必然发生变化。利用热红外成像技术,可以记录管道平时周围环境温度数据和热图谱,因此,借助卫星或直升机就可以实时检测管道周围环境温度场的变化,从而发现泄漏发生的区域位置。

热红外探测方法对管道的埋设深度有一定的限制,气温与管道内介质温差越大效果越好(对冬季的供热管道检漏效果最好),而且可进行长时间检测(王绍周,2004)。美国利用直升机载红外线摄像装置,记录埋地管道周围某些不规则的地热辐射效应,利用光谱分析检测较小的泄漏(袁朝庆等,2006)。例如,中国科学院上海技术物理研究所研制的机载天然气管道泄漏监测红外激光雷达,采用机载主动遥感对我国天然气管道泄漏进行监测。飞机可以沿天然气管线飞行,一旦监测到天然气泄漏就会自动报警,并能够运用GPS信息准确定位泄漏位置。其工作原理是(李正文等,2011):直升机沿着天然气管道飞行时,激光束扫过天然气管道地表覆盖物,由于气体分子对光谱的选择吸收,如有天然气泄漏,泄漏点周围形成的气体云团会吸收掉一部分激光能量,根据激光的初始功率和回波功率就可以反演出天然气的浓度。中石化集团管道储运公司通过将一台高精度微波辐射计架设在无人机上,对海底输油管道进行监测,发现微波遥感监测不仅能监测出海底输油管道的泄漏事故,还能准确监测出泄漏事故中溢油量和水面的污染程度(详见5.2.1节)。

卫星遥感监测范围广,能获得管道及其周围环境的宏观信息,主要用于确定管道泄漏的影响范围和运动方向。高光谱遥感能够直接检测出土壤中的碳氢化合物,通过管道周围植被的反应间接检测土壤中石油的含量(当有石油泄漏的时候),高光谱遥感能检测出低至20 bbl的管道泄漏(Roper and Dutta,2006),如彩图6.5为管道泄漏量为20~500bbl的两处地方的高光谱遥感检测结果。对于更小的管道泄漏的检测,则需要通过精细的遥感数据分析才能得到。在小型管道泄漏演变成大的管道泄漏之前将其检测出来,可以大大降低经济和生态环境损失。运用高光谱遥感数据不仅能够检测出管道泄漏,还能快速地找到管道泄漏的影响范围和可能的泄漏扩散路径,为管道泄漏抢救、管理和风险评估提供重要的依据。卫星遥感数据虽然空间分辨率不如航空遥感数据,但是通过不同卫星数据的综合使用,基于卫星遥感的管道安全检测的精度有时比航空遥感还高,而且成本更低。在对海洋管道溢油的主溢油位置和面积等方面进行研究时,卫星遥感能够提供整个溢油污染水域宏观的图像,并能跟踪和监视溢油的漂移和扩散(袁朝庆等,2006)。卫星遥感数据适合监测大面积溢油污染,主要用于慢性管道泄漏污染源的监测。

雷达遥感有很高的空间穿透能力,能监测到管道泄漏的运动方向,帮助管道工作人员有效、合理地部署管道泄漏维护工作,从而减少管道泄漏造成的污染和经济损失。在柯达

---

① 1亩≈666.7m²

公司开发的机载天然气泄漏雷达（airborne natural gas emission LiDAR，ANGEL）管道调查系统中，运用遥感技术，能够从 400m 的高空精确地监测天然气泄漏的准确位置。彩图 6.6 为 LiDAR 数据生成的灌水渠和管道 DEM。

可见，使用遥感技术进行管道泄漏监测，不仅能获得管道泄漏的宏观信息（可通过卫星遥感监测），还能得到管道泄漏的微观信息（可通过航空遥感监测），既省时、省力、节约资金，又能在提高工作效率的同时保证数据精度。

6.3.4　管道环境变化监测

管道环境变化监测指的是对管道所经区域的环境变化进行监测，包括地质、地貌、水文环境、土壤、植被等自然环境的变化检测和管道安全范围内的违章建筑、排放腐蚀性物质、堆放大宗物资及危险化学品等人文环境的变化监测。由于人类活动和气候变化等因素，自然界的环境变化较快，如果不及时掌握管道的环境变化信息（如黄土湿陷、河床宽度季节性变化、河流改道等），将会给管道的维护带来不良后果（方杰等，2000）。

由于管道环境变化会对管道安全运营和管理造成影响，因此必须对管道环境变化实时监测。传统的人工调查方法难以满足人们对变化数据的要求，而运用遥感图像进行变化检测能更准确、更快速地掌握环境的动态变化。遥感变化监测通过对不同时相的遥感数据进行比较和定量分析，来获取所需要的变化信息。运用遥感环境变化监测不仅数据的精度高、现势性强，而且工作效率高，数据成本低，节约人力、物力和财力。赵世佳等（2009）利用靖咸管道沿线 2008 年 7~11 月与 2004 年 3~5 月的 QuickBird、IKONOS、SPOT5 遥感影像进行对比分析判读，对靖咸管道 2004 年 3 月~2008 年 7 月间的房屋占用、铁路穿越、道路穿越、河流穿越、高压线穿越等风险源的变化状况进行了遥感调查和监测，并取得了较好的监测成果。

运用 LiDAR 数据获得 DTM，进而可计算出地面的坡度变化。坡度变化信息可以用来进行管道的沉降和上升的变化研究[①]。另外，运用 Optech ALTM（airborn laser terrian mapper）2050 航空雷达扫描仪等获取的地面信息，尤其是地质不稳定地区的地面信息，有助于了解管道的相关动态信息，不仅可提高管道风险管理效率，还为管道工程监控和维护提供了一个可行的方案。例如，彩图 6.6 是加州南部的灌水渠和管道的 LiDAR 点云产生的 DEM 数据（Roper and Dutta，2005）。

6.4　数 字 管 道

"数字管道"是 20 世纪 90 年代由美国首先提出来的。它是运用遥感、数据收集系统、GPS、GIS、业务管理信息系统、计算机网络和多媒体技术、现代通信技术等高技术手段，通过对管道设施、管道沿线环境、地质条件、经济、社会、文化等各方面的信息，在三维地理坐标上的有机整合，构筑的数字化管道系统，为管道施工、故障诊断、维修管理提供数据与地图相结合的网络平台（张其敏和严宏东，2006）。

---

① Application of LiDAR Technology. 2006. Pipeline Mapping. Optech Incorporated

目前，这项技术在美国、加拿大和意大利应用已经较为成熟。美国在休斯敦设置了全国管网的控制中心，加拿大也在蒙特利尔设置了一个全国管网的调度控制中心。其管网自动化监控程度已经达到相当高的水平，如美国的阿拉斯加管道控制中心已利用 GIS 实现对地震等自然灾害的预警和自动控制（杨祖佩和王维斌，2006）。

西气东输冀宁联络段管道工程是我国第一条在数字化平台上进行选定线、勘查设计和运营管理的数字输气管道，拉开了我国长输管道数字化的序幕。该管道工程在勘查设计期间利用卫星遥感和数字摄影测量技术进行选线，获取了管道两侧各 200m 范围内的沿线数据，并应用 3S 技术、计算机和多媒体技术等高科技手段，初步构筑起了一个包括管道设施、沿线环境、地质条件、经济、社会、文化等各方面信息的数字化管道信息系统，实现了可视化条件下的设计，为管道施工和维护管理提供了技术支持。我国在南疆天然气利民工程喀什—泽普段首次引入"数字管道"，已经完成了数字化管理平台、管道设计数据和施工数据采样标准的建设（刘枫，2011）。目前，多个管道工程已全面采用多数据源卫星遥感影像、航空摄影测量遥感技术以及 CAD 技术进行工程设计，并积累了大量的数字化成果，这些成果为全面实现管道设计、施工和运营的数字化管理奠定了良好的基础（郝明武和史徐武，2008）。尹旭等（2010）运用遥感图像处理软件 ERDAS 提取甬沪宁长输油管道的遥感数据，以管道的遥感数据和地形图为基础，获得管道及其经过区域的图像和地形、地貌、植被等地理信息，然后通过与 GIS 的整合，建立了数字管道系统，为技术人员和管理人员提供可视化技术支持与服务。

6.4.1　数字管道系统组成

数字管道以管道数据库为基础，利用 GIS 技术、数据库技术、航空航天遥感技术、三维仿真模拟技术、动态互操作等"数字地球"核心技术，采集、存储、处理、管理和维护管道的规划、设计、施工、运行和维护全过程、全生命周期的基础地理数据与管道专业数据。它由管道勘查设计系统、管道建设项目管理系统、管道运营管理系统三部分组成，其核心是管道信息数据库（郝明武和史徐武，2008）。

管道勘查设计系统包含了地质勘测、线路设计、阴极设计、工艺设计、土建设计和总图设计等子系统。各子系统所产生的信息包括管道周边人文、地理、气象、水文、地质、勘测、遥感信息和各个专业二维、三维设计图纸和文件，以及设备材料信息等，这些信息组成了设计信息数据库。

管道建设项目管理系统包括设计管理、施工管理、物资管理、进度费用管理和文件控制管理。数字化管道系统可以实现对工程参建队伍、各标段基本情况、施工计划、施工进度等的整体管理；自动汇总、生成工程进度与质量等过程的控制报表，并用 GIS 图形方式展示；进行设计数据与施工过程数据的对比查询，保证施工单位严格按照设计线路走向施工。另外，数字化管道系统可以协助建设单位有效控制工程变更（杜丽红和姚安林，2007）。

管道运行管理系统由管道信息子系统、数据采集与监视控制子系统（supervisory control and data acquisition，SCADA）和仿真子系统构成（周昊等，2007）。SCADA 子系统对现场运行的设备进行监视和控制，以实现数据采集、设备控制、测量、参数调节以及各类信号报警等功能；仿真子系统运用 SCADA 系统生产的实时数据作为仿真、预测、检测等仿真操作的数据基础；管道信息子系统对 SCADA 子系统生产的实时数据进行统计和分析，为管理信息子系统提供数据基础、业务管理需要和决策支持，并且还可以根据业务需要调用仿真系统的运算结果进行统计和分析。

6.4.2 数字管道关键技术及其应用

数字管道包括了 CAD、大型数据库技术、地理信息系统技术（GIS）、空间数据采集与处理技术（包括遥感、GPS）、虚拟现实技术、网络技术等关键技术。

遥感是地表信息的综合反映，能逼真地反映地貌单元、地表景观，尤其能为河流改道、湖泊变化、耕地变化、居民点扩容等动态变化的检测提供最新资料。此外，应用遥感技术还能测定地面目标的三维坐标，自动获取数字高程模型数据。遥感技术在数字管道中承担着基础数据采集的重任，是整个数字管道建设的基础，是建立完整数据库的重要保证。运用雷达遥感技术获取管道的分布、周围环境的地质、地貌和水文信息，辅助进行管道选线；利用红外航空或航天遥感技术实时采集管道运行数据，包括各分输站点、泵站、阀室及测控点的进出站压力、流量、油速、油温、高程及管道的泄露等信息，并将其保存在数据库中。一旦管道在运行中发生故障，数字管道就能快速、准确显示故障位置、液体泄漏量、周边地理环境等信息，并发出声光报警，安全生产调度人员根据报警信息进行安全抢救。中国石油化工集团公司以管道的遥感数据和地形图为基础，运用遥感信息处理软件 ERDAS 处理甬沪宁长输油管道的遥感数据，获得了管道及其经过区域的图像和相关地理信息。然后，通过将这些基础数据与 GIS 系统的整合，建立了数字管道，有效地提高了甬沪宁长输油管道的信息管理效率。

利用 GIS 技术对管道安全运行进行监控管理，具有实用性强、操作简单、投资小、可靠性高、先进性强等优点，同时它具有集系统性、适用性、兼容性为一体的优势，可以便捷、安全可靠地对管道沿线情况进行动态数据管理。发生管道泄漏时，GIS 根据数据采集系统获得的数据，可以准确将泄漏点的地理位置、任一时刻的泄漏量和事故可能产生的后果等相关参数以可视化的形式显示在工作人员的计算机屏幕上，以帮助管理人员和工作人员及时赶赴事故现场进行泄露检查，并制定相应的救援方案。利用 GIS 技术进行管道安全管理，不仅提高了效率，而且节省了人力和物力，同时也使管道安全的管理趋于规范化和科学化。

GPS 在数字管道中，主要用于实时准确地定位。如在长输油管道泄漏时，获得相邻站点所记录负压波前沿的时间标签后，通过漏点定位公式对漏点进行准确定位（张其敏和严宏东，2006）。

虚拟现实技术使数字管道把真实、可视的三维环境展示到用户面前。用户通过交互方式对管道的公用信息进行查询和操作，对管道的三维虚拟漫游犹如身处真实的三维世界中，充分体现了数字管道的空间特征。虚拟现实技术使管道的可视化管理成为现实。

数字管道是一个大型的数据管理系统，它的一项核心技术就是数据库技术。通过运用大型数据库技术，尤其是空间数据库技术，实现了对庞大的管道信息和数据的有条不紊的、高效的存储、组织和管理。空间数据中心可以存储和管理在数字管道规划、建设和运营中获取的所有静态和动态数据，能够提供数据的查询和安全控制功能与服务。

以上关键技术的有效集成，为建立数字管道的建设奠定了技术基础。

6.5 小　　结

本章介绍了遥感技术在管道规划、建设和运营管理等中的应用。通过遥感数据进行地质、地貌、土壤、水文、植被等专题判读分析生成专题分类数据，为管道选线和管理提供数据支持。运用遥感判读的各类专题数据、所生成的 DEM 数据和地形图，可帮助进行管道工程线路的选择和比较以及野外勘查点和勘查线路的选择；运用遥感数据生成管道经过地区区域的 DEM，并可进一步制作地表三维地形图；再结合 GIS 技术，生成管道沿线的三维景观，辅助开展管道运输工程规划，管道运输工程可行性研究，管道运输工程设计，管道运输工程施工图设计、管理和审查，管道分布与管道周边地质灾害调查，管道泄漏检测，管道环境变化监测，以及为数字管道建设提供服务等。

参 考 文 献

白生明，陈守才，肖海文，等 . 2005. GIS-RS 综合信息服务系统在长输管道工程测量中的应用 . 华北石油设计，1：29 ~ 30

程仲元，王卫民，王冰怀 . 2001. SPOT 卫星图像数据在长输管道工程中的应用 . 油气储运，20（5）：23 ~ 25

董鲁生，郭书太，程仲元，等 . 2002. 长输管道工程勘察技术发展展望 . 石油规划设计，13（6）：4 ~ 7

杜丽红，姚安林 . 2007. 数字化管道及其应用现状 . 油气储运，(6)：7 ~ 10

方杰，陆兴华，孙春良 . 2000. 遥感技术对油气管道沿线活动断层研究 . 石油规划设计，11（2）：8 ~ 9

方杰，吴克伟，孙春良，等 . 1997. 卫星遥感技术在油气管道规划设计中的应用 . 石油规划设计，6：9 ~ 12

冯筠，黄新宇 . 1999. 遥感技术在资源环境监测中的作用及发展趋势 . 遥感技术与应用，14（4）：59 ~ 70

郭勇军 . 2009. 长距离管道工程勘察技术创新管理研究 . 硅谷，2：108

郝明武，史徐武 . 2008. 输油管道泄漏检测数字化技术 . 黑龙江科技信息，(27)：2 ~ 3

何滨 . 2010. 法国南部一输油管道发生泄漏事故 . http：//news. 0513. org/html/38/n-244238. html ［2011-11-02］

胡艳，丁树柏，邹立群 . 2004. 遥感技术和地理信息技术在管道选线中的应用 . 国土资源遥感，2：43 ~ 46

李正文，亓洪兴，肖功海，等 . 2011. 实用化机载天然气管道泄漏监测红外激光雷达 . 红外与毫米波学报，30（2）：184 ~ 188

刘枫 . 2011. 南疆天然气利民工程引入"数字管道" . http：//www. lngonline. cn/Engineering/Liquify/201110/6241. html ［2011-11-06］

刘丽，万仕平 . 2010. 卫星遥感技术在油气长输管道勘察设计中的应用 . 天然气与石油，28（1）：29 ~ 32

蒲明，马建国，夏忠林 . 2005. 输气管道规划工作探讨 . 石油规划设计，(2)：8 ~ 10

茹慧灵 . 2006. 国内外油气管道技术现状与发展趋势 . http：//www. doc88. com/p-69320013601. html ［2006-04-06］

苏生瑞，王玉洲，曲永新 . 1995. 西部石油管道工程黄土区冲沟、滑坡遥感图像解译 . 勘察科学技术，(1)：7 ~ 11

王绍周．2004．管道运输工程．第 1 版．北京：机械工业出版社

王世洪，翟光明，张友焱．2009．基于遥感检测的输油管道泥石流灾害危险性评价．中国地质灾害与防治学报，29（2）：3640

王卫民，刘长清，苏兰茜．2006．遥感图像处理与管道线路评估．中国勘察设计，（10）：55～57

吴宏．2003．西气东输管道工程介绍（上）．天然气工业，23（6）：117～122

肖德仁．2003．遥感技术在长输管道勘察设计中的应用．天然气与石油，21（4）：56～57

阎光灿．2000．世界长输天然气管道综述．天然气与石油，8（4）：1～10

杨祖佩，王维斌．2006．国内管道完整性管理体系调研．http：//wenku．baidu．com/view/40f5cdd026fff705cc170add．html

佚名．2010．南京半个月连续发生 6 起管道挖爆事故．http：//news．qq．com/a/20100813/000858．htm［2011-10-30］

佚名．2011．挖掘机挖断天然气管道，镇海 12000 居民"断气"．http：//www．nbadio．com/node2/news/8bxw/userobject/ai276895．html［2011-11-02］

尹旭，李平，李贞培．2010．基于 ERDAS 和 ArcGIS 的数字管道系统的设计与实现．管道技术与设备，5：27～29

袁朝庆，庞鑫峰，刘燕．2006．管道泄漏检测技术现状及展望．大庆石油学院学报，（2）：76～79

张其敏，严宏东．2006．管道泄漏检测技术及评价．重庆科技学院学报，（2）：33～35

赵世佳，何仁洋，蔡广明．2009．基于遥感和 GIS 技术的长输管道风险源监测研究．科技创新导报，14：12～15

周昊，王磊，王晓刚，等．2007．数字化管道技术在在役输气管道上的应用研究．天然气与石油，（1）：3～6，59

Bahuguna S．2010．Setting the Trend ：Remote Sensing Technology in Pipeline Routing and Cadastral Data creation ppt

Fereydoon R D．2003．Pipeline Routing Using Geospatial Information System Analysis Mahmoud．http：//www．scangis．org/scangis2003/papers/12．pdf

Mahmound R D，Fereydoon N．2007．Pipeline routing using GIS analysis．Surveying Technical，5（7）：19～22

Montemurro D．Gale T．1996．GIS-based process helps TransCanada select best routefor expansion line，Calgary，Oil & Gas Journal，22：63～71

Roper W E，Dutta S．2005 Remote Sensing and GIS Applications for Pipeline Security Assessment．2005 ESRI User Conference Proceedings［2005-12-06］

Roper W，Dutta S．2006．Oil Spill and Pipeline Condition Assessment Using Remote Sensing and Data Visualization Management Systems．http：//www．epa．gov/oem/docs/oil/fss/fss06

Taylor A W．2000．Early Problem Detection in facility and Pipeline Monitoring．Pipeline and Gas Journal，225（10）：32～36

第7章 航空交通遥感应用

航空交通运输作为世界上快速发展起来的一种运输方式，极大地满足了人们长距离旅行对时间、舒适性的要求，以及对快速货物运输的需求。自20世纪80年代以来的近20年，世界上大多数航空产业发达国家先后进行了中枢辐射航线网络结构的建设，如美国的芝加哥、洛杉矶、丹佛、亚特兰大，欧洲的伦敦、法兰克福、阿姆斯特丹等枢纽机场（王东和吕佳，2001）。当今世界已进入航空运输大发展时代，发达国家和新兴工业国的重要经济中心纷纷以大型机场装备自己，力争成为新时代的交通枢纽，以适应和推动经济的进一步发展。各国民用航空运输在规模上以异常迅猛的速度发展，联通世界各国主要城市的航线网已遍布各大洲，形成了全球性航空运输网络，成为当今社会和经济的重要组成部分。

我国自改革开放以来，民航交通运输在国民经济中的作用日益突出，也越来越受到国家和各级地方部门的重视，民航机场建设已作为发展经济必不可少的先行项目。政府部门对民航机场建设的投入逐年加大，使民航机场建设蓬勃发展。一些省会城市、沿海开放城市和经济特区纷纷进行机场建设，基本建成了连接各省、直辖市、自治区主要城市的国内航线网与通达世界各主要国家的国际航线网，空中保障能力得到了较大提高。

国外机场工程建设在经历了近百年的发展后，在工程建设方面积累了丰富的经验和成熟的技术。在机场建设工程规划方面，广泛运用系统工程管理理论，使机场建设规划水平大大提高，即对建设进行全方位、全过程系统的管理，保证了所有规划和建设是按程序和标准进行（宋远方等，2000）。而机场规划与设计任务的快速有效完成是机场建设成功的关键所在。在欧洲等发达国家，高度重视机场总体规划，无论是新建或改建机场，也无论是大型或中小型机场，机场管理部门都无一例外地把总体规划作为机场建设最重要的前期工作而投入大量时间和精力。目前，大多以3S技术为核心，辅以虚拟现实技术、网络技术等建立机场建设工程地理信息系统可以对在机场建设规划、勘测、设计、实施、竣工的各个阶段涉及的大量相关数据资料进行科学有效的管理（钱炳华和张玉芬，2000），以便进行归档存储、数据检索、应用开发以及工程技术性利用。尤其是机场建设各阶段的数据资料或多或少都与空间位置相关，利用GIS的统计分析、空间分析、专业分析等功能进行场址的优选、跑道轴线的确定、净空区的评定（蔡良才，2002）、工程量的计算以及各类地质灾害的预防与治理，改变了常规的机场建设思路，降低了机场建设的成本，缩短了建设周期，同时为宏观决策者提供良好的技术平台。

在机场选址的勘查技术方面，还制定了相应的民用机场勘测测量规范。机场勘测的主要内容是工程测量和地质勘查。工程测量方面采用先进的测量技术和仪器，提高测量精度和效率。地质勘查方法以"先建模型，后做验证"代替"先做勘查，后建模型"。由于3S技术的全面、快速、经济、精确、动态和可视化、可操作、可管理、可虚拟现实等特点，以及与其他密集型的信息技术和网络技术等的相互渗透（徐军库和任利民，2005），因此为机场工程建设中地质调查和勘测提供了强有力的工具。遥感可作为地质、环境灾害等监测的信息源，应用于地质信息提取与成果分析，目前主要应用于机场规划选址、运营管理、空中交通管制以及机场环境影响评价。

发达国家机场项目的选址、建设、运营和维护中都普遍采用了空间信息技术，将遥感与 GIS、GPS、虚拟现实等技术结合发挥了重要的作用。

最近几年来，我国先后在机场规划、选址勘查、备选机场比选，机场及其跑道或机场区域识别，以及环境评价与地表景观的三维可视化方面，利用遥感与 GIS、GPS 等技术开展了不少应用，取得了明显的社会经济效益。

7.1　机场规划选址遥感应用

机场作为民用航空运输的重要基础设施，是国家及区域综合交通运输体系的重要组成部分。随着航空网络的迅速发展，民航机场建设已成为发展经济必不可少的先行项目。机场建设涉及气象、地形、地质、噪声影响以及与城市的距离等多方面因素。机场规划是机场建设的首要任务。机场规划涉及国家的政治、军事、社会、经济、技术、地理环境、交通和旅游事业等，并且是一个相互交织在一起的十分庞大而复杂的系统工作，其内容主要包括机场场址选择、机场总平面布局以及道路网规划等。在机场场址确定情况下，场内总平面布局和道路网规划相对就比较简单。在确定机场场址过程中，同时也考虑了总平面布局及道路网规划的要求。因此，机场规划的庞大而复杂的特性最终体现在机场选址上。只有选址恰当，才能保证整个设计工作的顺利进行，节省大量的人力，缩短工期，减少投资。

7.1.1　机场规划选址中遥感技术的优势

为适应建设的客观需要，要更新观念，大胆创新，应用高科技更好地为机场建设服务。在机场规划选址阶段，目前，3S 技术已应用到工程地质勘查、环境监测、地质灾害评价和预测工作中，这不仅是工作方法的根本性变革，而且其成果也将以一系列更为直观、形象、生动、规范的形式（包括网络数据库、三维可视化技术、多媒体计算机光盘等）表达出来，为政府决策提供更为可靠的依据。遥感技术具有快速、宏观、客观、信息丰富、现势性和综合应用性强的优势，与传统的工程勘查方式相比，在选址、勘探和路线工程地质条件评价有不可替代的应用价值，可以大大加快机场建设工程进展，减少投入。近年来，我国应用遥感技术结合 GIS、GPS 技术在西藏阿里机场、贡嘎机场、四川康定机场、云南腾冲机场、昆明新国际机场等多个机场建设工程地质勘查中均取得了很好的效果（杨武年等，2008），有效提取了工区地质构造、水文、地质灾害等信息，大大提高了场区工程的勘查质量和研究水平；仅西藏阿里机场选址一项就为国家节约了大量投资（达数亿元人民币），并为工程赢得了时间。

1. 传统机场选址方法

传统机场选址基本上分三步进行（杨锐等，2003）：第一步，图上选址，确定若干现场踏勘的场址；第二步，现场踏勘后，优选出三个左右场址，作为进一步定点踏勘的对象；第三步，定点踏勘以后，勘查机场飞行场地和各区位置、地形测量、进一步工程地质勘查、资料详细调查等，选出个最佳场址。图上初选和野外现场勘测成为机场选址和设计的信息获取的重要来源（蔡良才，2002）。然而，野外勘测方法工作量极大，延缓了机场建设工程进展，并且需要投入大量的经费（李天华，2007）。同时，由于野外勘测视野的局限，查明自然环境条件非常困难，尤其是在地形、地貌、地质、水文、气候等条件复杂，交通不便的地区。有时由于手段的限制，勘测质量得不到保证，造成选址的变动，甚至到了施工阶段，不得不补做勘测前期的工作。更有甚者，由于野外勘测质量不达标而给施工或日后的运营带来无穷的后患。传统的机场选址方法存在纸上选址与实际地形符合度低，规划与施工设计可行性差，容易造成地质现象误判、遗漏，且耗时费力等缺点，不能及时确定出一个较为经济、合理的设计方案。

目前，出于保护耕地和环境保护方面的要求，机场选址条件相应变得越来越复杂，如在山区、海边存在的各种复杂地形和不良地质构造情况在选址中经常遇到。地面的地势变化可以在图纸或实地查看清楚，但是隐伏断裂、地下暗河、岩溶管道以及一些其他的活动性断裂等地质、构造情况就无法用传统方式判别出来。尤其是在我国西部高原区与山区，环境恶劣、交通不便、工程地质条件复杂，基础数据缺乏，致使机场选址十分困难。

2. 基于遥感技术的机场规划选址

机场规划选址是综合考虑目的地的地形、地质、生态及已有道路管线网络等因素的多目标空间决策过程，体现了重视机场本身乃至交通运输、区域社会经济可持续发展的核心思想。由于目前民航发展的迫切需要，规划建设机场的城市大多在山区、丘陵或水网地区，在这些地区要找到理想地址相当困难。传统的地面选址方法在平原地区尚较适合，但对于高原区和山区等地区，自然条件恶劣，传统野外工作方式由于视野和活动能力限制，很多地方难以进行实地观察，从而造成预选的机场位置往往不是最佳机场位置，增加了以后勘查、建设和维护的成本。因此，需要采用高科技技术手段和方法，对机场选址和设计进行充分论证。遥感技术以不同的精度（如中等分辨率的 ETM 图像、高分辨率的 QuickBird 图像）宏观、真实地反映地表地貌形态，且具有周期短、经费投入少的优点，能够有效弥补野外工作的不足，具有明显的技术和经济效益。采用遥感技术进行机场选址有如下优势：

第一，弥补传统地形图选址的缺点，做到短时间内在大范围区域内宏观上初步预选出几个符合要求的机场地址。应用遥感技术进行机场选址，在经费和时间消耗上，都远远低于传统野外工作方式，可大大提高工作效率。同时，遥感图像的真实性使得图上选址与实际地形地貌相符合，使规划设计更加合理化。

第二，多时相、多分辨率遥感图像相结合，有利于对场区的区域地质、构造地质、地质灾害及工程地质条件以及对工程建设的危害程度等进行宏观判断和预测（杨武年等，2008）。遥感图像包含了表征各种地质体不同属性的多波段信息，如地物颜色（反射波谱特征）、岩石类型、岩性组合、构造类型和样式及其空间分布等各种各样的信息。这些信息部分是以颜色、形状、纹理等直接标志反映出来的，部分则是通过不同的水系特征、植被分布特征和微地貌组合特征等间接显示的。通过不同时相高精度、多波段遥感图像，提取出区内各种与机场建设工程有关的不良地质现象，包括滑坡、崩塌、错落、岩堆、泥石流、沙丘、沼泽、盐渍土、雪崩等，达到快速、动态监测的目的，有利于地质灾害产生原因和分布规律的探讨，是研究地质灾害宏观特点及其动态变化的最佳途径。

第三，可应用遥感图像三维可视化及其动态分析技术设计多种机场布设方案，生产供反复使用的真实、客观、信息连续的宏观分析地面景观影像，为机场设计者和工程技术人员从宏观把握机场工程地质和外部环境提供了最直接的第一手资料。从而在短时间内完成多种机场布设方案的设计，并对其进行比较分析、提高工作效率、缩短设计周期，使设计更加科学。同时，也为宏观决策者（包括各级领导、工程负责人等）提供了很好的机场工程评价平台，使其如临现场，在室内就能在该平台的辅助下进行全局统筹和决策制定。

7.1.2　机场规划选址遥感应用内容

机场选址和规划过程中，遥感应用主要包括场区的区域地质、构造地质、地质灾害及工程地质条件，以及对工程建设的危害程度等的宏观判断和预测，工程量计算、净空分析和机场建设环境影响评价等。机场选址相关数据的三维可视化，使机场建设工作者在一种接近现实的虚拟环境中进行机场选址设计，并对场区的构造地质、工程地质、环境地质等特征信息提取和综合评价（李天华和杨武年，2011），对提高此类大型工程的规划选址与设计水平、保障工程质量有重要作用。另外，利用遥感影像和相应的 DEM 构建真实的三维场景，便于进行地质状况分析、净空分析和填挖方量分析，直观表现各种候选机场的状况。遥感图像三维可视化技术的应用，在为机场工程规划提供科学依据的同时，保证了成果的可重复利用性。

1. 地质调查

遥感地质调查的内容包括区域地质、构造地质、地质灾害及工程地质条件等的判读分析。区域地质背景包括地形地貌、地层岩性、地质构造、水文地质等，地貌单元、地层组合和构造特征是控制土体工程地质宏观特性的三大要素。其中，地貌单元是基本的因素，和其他地质背景信息密切相关。区域地质背景的内容多而复杂，采用常规手段进行监测与分析的任务繁重，而从遥感图像可很容易判读出某些因露头、路线限制，在地面上难以观察到的地质信息，如地层超覆趋势、大型褶皱的形态、断层交切关系，隐伏断层、节理密集带的位置和延伸方向等（断层和地质构造在遥感图上表现为明显的几何形态）。此外，遥感图像能宏观、清楚地反映水系、水体、湿地、地下水浅埋带、泉水和泉水溢出，比较准确地判断出地下水补给、径流、排泄等水文地质条件。这些都和机场的建设和安全运行密切相关。将遥感图像及其三维可视化技术引入到区域地质背景的勘查中，能够对拟建工程场区及周边环境的区域地质条件、工程地质和水文地质条件等有宏观认识和把握，对指导工程建设和施工具有良好效果（郭俊和牛铮，2007）。

泥石流、滑坡、崩塌、岩堆、岩溶、多年冻土等相关的地质灾害，对机场工程危害很大。传统地面调查方法，由于视野所限或交通不便等，给区域地质灾害调查带来许多困难。而经过处理的遥感图像可以清晰地反映出各类地质灾害特征，便于灾害信息的判读识别。结合实地调查，可以将地质灾害信息从遥感像中目视判读或自动识别出来。以泥石流和滑坡为例，其判读标志一般为：泥石流表现为沟口冲积、扇形堆积，色彩亮白；滑坡表现为浅亮色小斑（详见第 3 章表 3.3）。利用高分辨率遥感图像判读（Javier et al.，2003），可直接按影像勾绘出它的范围，并确定其类别和性质，同时还可查明其产生原因、规模大小、危害程度、分布规律和发展趋势。地质灾害的判读是机场工程地质判读的一个重点，也是各种地质现象判读中效果最好的一种，可得到事半功倍的效果。利用遥感技术识别和监测地质灾害，可以帮助设计人员了解不良工程地质现象对机场选址的影响程度，从而避免不必要的损失。

不同的岩土性具有不同的力学性质和物理性质，其稳定性和承载力均不同，对机场工程建设的影响也不同。因此，在机场的勘查过程中，一个很重要的任务就是根据岩层、岩性、构造、不良地质等划定几个试验区，以便查明整个机场地区的岩土力学性质，提出相应的施工措施。试验区一般设置在岩性变化大，构造比较发育，岩土力学性质较差，且具有代表性的地方。也就是说，试验区的设置要求空间位置合理。因涉及空间位置与宏观性，空间信息技术无疑是最好的解决途径之一。综合运用遥感与 GIS 技术，通过对机场遥感图像、DEM、三维可视化以及前期遥感判读中提取的地貌、地层、构造等信息的分析，将待建机场地区试验方案进行划分（杨武年等，2008）。通过合理划分的试验区，能将待建机场地区其他非试验区地质条件进行准确的评估。

土方工程量是影响机场选址的因素之一，同时还是影响工程造价的主要因素。因此，对土方量的精确计算，是准确衡量整个工程建设投资大小的重要依据（刘洲等，2011）。要评估预选机场土方工程量，须根据设计平面位置进行计算。土方工程量实际上就是原始地表与设计地表之间的体积值。

传统的土方量计算方法是沿用公路、铁路选线用的方法——断面法。该方法主要适用于长而窄的线状设计，对于机场这样长宽比不是太大的面状设计，其横向宽度越大，设计者越难以全面、细致地掌握地情地貌，导致设计计算的精度不高。但是，由于该方法设计过程简单、方便迅速，所以常常用于机场可行性研究阶段。随着我国经济建设的飞速发展，城市面积的不断扩张，土地资源日益紧缩，导致机场的新建或改建不是"上山"便是"下水"，其地形复杂，土方工程量巨大，采用断面法计算土方量难度提升，误差较大，给设计选址和造价估算工作造成相当大的麻烦。为了减少计算的盲目性，提高精度，使该过程科学化、合理化、智能化，将遥感图像三维可视化技术引入机场选址中，借助DEM 与 GIS 技术，可根据场区在地面模型上的分布估算出工程的填挖方量和总方量，为机场的最终选址及造价估算提供技术支持。例如，彩图 7.1 是基于遥感图像三维可视化技术制作三维影像图（张瑞军，2006），并利用 ArcGlobe 计算土石填挖量的实例。土石填挖量的准确估算，对建设设计部门提高设计质量、加快设计进度可以发挥巨大的作用。

2. 净空分析

在机场规划与设计过程中，为了选出最佳飞行场地，需要设定机场净空区，保证在飞机起飞和降落的低高度飞行时没有地面障碍物来妨碍导航和飞行。机场净空区是指为保证飞机起飞、着陆和复飞的安全，在机场周围划定的限制地貌、物体高度的空间区域，即在跑道两端和两侧上空为飞机起飞爬升、降落下滑和目视盘旋需要所规定的空域。在这个区域内，不能有地而的障碍物来妨碍导航和飞行（种小雷等，2002）。

传统的机场净空障碍物获取方法是调查和测定机场净空限制面内障碍物的位置和高度，绘制出机场净空限制面及障碍物位置图，然后根据三角关系计算物体高度是否超过限制高度。这种方式成图速度慢、精度低，难以更新（戴晓爱，2009）。

在遥感与 GIS 技术支撑下可以获取障碍物数据，作为 GIS 分析系统底图，叠加高精度的 DEM 数据进行剖面分析、DEM 分析辅助净空分析。通过机场净空区空间建模，可以确定机场周围任一平面位置的障碍物许可高度。

将建立机场实地数字高程模型的等高线离散化数据，和带有顶端高程值属性的障碍物数据一起重新构建 TIN，其中烟囱、塔尖、天线等点状地物被统一处理为直径为 10m 的面，这样点状地物与楼房、树林等面状地物全部参与构建 TIN，再将 TIN 转换为 grid，获得机场实地障碍物高程模型。机场实地障碍物高程模型与机场净空限制面高程模型进行填挖方分析，落在挖方区域内的障碍物即是超高障碍物。对超高障碍物数据进行整理，即可获得最终的机场超高障碍物的相关信息（马玲等，2008）。

采用 LiDAR 技术、卫星图像和航拍图像辅助调查，可以进行现代化的机场与公路基础设施的精确测绘以及三维地图重建和可视化管理。通过对激光点云强度数据的空间分析，可方便准确的估计跑道路面状况、受损以及维护情况，并对机场障碍物（高的树木、高楼、广播信号塔、水塔、电力传输塔、高压电线、风力发电塔、建筑机械等）进行调查，得到机场障碍分布图及机场布局规划、工程分析、机场资产管理等相关数据。彩图7.2 是 LiDAR 识别的机场周围障碍物分布图（Murphy，2002）。

根据遥感图像三维可视化模型，设置飞行路线、飞行视角、速度和飞行高度等飞行参数，对机场净空区进行三维建模及飞行模拟，重点表现净空障碍物对飞行的影响，还可输出机场净空区虚拟现实模拟飞行录像文件。彩图7.3 所示为腾冲机场净空区虚拟现实模拟飞行效果（李天华，2007）。

3. 机场建设环境影响

机场环境包括噪声环境、大气环境、水体环境、土壤环境等，而根据《环境影响评价技术导则——民用机场建设工程》标准规定，民用机场建设工程环境影响评价分为对环境造成重大影响的 A 类、对环境可能造成轻微影响的 B 类两种。A 类评价的环境要素包括噪声、生态环境、水、大气、固体废物、社会环境等；B 类评价的环境要素包括噪声、生态环境两种。

在对机场建设工程进行评价时，需要根据工程特点和环境概况进行工程分析，根据各评价要素的环境影响情况评价工作等级。因此，如何得到工程地区的生态环境特征和各环境要素现状是环境评价的主要内容。目前，多依靠现场调查、历史资料分析来进行各环境要素的现状调查与评价，并通过专家咨询和类比调查，得到民用机场建设的环境影响预测与评价（吴海毓等，2009）。

遥感技术既具有宏观监测功能，又可进行大面积的环境污染定量分析与预测评价，不仅可以在机场建设工程环境影响评价中提供重要的数据资料，还可以对机场环境进行定量测量、三维模拟展示以及空间分析与模型预测，从而全方位地了解和预测建设该机场对周围环境的影响情况，并进行进一步的环境影响评价，为环保部门提供参考意见。

7.2 机场运营管理遥感应用

在机场运营管理过程中，需要将机场范围内的基础地理信息有效的整合起来，以适应机场基础设施管理与维护、航班飞行导航、机场调度的需要。利用遥感技术，在三维地理空间平台的基础上进行机场的运营管理，不仅可以降低运营成本，提高管理水平，还可以实现机场资源的最优整合，使机场运营持续、健康、快速的发展。

7.2.1　机场基础设施管理

机场的基础设施管理和养护是机场管理部门的首要职责。机场基础设施包括机场范围内的房屋、道路及其附属设施、土地等。基础设施具有与几何和空间位置相关的特性，建立基于 GIS 的信息系统能够提高对这些设施的管理水平。

遥感影像作为一项快速的数据获取技术，可以及时、有效、大范围的掌握机场最新的空间信息。将基于航天平台（卫星）以及航空平台（飞机等）获取的遥感数据通过人工处理，如校正、增强与特征提取等，获得有价值的信息，再将这些信息与人工采集的数据和历史资料数据根据统一的空间参考进行整合，最后输入到信息管理系统的数据库中，并制作专题图显示。有了丰富信息的数据库作为基础，信息管理系统才可以为用户提供丰富的信息发布以及查询接口，并更大限度的为管理决策做支撑。

7.2.2　机场跑道维护

随着航空运输的日益发展，机场起降跑道所承受的载荷吨位以及载荷频率不断增加，对飞机起降跑道路面的伸缩性、稳定性、弹性恢复以及接边质量等提出了极高的要求。最优的路面铺设材料，可延长跑道使用年限，降低维修成本，降低事故响应时间以及减少飞机起降事故的发生。为提高机场跑道路面的管理和养护效率，需要采用先进技术加强对跑道的管理。

利用卫星遥感图像的立体像对，可以对机场跑道、障碍物、汽车道以及其他特征地物进行调查，如彩图 7.4 所示。首先，需要对现有机场跑道进行识别与数据采集。Kenneth于 2007 年提出，利用遥感红外影像进行机场跑道铺设材料的识别，可以降低灰尘、云层、光线等因素对可见光影像识别机场跑道的不利影响，提高跑道的识别率（Rush，2007）。陆地移动激光雷达技术可提供路面的密集点云数据，弥补了卫星与航空等其他遥感数据源的不足。这种地面移动激光雷达由 GPS 和 IMU 惯性导航单元构成，可以收集 100~200m范围内，覆盖整个跑道的三维点云和高程数据。彩图 7.5 所示为 70~100（点/m^2）密度下，机场跑道的 LiDAR 点云数据（Waheed，2011）。

另外，GIS 系统可以将遥感影像的跑道特征数据、现有规划施工资料数据等进行整理和地理编码，实现多源数据的综合集成。通过对机场跑道路面数据进行系统的管理和有效的分析，可以进一步展开对机场路面使用性能的评估，以辅助路面养护计划的决策制定。西澳大利亚的奥尔巴尼机场自 2000 年开始建设了机场道面管理系统——MicroPAVER 4.2用于管理道面清单、状况历史、检测数据、建设与维护历史以及相应的成本信息。其中包含了用于 PCI（道面指数，pavement condition index）信息的空间可视化和报表生成的 GIS模块。MicroPAVER 4.2 作为数据库管理系统，GIS 作为信息的采集、空间与属性数据交互管理以及空间信息的可视化工具，发挥了重要作用。

7.2.3　三 维 机 场

遥感三维可视化技术利用 DEM 表达地形起伏特征，影像纹理表示地表真实覆盖状况，直接将实地的影像数据映射到 DEM 透视表面，并可叠加各种人文、自然的特征信息等空间数据，实现虚拟三维飞行，从而提供可供反复使用的真实、宏观的地面景观影像（戴晓爱等，2008）。遥感图像三维可视化及影像动态分析目的就是综合利用 3S 技术、遥感图像数字处理技术、虚拟现实和全数字摄影测量等高技术手段，通过遥感图像正射处理、多源遥感图像数据融合、高精度 DEM 生成和影像复合等工序，按一定比例尺和飞行路线生成测区的虚拟三维影像动画系列图（杨武年，2003）。通过遥感三维可视化技术，建立三维机场，具体步骤如下。

第一步，对原始遥感图像进行辐射校正、几何校正和投影差改正、地理编码、图像镶嵌、图像增强等处理。还可利用不同时相、不同传感器、不同分辨率的多波段遥感图像与全色影像进行融合，提高图像解像力和解译精度。最终制作出统一规格标准的高质量遥感图像。

第二步，利用与立体像对或干涉雷达图像获得高精度的 DEM。

第三步，选取三维飞行路线，即根据工程区域内的地质构造复杂程度和需要，设定飞行勘查路线。

第四步，制作三维可视化系列动画产品。先对三维飞行参数如航高、时速、夸大系数、屏幕大小、视角设置及背景效果等进行设置；再根据飞行路线完成三维动画制作。

最后，输出三维可视化产品，即根据选择的飞行路线，逐条生成遥感图像地质解译三维可视化及影像动态分析系列动画，并把这些产品转化成通用动画格式文件，供有关的工作人员使用。

在上述方法流程基础上，还可利用 GIS 技术为机场周围建筑以及标志物提供更为精确的三维可视化模型，并快速地计算出机场周围地区的最低飞行限制以及地面海拔；为飞机着陆时进行可视化三维机场飞行导航（ESRI，2010）。彩图 7.6 所示为利用 GoogleEarth 软件进行飞行仿真，在虚拟地形环境下，按照人为既定飞行路线进行模拟飞行试验的实例。

7.2.4　空中交通管理遥感应用

空中交通管理指对飞机或其他航空器的空中活动进行管理和控制的业务，包括空中交通管制业务、飞行情报和告警业务。其任务是防止航空器相撞，防止机场及其附近空域内的航空器同障碍物相撞，维护空中交通秩序，保障空中交通畅通，保证飞行安全和提高飞行效率。航空拥堵是造成交通延误的重要原因。基于遥感图像，利用三维仿真技术，可快速地获取飞机进出港所需要的地面三维信息，包括机场跑道，在飞行路径上可能的障碍物等，有效减少飞机延误，减少航行时间和燃料消耗等。

随着空间信息技术的发展，利用遥感手段获取到的地形与气象、航道等空间数据和属性数据通过地理信息系统整合起来，不仅为空管员提供直观的控制界面，并利用 GIS 空间分析和空间预测功能，还可以对航空交通提供预警和纠错功能，因此综合开发和实现一套完整的航空多功能管理系统是必要并且可能的（陈建春等，2003）。

GIS 以其清晰的系统架构、灵活的开发方式、多样化的数据模型以及地图编辑功能，为空中交通管理系统提供了数据管理、飞行程序设计、障碍物评估、辅助计算工具、出图和报表工具等。此外，利用 GIS 技术构建的空中交通管理系统，以遥感影像为底图，可以非常直观地监测飞机的飞行路径与飞行状态；利用 GIS 管理空中交通数据，可以分析飞行路径与既定航线的交叉点，建立数据索引，掌握所有班次、架次的动态信息，对飞行过程进行有效的监督；还可以预测未来空中交通流量的发展，对空中服务区域进行容量评估和修改建议。而通过遥感技术获取的地理底图资料为 GIS 数据管理系统提供了强大的数据支撑，也可以作为空中交通管理系统中三维可视化的基础。如国家 863 计划"新一代国家空中交通管理系统"重大项目，突破了基于性能的航空导航、基于数据链与精确定位的航空综合监视、空管运行协同控制和民航空管信息服务平台关键技术，在西藏拉萨机场和林芝机场，实现了传统导航技术无法完成的连续曲线降落和起飞，打破了拉萨机场只能单向着陆、林芝机场只能目视飞行着陆的限制（中华人民共和国科学技术部，2011）。

7.3 机场运营环境影响评价

在机场运营过程中，最重要的环境影响是噪声污染与大气污染。其中，大气污染不仅对局部的环境和人民生活造成恶劣的影响，而且对周围地区气候产生不可避免的副作用，长期作用下甚至会引起全球气候变化，造成严重的后果。

飞机造成的大气污染是由于航空汽油的燃烧而产生的废气造成的。当航空汽油完全燃烧后，产生的废气中含有 CO_2、H_2O 和 SO_2；而航空汽油燃烧不完全，则会生成其他的一些副产物（如 CO、挥发性有机物 VOC、NO_x 等）。这些废气会消耗同温层的臭氧而引发温室效应，同时废气中的 SO_2 可能会导致酸雨的产生，从而对森林植被造成严重的破坏。飞机排放的尾气和颗粒物质会改变大气的化学组成，引起一系列的大气变化。

可通过建立遥感与观测结果相结合的模型识别 CO、CO_2、NO 等成分以及一些气象参数，从而评价机场的空气质量。对于机场大气污染监测，主要是通过对大气气溶胶光学厚度（aerosol optical depth，AOD；或 aerosol optical thick，AOT）进行计算，从而了解区域大气层中颗粒物含量或者空气污染程度。大气气溶胶是悬浮在大气中的固体和液体微粒与气体载体共同组成的多相体系，包括尘埃、微粒、微生物以及云雾滴、雨雪等粒子。气溶胶光学厚度是在给定的吸收层中沿路径的累计不透明度的一种度量，代表大气的光学特性。目前的大气气溶胶污染监测主要以地面监测为主，由地面环境监测站各网点统计悬浮颗粒物浓度等数据。这种地面监测站分布范围有限，且无法全面、连续动态的提供大气环境空气质量参数。因此，需要高效、准确的卫星遥感手段进行大气环境监测、调查与评价工作（孙林，2006）。常用于测量大气成分的遥感传感器包括地面激光雷达（ground based LiDAR，GBL）及光学卫星传感器等。

7.3.1 地面激光雷达环境影响评价

机场空气质量的评估不仅需要废气排放的相关知识以及时空气象参数，如风向和风速分布，也需要混合层高度（mixed layen height，MLH）信息。MLH 代表着近地表污染物的快速混合的垂直空间信息。事实证明，最低的稳定层或逆温层限制着地表或近地表主要污染物的纵向交流，从而控制了近地表的污染物浓度。德国气象、气候与大气环境研究所（IMK-IFU）的 Schäfer 等（2010）利用遥感手段，选择 LD-40 Ceilometer 雷达传感器在市区和近郊区（汉诺威、慕尼黑、布达佩斯、奥格斯堡），以及机场（苏黎世、雅典国际机场、巴黎戴高乐、墨西哥城国际机场）多地开展实际观测，得到垂直气溶胶浓度（彩图

7.7）和混合层高度信息（图7.1）。另外，混合层高度也可以通过遥感手段中的多普勒声音探测和测距，无线电声波探测系统和现场测量相结合的方法进行，该方法尚待进一步实验验证（Schäfer et al.，2010）。

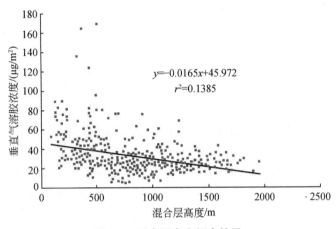

图 7.1　混合层高度拟合结果

　　精确测量机场所有飞机发动机的废气排放指标，在目前的操作条件下是无法完成的。为了得到这类数据，Schäfer 等（2003）在欧洲主要的机场，利用无损伤性的光谱测量方法（如傅里叶变换红外光谱和光谱吸收差分光谱测量）对 36 种不同引擎类型的飞机进行测试，并将测试得到的 CO 和 NO_x 的排放指标与国际民用航空组织（International Civil Aviation Organization，ICAO）的数据库中给出的值进行比较，更新了该数据库的值。如图 7.2 所示，澳大利亚航空公司 A320 和 A321 飞机排放的 NO_2、NO 以及 CO_2 浓度测量曲线（已减去大气中 CO_2 的背景值）。杨越和雷武虎（2007）利用激光差分吸收原理，对 CO_2 成分场进行解算。在测量成分的激光雷达系统中采用两束波长相近的发射光束，一个波长选在 CO_2 吸收峰的中心，另一个波长选择在吸收峰的外边，用直接探测或相干探测的方

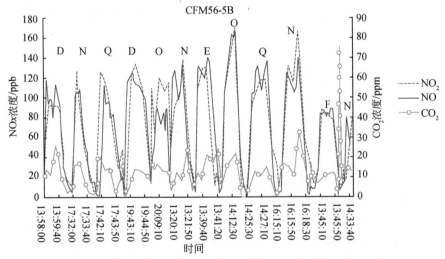

图 7.2　A320 和 A321 飞机废气排放浓度曲线（据 Schäfer et al.，2003）

CFM56-5B 为发动机型号：D、N、Q、O、E、F 为登记号末尾代码

法，对两束光的后向散射信号和探测信噪比进行模拟计算，通过比较回波信号采样数据强度，可以反演出探测区域的 CO_2 浓度，证明通过激光的差分吸收原理来探测飞行目标成分场是有效可行的。

为了检测机场空气质量的主要影响因素，Gregor 等（2006）对 Budapest 机场进行了一系列机场空气质量地面测量实验，以确定空气污染物的主要来源，并进行空气质量评估。在 Budapest 机场 2 号航站楼的 4 个不同地点，首先利用实时监测设备对 CO 与 CO_2 的浓度，NO_x、NO_2 和可吸入颗粒物的浓度进行测量，其次，利用开放光路技术（open-path techniques，包括 DOAS 和 FTIR 技术，是对紫外、可见光和红外光谱进行测量的一些技术），对吸收路径的平均浓度进行测量，如利用 SIGIS 检测飞机引擎的废气排放量，再利用多种气象仪观测 VOC 浓度及气象参数。最后，对得到的数据在每小时某气体平均浓度的测量基础上，利用贝叶斯方法的反扩散模型，量化整个机场的废气排放量。结果发现，影响机场空气质量的因素，不仅包括飞机的尾气排放，还包括机场周围的交通环境，例如航站楼附近的出租车排队方式、停车场和货运区的数量等。

7.3.2　光学卫星遥感环境影响评价

由于 SO_2、NO_x 光谱特征相似，在可见光-近红外波段内无明显吸收带，但其瑞利散射强度与气体浓度成正比，与电磁波波长的 4 次方成正比。所以大气污染物 SO_2、NO_x 在波长较短的蓝光散射最强，且随着波长的增大而迅速减小。当波长大于 $1\mu m$ 时，SO_2、NO_x 的散射基本为零。这一特性在 TM 影像中表现为：第 1 波段 SO_2、NO_x 信息最强；第 2、3 波段信息较弱；第 4~7 波段基本不含有此类污染物的光谱信息。根据这一特性，利用 TM 影像进行大气 SO_2、NO_x 污染物提取时，利用不含或少含污染物信息的红波段和红外波段（TM3、TM4、TM5、TM7）数据，推算每个像元中土壤、植被、水体等基本地物的组成比例，进而根据地物反射率推算 TM 第 1 波段正常像元亮度值，然后用 TM 第 1 波段实际像元值减去对应像元正常亮度值即可得到污染物的累加浓度（王雪梅等，2001）。

Hadjimitsis 等（2002）探索了利用遥感卫星技术进行机场大气污染评估的潜力，并提出了一种新的包括辐射传输计算的伪不变目标（PIT）的气溶胶光学厚度测量方法，即利用遥感影像进行城市地区伪不变目标（包括大面积水体与水泥区域）的识别，作为选定的暗目标和亮目标。该试验在雅典 Heathrow 机场进行，并与同期过境 Landsat5 TM 卫星观测得到的气溶胶光学厚度进行了相关性比较，其工作流程如图 7.3 所示。由于 TM 影像第 1 波段（$0.45~0.52\mu m$）对 NO_x、SO_2 等污染物有较明显的响应，因此首先对几何和辐射校正后的 TM 第 1 波段计算 PIT 的辐射度，再结合地面观测得到 PIT 反射率，反演该地区气溶胶光学厚度。所得结果如图 7.4 所示。

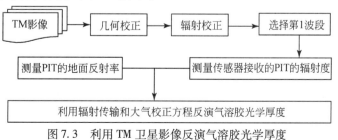

图 7.3　利用 TM 卫星影像反演气溶胶光学厚度

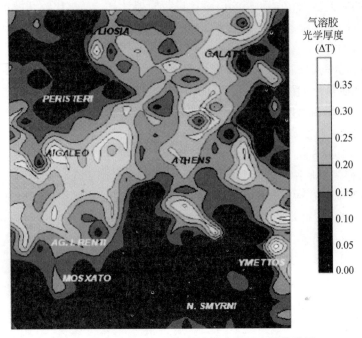

图 7.4　雅典 Heathrow 机场气溶胶光学厚度等值线图

MODIS 是全球第一个实现 AOT 业务化反演的遥感卫星传感器（Kaufman et al.，1997；Remer et al.，2005）。POLDER 利用偏振的太阳短波辐射光对细粒子气溶胶的极度敏感性，可以成功反演细粒子气溶胶的光学厚度和尺度分布，而对像沙尘等粗颗粒的气溶胶可能失效（Herman et al.，1997；Deuzé et al.，2001）。Diner 等（1999）利用多角度多光谱卫星 MISR（multiangle imaging spectral radiometer）观测到地表的二向反射特性来分离地表和大气对星上观测信号的贡献，提出了一套新的陆地下垫面气溶胶光学厚度遥感反演算法。利用光学卫星影像进行机场大气环境监测包括以下两项关键技术：

1）天地一体化多源数据的融合、同化和尺度转换

考虑到可用于大气污染监测的卫星遥感数据空间分辨率都不高，常规的图像融合方法不适用，且常规融合主要是在像素层面上进行，没有更深刻地挖掘遥感数据的物理意义。因此，需要综合利用基于特征提取的融合方法、光谱融合方法、多时相数据融合方法、颜色空间融合方法等，针对多源卫星遥感传感器特点选择合适的融合算法。同时，研究卫星遥感数据与地基观测数据等不同时空分辨率多源数据的同化技术，可提高参数反演精度。对不同尺度的遥感产品进行尺度转换，将地面测量数据、高分辨率遥感反演数据、中低分辨率遥感反演数据之间进行尺度转换，以实现数据的可比性，从而达到为真实性检验服务的目的。

2）GIS 空间分析技术

为了分析机场空气污染与机场周边交通环境的相互关系，需要利用 GIS 空间分析技术对通往机场的道路网与机场大气污染分布进行分析，从而发现机场大气污染分布规律；再在详细研究分析大气污染物组分的基础上，分析机动车尾气、飞机尾气与大气污染的时空耦合关系，从而找出机场本身与机场周边交通要素对大气污染的贡献率。

7.4 小　　结

　　本章介绍了遥感技术在机场规划与选址、机场运营管理与机场运营环境评价中的应用。在机场规划选址中，通过遥感图像判读与信息提取技术，结合遥感图像三维可视化和动态分析技术，进行地质调查、灾害监测、工程量计算、净空分析以及机场建设及运营环境影响评价，为高质量、科学合理和高效率的机场建设方案制定提供了技术支撑，在机场运营管理和机场运营环境影响分析中，遥感与 GIS、GPS 等技术结合，将机场基础设施的地理空间数据与属性数据整合，为机场建设与运营提供数据支撑、可视化管理分析平台及信息发布与查询服务。

参 考 文 献

蔡良才 . 2002. 机场规划设计 . 北京：解放军出版社

陈建春，白雁，雷明凯 . 2003. 利用地理信息系统（GIS）开发多功能空管系统 . 中国安全科学学报，13（7）：38 ~ 41

戴晓爱 . 2009. 基于遥感技术进行机场净空分析的探讨——以腾冲机场为例 . 全国国土资源与环境遥感应用技术研讨会论文集

戴晓爱，杨武年，刘汉湖，等 . 2008. 遥感图像三维可视化及在腾冲机场建设中的应用研究 . 遥感信息，（2）：60 ~ 63

郭俊，牛铮 . 2007. 遥感图像三维可视化在机场选址中的应用 . 工程地质计算机应用，（1）：5 ~ 6，12

李天华，杨武年 . 2011. 遥感与 GIS 技术支持下的机场选址与工程地质分析 . 物探化探计算技术，（1）：79 ~ 82

李天华 . 2007. "3S" 技术在高原机场建设工程中的应用研究 . 成都理工大学博士学位论文

刘洲，蔡良才，李鹏，等 . 2011. 机场选址过程中土方量的计算方法研究 . 四川建筑科学研究，（1）：110 ~ 112

马玲，李天华，杨武年，等 . 2008. 遥感与 GIS 技术在西部支线机场建设中的初步应用研究——以云南腾冲机场为例 . 测绘科学，33（2）：180 ~ 182

钱炳华，张玉芬 . 2000. 机场规划设计与环境保护 . 北京：中国建筑工业出版社

宋远方，迟丽莎 . 2000. 关于欧洲和香港地区机场建设与故那里体质考察的几点体会 . 民航经济与技术，3：56 ~ 59

孙林 . 2006. 城市地区大气气溶胶遥感反演研究 . 中国科学院研究生院博士学位论文

王东，吕佳 . 2001. 建设国际枢纽机场促进区域发展 . 北京规划建设，6：28 ~ 31

王雪梅，邓孺孺，何执兼 . 2001. 遥感技术在大气监测中的应用 . 中山大学学报（自然科学版），（6）：95 ~ 98

魏琦华，朱静远 . 1999. 上海浦东国际机场规划设计的回顾 . 中国民用航空，（12）：31 ~ 33

吴海毓，王桥，王昌佐，等 . 2009. 遥感在大型工程生态环境影响评价中的应用 . 环境与可持续发展，34（1）：48 ~ 49

徐军库，任利民 . 2005. 几种高新信息技术在机场规划中的应用展望 . 机场建设，（4）：12 ~ 15

杨锐，蔡良才，种小雷 . 2003. 应用 GIS 进行机场选址的探讨 . 智能建筑与城市信息，（6）：67 ~ 68

杨武年，李天华，廖崇高，等 . 2008. 高原机场建设工程 "S" 技术综合应用 . 地球科学进展，（5）：457 ~ 462

杨武年，廖崇高，濮国梁，等 . 2003. 数字区调新技术新方法——遥感图像地质解译三维可视化及影像

动态分析. 地质通报, 22（1）: 60~64

杨越, 雷武虎. 2007. 对飞行目标尾气引起大气成分变化的激光探测. 红外与激光工程, （S2）: 427~429

张瑞军. 2006. 遥感图像三维可视化在康定机场建设中的应用. 成都理工大学硕士学位论文

中华人民共和国科学技术部. 2011. 中国空间信息技术及软件产业在"十一五"期间取得快速发展.
　　http：//www. chinaembassy. at/chn/kjsw/P020110411627881693431. doc［2011-03-20］

种小雷, 蔡良才, 杨锐. 2002. 基于 GIS 的机场净空评定方法. 测绘通报, 11: 52~63

Deuzé J L, Breon F M, Devaux C, et al. 2001. Remote sensing of aerosols over land surfaces from POLDER-ADEOS 1 polarized measurements. Journal of Geophysical Research, 106（D5）, 4913~4926

Diner D J, Asner G P, Davies R, et al. 1999. New directions in Earth observing: Scientific applications of multiangle remote sensing. Bulletin of American Meteorological Society, 80（11）: 2209~2228

ESRI. 2010. 民航地理信息系统解决方案. http：//www. docin. com/p-35914767. html

Hadimitsis DG, Retalis A, Clayton C. 2002. The assessment of atmospheric pollution using satellite remote sensing technology in large cities in the vicinity of airports. Water, Air and Soil Pollution: Focus, 2（5~6）: 631~640

Herman M, Deuzé J L, Devaux C, et al. 1997. Remote sensing of aerosols over land surfaces including polarization measurements and application to POLDER measurements. Journal of Geophysical Research, 102（D14）: 17039~17049

Javier H, Jose I B, Paul L R, et al. 2003. Monitoring landslides from optical remotely sensed imagery: the case history of Tessina landslide, Italy. Geomorphology, 54（1~2）: 63~75

Jia X D, Desmond C, Huang J, et al. 2004. Geographic Information Systems-Based System for Optimizing Airport Runway Orientation. Journal of Transportation Engineering, 130（5）: 555~559

Kaufman Y J, Tenré J, Remer L, et al. 1997. Operational remote sensing of tropospheric aerosol over land from EOS moderate resolution imaging spectroradiometer. Journal of Geophysical Research, 102（D14）: 17051~17067

Murphy R. 2002. Remote sensing for airport development and transportation planning. Pecora 15/Land Satellite Information IV/ISPRS Commission I/FIEOS 2002 Conference Proceeding

Remer L A, Kaufman Y J, Tanre D, et al. 2005. The MODIS aerosol algorithm, products and validation. Journal of Atmospheric Sciences, 62（4）: 947~973

Rush K W. 2007. Using Remote Sensing Infrared Imaging to Study Airport Runway Surface Types. Morgan State University Summer Institute, Final Presentation

Schäfer K, Helmis C, Emeis S, et al. 2010. Application of continuous remote sensing of mixing layer height for assessment of airport air quality. Proceedings of the SPIE, 7827: 782706~782712

Schäfer K, Jahn C, Sturm P, et al. 2003. Aircraft emission measurements by remote sensing methodologies at airports. Atmospheric Environment, 37（37）: 5261~5271

Schürmann G, Schäfer K, Carsten Jahn, et al. 2006. Airport air quality and emission studies by remote sensing and inverse dispersion modelling. Proceedings of the SPIE: 6362~63621

Schürmann G, Schäfer K, Jahn C, et al. 2006. Airport air quality and emission studies by remote sensing and inverse dispersion modelling. Remote sensing of clouds and the atmosphere XI. SPIE: 6362, 63621

Waheed U. 2011. Remote sensing laser and imagery data for inventory and condition assessment of road and airport infrastructure and GIS visualization. International Journal of Roads and Airports, 1（1）: 53~61

第8章　城市交通遥感应用

随着经济快速发展和城市化进程的加快，城市交通问题越来越突出，表现为交通拥挤、交通基础设施分布不均、交通管理混乱、交通事故频发、交通污染严重，已成为各国面临的公共问题及城市可持续发展的主要瓶颈。我国城市化已进入一个快速发展阶段，城市无论是数量还是规模都在迅速扩大。加强城市交通的基础设施建设和城市交通的合理规划与优化，推进土地利用与交通一体化城市规划，使城市交通基础设施得到合理有效的利用和用地矛盾，是解决城市交通问题的有效措施；大力发展城市轨道交通，发展快速公交系统（bus rapid transit，BRT），实行交通拥挤收费政策以及鼓励自行车发展的政策（如挪威、英国、美国等）等有效措施，在一定程度上对缓解城市交通问题都起到了积极的作用，但还未能从根本上解决交通的问题。美国、欧洲、日本以及一些发展中国家（中国、韩国、印度等）致力于发展智能交通系统，并利用遥感与地理空间信息技术辅助实现日常交通的智能化管理与高效的应急管理。

由于遥感技术获取数据具有覆盖范围大、探测范围广、时效性强、信息客观真实、成本低等优势，在城市交通规划、交通基础设施调查、城市交通监管与灾害应急监测等提供了一种高效、快捷的方法。将遥感技术应用于城市交通规划与管理，可以提供可靠的基础数据，提高数据获取的效率与准确性，减少大规模交通调查所必须耗费的人力、物力和财力，因而具有广阔的应用前景。

20世纪末，美国、德国、加拿大、日本、澳大利亚等国就开始积极推动遥感技术在交通领域的应用。如1997年，美国成立了国家交通遥感联盟（National Consortium on Remote Sensing in Transportation，NCRST），重点开展遥感技术在交通基础设施监测与管理、交通灾害监测和应急救助、交通流监测、交通环境保护等几个方面的应用与方法的研究。"9·11"事件之后，建立了交通生命线工程数据库，利用各种配套设施与技术，为应急提供服务。

20世纪80年代初，我国城市交通遥感应用开始起步，中国科学院遥感应用研究所在天津开展了利用航空遥感技术进行车辆监测的实验研究，包括车辆的识别、车速的测定以及车流密度的测量等。1988年，上海利用航天遥感对市区交通的总体状况进行了调查，并全面分析了不同路段机动车辆的密度、流量、平均车速及其空间分布规律，找出了形成城市交通堵塞的11条主要原因（刘英和赵荣钦，2006）。2006年，国家科技部973计划"大城市交通拥堵瓶颈的基础科学问题研究"（2006CB705500）立项。其中，利用遥感技术辅助城市用地形态、用地规模、城市交通网络结构、城市交通流行为等研究，为城市土地利用人口分布—交通需求关系模型、大城市交通需求生成机理、交通拥堵形成机理、城市交通系统的组织和优化等方面的研究提供数据和技术支撑。2007年，交通运输部成立了交通遥感应用技术实验室，以开展遥感、GIS、卫星导航定位等空间信息技术研究，为城市交通管理辅助决策等提供服务为主要目标。2011年，交通运输规划遥感应用实验得到交通运输部批复。这些措施的实施表明了遥感在城市交通管理和城市交通规划与优化中的应用得到了重视。

经过十多年的应用发展，国内外在多方面开展的城市交通遥感研究包括遥感技术获取大量与交通规划、控制与管理等，如土地利用、交通小区人口、城市道路网络、交通流量分布、交叉口类型、停车场分布；城市交通基础设施调查、变化监测和管理，结合地面调查进行大范围的交通流监测与统计，辅助城市交通工程设计及其环境监测与影响评价，重要基础设施的分布对交通安全的影响评价，交通灾害的监测与评估等，并得到了一定程度上的应用。大多集中在城市交通规划与优化、城市交通流参数监测、城市交通应急和城市交通基础设施运营管理等方面。以下对其分别加以介绍。

8.1　城市交通规划与优化

从经济发展的环境看，我国的发展模式是，先形成了人口高度密集的城市结构，然后是现代化交通工具数量飞速增加，这就意味着没有一个较合理的交通系统与交通需求相互适应与进化的过程。另外，由于我国城市化进程的加快和大城市规模的迅速发展，大量人口和产业活动集中在狭小的市中心地区，加上城市交通建设严重滞后，交通管理不善，城市机动车、非机动车迅速增长造成的交通拥挤和环境污染问题较为严重，因而在某种程度上制约了经济的发展。当今城市化进程加快，城市高速发展，如何利用有限的土地资源，实现城市交通网络的合理布局，优化网络结构，使城市交通网络能高效地发挥作用，对我国尤为重要。

城市交通规划是对城市范围内的各种交通做出长期、全面、合理的安排，与城市布局形式、城市功能分区、城市土地利用、城市道路系统等有密切关系。城市交通规划既是城市总体规划的组成部分，又是制订城市规划布局方案的依据。广义的城市交通规划还包括交通政策的制定、交通方式的选择和交通管理体系方案的拟订等。合理的交通规划和布局是控制交通需求分布，减轻城市交通压力，改善城市交通拥堵问题的重要手段。

城市交通规划涉及城市人文、历史、社会经济及现有交通格局，是一项十分繁杂的工作。其主体内容可以概括为七个部分：总体设计→交通调查及分析→交通需求发展预测→规划方案设计→规划方案评价→信息反馈与方案调整→方案实施计划制定。

合理的城市交通规划，首先必须对城市的基础信息有全面地了解和把握。城市交通规划与优化所需的基础信息包括城市社会经济及人口、城市土地利用现状、城市交通环境、城市道路交通基础设施分布、城市交通量现状、城市出入口机动车流向、城市公共交通线路运行现状，以及这些信息的变化和未来的发展趋势等（戚浩平等，2004）。

城市规划道路选线中，可以利用高分辨率卫星遥感影像丰富的光谱特性，提供沿线工程地质状况资料；还可以利用 LiDAR 等新技术快速生成城市的 DEM，结合 GIS 和 GPS 技术以及虚拟现实技术，实现数字化真三维环境中的城市道路选线，如进行坡度与坡向计算、工程量计算、道路优化工程拆迁量计算等；在虚拟环境中，考虑三维地形与地貌因素，实现城市交通的三维景观设计。通过采用这些技术手段，可以合理地规划城市交通。具体方法可见 3.1 节。

城市交通优化是指对现有的城市路网结构、城市交通基础设施及其分布进行调整改造，使城市路网结构和城市交通基础设施的分配更公平、合理，满足城市交通需求。其目的是改善城市交通中的不合理因素，降低城市交通拥堵风险，提高交通基础设施运行效率。

城市交通规划与优化所使用的基础信息的精度和质量直接影响城市交通规划与优化的质量。因此，获取高精度、高时效性城市规划基础信息是城市交通规划与优化的基础和关键，城市交通调查必不可少。交通调查的内容可以分为基础资料、交通需求、交通设施、交通现状等四大项。传统的城市交通调查是从统计部门、规划部门、土地管理部门、民政部门或公安系统搜集城市经济与土地利用的规划数据或普查数据；运用人工计数法、浮动车法、机械计数法、录像法等方法获取交通量；用表格法调查城市道路交通设施等。这些方法存在很多不足，如工作量大、成本高、数据不全、数据精细程度与时效性差、不同部门的数据格式不一致、精度不高，而且很多因为获取时间周期长或人为原因使其不能完全真实反映实际情况。因而，它们还难以满足快速发展的现代化城市对交通运输的需要。

如前所述，遥感所具有的优势使它能为城市交通规划与优化提供土地利用调查、交通小区人口分布调查、城市道路交通基础设施调查以及城市道路交通量调查所需要的多种信息。遥感技术为城市交通规划与优化提供快速、准确、客观的数据服务，与 GIS 结合填补了传统交通规划的空白，可实现集图形、图像和交通规划数据为一体的信息查询、维护、显示、统计和分析。以下分别介绍其中相关的技术方法与应用。

8.1.1 城市土地利用调查

城市的交通布局受土地利用类型的影响（毛蒋兴和闫小培，2004）。因此，城市土地利用现状调查是进行城市交通规划不可缺少的环节。城市土地利用类型对交通的影响主要有：用地性质、规模、强度、布局和城市用地定额五个方面（戚浩平等，2004）。不同性质的土地利用，可产生或吸引不同性质的交通，如居民用地的道路不应太宽；建筑物用地不宜修建道路；土地利用规模的大小直接影响城市交通规模的大小；城市用地定额指标的多少直接影响交通结构和方式等。

传统的土地利用现状资料主要是通过人工外业调查、航空数据转绘，人工资料整理等方法获得。这种方法不仅工期长、效率低，而且精度差，容易受人为主观因素影响。此外，由于大多数城市随着其规模的发展，土地利用类型发展变化较快。因此，根据本无法得到准确、客观、现势性强的城市土地利用信息。

随着遥感数据空间、光谱和时间分辨率的提高，以及图像处理与信息提取技术的发展，遥感在城市土地利用/土地覆盖现状调查和变化检测中的应用更具优势。首先，遥感为土地利用现状调查提供了丰富的数据源；其次，运用高分辨率遥感数据可以提取城市建成区地理范围和规划发展区域边界，以及规划区主要地物特征，并进行专题划分；再者，可以获得城市主要交通基础设施布局、土地利用类型、土地利用密度、居住区密度等数据（戚浩平等，2005），从而掌握城市土地利用的基本形态与特征及其动态变化趋势，为城市交通规划提供不可或缺的依据。

对城市土地利用的遥感调查，目前主要有目视判读和自动分类方法或二者结合方法，彩图 8.1 是扬州市某开发区土地利用人机交互判读制图实例（魏成阶和刘亚岚，2003）。国内外对影像分类的研究主要集中在应用物理、数学等方法对影像进行分类。利用计算机对影像进行分类主要是基于模式识别技术，包括统计法（决策分类法）、语言结构法（句法方法）、模糊法以及神经网络法等。在影像分类过程中，根据是否已知训练样本的分类数据，可分为监督分类和非监督分类（王春兰和陈健飞，2004）。有很多学者利用遥感、数据通过计算机分类调查城市土地利用情况，如周萍（2002）和米金套等（2009）利用 TM 数据对内蒙古多伦和澳门城区的土地利用进行的综合调查。此外，GIS 和遥感集成的高分辨率遥感影像分类技术在城市土地利用分类识别中也受到重视，具体方法主要是：以 GIS 数据作为影像分析的训练样本和先验信息，对区域场景和影像进行分层分析；利用 GIS 进行面向对象的影像分类；提取和挖掘 GIS 中的知识，并进行专家推理分析，促进了 GIS 与遥感的结合，提高影像分类精度和准确性。此外，还有一些如基于粗糙理论的径向基函数（RBF）网络模型等分类新方法，对提高遥感分类精度、增加收敛性都有很好的作用。

对城市土地利用类型的调查不仅包括静态现势数据的获取，还包括城市土地利用的动态变化检测。通过对不同时相的遥感数据进行分析，运用变化检测技术，能够从中提取出城市土地利用的变化信息。大体上可分为两类：分类后比较法和分类前分析法。这两种方法对影像数据的要求和处理不同，各有其优势和缺陷。由于分类后比较法是对不同时期的影像分别进行分类，减少了两期影像中传感器、植被物候、大气条件等方面的差异对变化检测精度的影响，因此对辐射校正要求相对较低，适用于不同传感器、不同季相数据的比较。对于高分辨率遥感影像，对城市土地利用进行动态监测还可以充分利用 GIS 中的图斑边界信息，将判读单元由"像素单元"改为图斑（视为均质区域），通过提取单一地类图斑内的灰度特征、纹理特征和形态特征来识别图斑所属的地类。因此，该方法对提高识别精度较为有效（程昌秀等，2001）。如利用 IKONOS 数据，基于主分量变换方法对厦门市主城区 1999~2000 年的土地利用动态进行的遥感监测（燕琴等，2002）取得了较好的效果。

土地利用分类及变化检测的结果不仅可用于交通需求预测，还可用于人口密度推算，为交通规划提供基础数据。

8.1.2 交通小区人口分布调查

人口空间分布是自然、社会、经济和人文活动共同作用的结果。由于人口数量和分布决定了城市道路的分布和交通基础设施的数量和分配，因此从遥感数据中分析出城市居民人口分布数据，可以辅助进行城市交通规划，使城市交通的规划更为合理。

利用交通小区人口遥感调查的原理是：人口分布与城区面积、建筑物数量、土地利用类型、地貌等多种因素有关，运用遥感数据可以提取出这些相关信息，然后通过建立适当的模型来推算人口及其分布数据。如高空间分辨率遥感影像中的阴影提供了建筑物的高度信息，结合建筑的平均人口数（如每套房住 4 人），可推算出建筑物密度和人口密度（戚浩平等，2004）。

从 20 世纪 50 年代开始，国内外学者便开始利用遥感辅助城市人口估算研究。当时主要是利用航空遥感数据，方法有居住单元法、土地利用密度法、建成区面积法、耗能法及地物光谱法（周绍光等，2010）。Ogrosky（1975）通过对波兰 Puget Sound 地区人口数遥感估算，发现了人口与城区面积具有高度的相关性（相关系数为 0.96）。Langford 和 Unwin（1994）对英国 Leicestershire 的土地利用进行遥感分类，并建立人口密度与各土地利用类型所占地面积之间的关系，绘制了该区的人口分布图。

早期大多利用中低空间分辨率遥感数据，如 NOAA AVHRR、TM 等估算人口。美国社会经济数据应用中心（Socioeconomic Data and Applications Center，SEDAC）将人口普查数据与 NOAA AVHRR 的多时相遥感数据相结合，建立了美国 1990 年 1 km×1 km 的人口分布数据库（江东等，2002）。

近 10 年来，运用高分辨率卫星遥感数据进行城市交通人口估算研究得到了快速发展（冯甜甜，2010）。比较有代表性的研究有：通过对人口普查数据的插值实现对未知区域上人口数量的估算（Langford et al.，1991；李德仁等，2007）；利用各种可从遥感影像中获取的信息，如城市面积、土地利用类型、居住单元数量、影像的光谱反射值、纹理等，建立人口估算模型。后者的基本流程是，首先，利用遥感影像光谱特征进行分类，判读出居住区、住宅类型和土地利用类型，量测房屋平面面积；然后，再利用遥感影像上的阴影获取建筑物高度（楼层数）信息，进而计算建筑总面积；最后，结合抽样调查的人均居住面积及土地类型与人口密度间的关系，估算各交通区人口数。如基于 IKONOS 卫星影像的全色与多光谱数据和南京市某实验区的人口调查数据，研究了交通小区人口居住单元和交通小区人口土地利用密度遥感估算方法（郭勇涛，2007）。利用阈值分割算法，利用 Matlab 编程语言实现阴影信息的自动化提取、综合利用遥感与 GIS 软件在图像处理方面的不同优势，实现阴影长度的自动化计算，并根据阴影与楼高的关系进行建筑物高度的估算。

利用高空间分辨率遥感数据在人口估算中的优势，可以克服常规人口调查方法存在的不足，并将其应用到交通小区人口估算研究中，为城市交通需求预测、交通规划提供可靠的基础数据，将是城市规划与优化中遥感应用的一种趋势。

8.1.3 城市道路交通基础设施调查

城市道路交通基础设施调查包括如下内容（戚浩平等，2005）：

（1）城市路网总体状况调查，包括城市道路网络的结构、总长度、总面积、密度面积率、各级道路比重、质量、道路人均占有量等。

（2）城市道路设施状况调查，包括具体道路路段的等级、长度、宽度、面积、线形、车道划分、路面质量、侧向与竖向净空等。

（3）城市交叉口设施状况调查，包括交叉口几何形状、控制方式、分隔渠化措施等。

（4）停车场调查，包括停车场的地点位置与分布情况、性质、类型、占地面积、可停车面积、停车容量、实际停车数量、停车密度、车辆构成等。

在城市交通基础设施调查中，由于城市建筑物密集，城市道路较窄，路网复杂，主要采用高分辨率的卫星遥感数据和航空遥感数据，可获取全貌性的交通基础数据，据此可圈定道路堵塞现象的地段和路口，确定现有道路设施的通行能力、饱和程度和服务水平等（陈华文，1990），制作城市交通基础设施分布图、交通量图（戚浩平等，2005）、城市路网分布与结构图等，为城市交通规划和管理提供重要的依据。Jensen 和 Cowen（1999）研究了不同分辨率的遥感数据在获取城市交通基础设施信息中的应用，提出了不同的交通基础设施对遥感数据空间、时间和光谱分辨率的要求。例如，从遥感数据中获取城市交通量数据，遥感数据的空间分辨率为 0.5m，时间分辨率为 10min，光谱要求可见光全色波段；停车场研究最小为 0.5m 空间分辨率和 10~60min 时间分辨率；获得道路宽度，只需空间分辨率达到 0.5m 的可见光波段全色数据，时间分辨率可以是 1~5 年。

遥感技术根据地物不同的反射波谱，以及不同地物特有的形状、大小、纹理、结构信息来实现不同地物的提取和识别。遥感图像中道路的基本特征详见2.3.3节。结合城市道路的色调、纹理、形状和结构特征，运用滤波技术、边缘检测和跟踪处理等遥感图像处理技术，可以提取出城市道路信息。由于城市道路密集，路网结构复杂，中低分辨率的遥感数据的道路提取的精度不能满足城市交通调查的需要，所以目前的研究主要集中在基于高分辨率遥感数据的城市道路信息提取方法。国内外已经有很多学者对此进行了研究。Tupin 等（2002）基于边缘平行线提取方法，利用条带窗口法提取出可能的道路，然后利用马尔可夫随机场模型［Markov randon field（MRF）modle］连接候选道路段，进而得到道路网。Haverkamp（2002）利用道路的角度纹理特性提取道路；Gecen 和 Sarp（2008）利用 1m 分辨率的 IKONOS 数据对城市道路进行半自动化提取，并取得了较好的效果，如图 8.1 所示。Gecen 和 Sarp（2008）还运用不同分辨率的 SPOT、IKONOS、QuickBird、ASTER 数据分别进行城市道路信息提取，并研究了遥感数据分辨率对城市道路提取结果的影响。Samadzadegan 等（2011）基于 GeoEye 遥感数据，利用蚁群优化算法提取城市道路。颜梅春等（2004）基于 IKONOS 影像，提取了南京市区道路。刘珠妹和刘亚岚（2008）利用 IKONOS 1m 分辨率数据，采用最大似然法分类提取了城区复杂道路，效果较好，如彩图 8.2 所示。朱长青等（2004）基于形态学分割提取道路信息，提取出城市道路之后，获得了路网结构信息、机动车道和非机动车道的信息。此外，还有基于彩红外航空图像提取城市交通道路，基于 SAR 图像自动道路提取等方法（贾承丽等，2008）均对不同情况下的城市道路提取有一定的效果。

(a) 全色影像　　　　　　　　(b) 城市道路矢量图　　　　　　　(c) 城市道路信息提取结果

图 8.1　利用 IKONOS 数据提取城市道路

停车场位置调查：停车场在遥感影像上表现为在比较空旷的位置规则排列着许多静止的车辆，如图 8.2 为 0.41m 分辨率的 GeoEye 全色图像中的停车场。

停车容量调查：用停车场的总面积除以平均每辆车所占的面积，得到停车场的容量。

道路质量调查：不同路面铺筑材料（如混凝土、沥青、砖石、沙土等）在遥感图像上的色调和纹理特征是有差别的，可运用其不同光谱性质进行城市道路质量的调查。

8.1.4　城市道路交通量调查

交通量（traffic volume）是指单位时间内经过某一路段的交通实体（如汽车、自行车）的数量（本书中仅指汽车数量），是交通流的基本元素，是表现城市交通现状，进行城市交通规划和交通监管的重要指标之一。

图 8.2　GeoEye 图像中的停车场

传统交通量调查一般是运用安装在主要道路的交叉路口的传感器或摄像机快速测量出车辆的行驶速度和数量。如广州市道路交通动态信息采集系统，利用超声波和微波传感器以及视频交通检测器来探测车辆的数量、行驶速度和位置信息等交通量（安实和王健，2002）。北京市在 2008 年奥运会期间使用的自动识别"单双号"的交通综合监测系统也运用了遥感技术进行道路交通量检测。交通综合监测系统利用遍布全市快速路、主干路网和奥运专用路线中的上万个检测线圈、超声波、微波设备，24 小时自动准确采集城市路面交通流量、流速、占有率等运行数据（佚名，2010）。

交通量是动态数据，实时性强，更大范围、全路网的交通量数据的获取可发挥遥感技术的优势。高分辨率卫星遥感和航空遥感技术在交通流量调查中的应用可以大大提高道路交通调查的工作效率，降低交通调查的成本。多采用多光谱卫星遥感和雷达卫星遥感技术以及航空遥感技术进行车辆识别，基于识别结果可进行某一路段瞬时交通量统计。基于遥感的车辆提取方法详见 2.3.3 节 "4. 车辆目标影像特征与信息提取"相关内容。

8.1.5　土地利用与交通一体化规划

城市土地利用与交通相互联系、相互影响。城市交通用地作为城市土地利用类型之一，其演变过程与空间分布直接受到城市土地利用系统的影响。此外，城市土地利用是城市空间结构形成的直接原因之一，通过影响人们生活方式和出行模式影响城市交通需求特征（总量特性、时空分布特性、出行距离等）和交通方式构成（陆化普，2006）。相反，交通设施的改变会导致区域交通可达性发生变化，从而提升或降低区域对开发商的吸引力，直接或间接地影响区域的土地利用变化。因此，城市交通与土地利用的相互作用形成了一个作用圈（毛蒋兴和闫小培，2004）。

基于城市交通与土地利用间的相互作用关系，土地利用与交通一体化规划被认为是一条从根源上解决城市交通问题的途径（Miller and Hoel，2002；陆化普，2006）。虽然早期的理论模型有助于对城市土地利用与交通间的关系的理解，但对于决策者在特定的城市环境中制定具体的政策和决策过于简化和抽象化。因此，土地利用与交通一体化模型一直是城市规划领域的研究热点。早期的可计算模型包括：Lowery 模型及其扩展模型（Garin，1966），最大熵模型（Wilson，1967），输入–产出模型（Leontief，1967）和空间交互模型（Putman，1983）等。近年来，城市土地利用与交通一体化模型研究趋向于建立微观模拟模型，代表性的成果包括 Urbansim 模型（Waddell，2002）和 ILUTE 模型（Salvini，2005）等。王缉宪（2009）和徐永健和阎小培（1999）总结了对城市土地利用与交通一体化模型研究进展，并对其进行了比较。从系统的角度来看，城市交通与土地利用是城市整个复杂系统的重要组成部分，与城市其他子系统间（如城市生态环境系统），同样存在直接或间接的相互作用关系。因此，需要从系统的角度构建以土地利用与交通为核心的城市综合规划模型系统，来实现城市交通与土地利用一体化规划。

尽管近年来城市土地利用与交通一体化模型的研究有了很大发展，然而其中大部分研究采用已有的统计数据或调查数据，使用遥感技术作为获取数据手段的研究还不多。构建一个复杂的综合性城市规划模型需要大量数据，涉及土地利用模型、交通规划模型、环境评价模型等一系列城市子模型，因此，构建城市综合规划模型需要如土地利用调查、交通流量、城市生态环境等方面的数据。遥感技术作为一种高效的数据收集手段，已广泛地应用到城市土地利用、交通小区人口分布、城市道路交通基础设施、城市道路交通量等方面的数据调查。遥感数据，特别是高分辨率遥感影像，是分析土地利用与交通互动的非常有效的数据（Shaw and Xin，2003）。因此，遥感技术作为一种已广泛应用于交通、土地利用、城市生态环境等研究的数据快速获取手段，是构建城市综合规划系统不可或缺的数据获取工具。此外，尽管传统的二维 GIS（2D GIS）已广泛应用于城市规划模型及决策支持系统的构建，提供数据储存、管理、分析、可视化及用户界面等功能（Wang et al.，2010），但其二维显示功能很难满足公众参与决策的需求。因此三维 GIS（3D GIS）的发展也成为构建城市综合规划模型的有效工具。

将遥感和 3D GIS 技术有机结合，可以更好地开展土地利用与交通一体化城市规划，如图 8.3 给出了城市交通与土地利用一体化模型为核心的城市综合规划系统框架（宇林军和潘影，2011；宇林军等，2009）。它由土地利用模型、交通规划模型、遥感数据采集及处理系统、数据缓存以其他子城市规划模型（包括如宏观经济预测模型，城市环境评价系统等）、3D 城市几何对象生成系统与 3D GIS 平台等部分组成。其中，土地利用模型由土地利用（覆被）变化模型、家庭（居民）选址模型及就业分布模型三个子模型构成，分别描述了政府及规划者主体、居民主体、开发商主体的行为对城市土地利用的影响；3D 几何对象生成系统将城市行为模型（土地利用模型、交通规划模型及其他规划子模型）的结果转化为直观的三维虚拟场景；三维 GIS 平台将城市模拟系统中的子系统进行整合，实现数据管理、模型运行控制、模型结果三维展示等功能；数据缓存是系统各子模型实现数据储存与共享的中介。

建立图 8.3 所示的框架系统的关键是解决三维可视化辅助决策和大数据量需求。三维可视化通过创建一个明确的未来远景规划，能更生动地向决策者和公众传达信息，有利于规划者（或设计者）与公众（或决策者）沟通（Bo，2003；Knapp et al.，2007）。因此，实现基于三维可视化的城市综合规划系统首先需要一个能够将规划模型的结果转化为三维城市的几何对象生成模型，以及一个能够有效整合各子模型和展示规划结果的三维 GIS

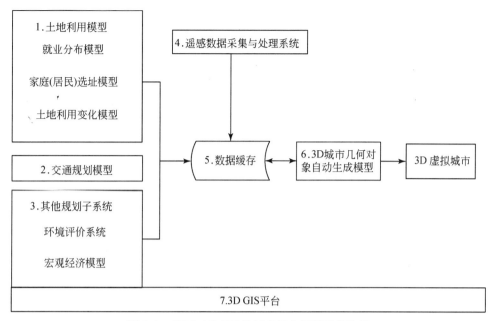

图 8.3　基于三维 GIS 的城市综合规划系统构架

平台。

彩图 8.3 是一个研究实例，表达了由土地利用模型结果转化生成三维虚拟城市的过程（宇林军，2012）。其中，彩图 8.3（a）为土地利用模型的输出结果，即具有两个积聚中心人口分布。彩图 8.3（b）为基于土地利用模型结果生成的主干道。由于道路网络形状与人口密度的关系为：人口密度越大的地区，道理网越密集。因此，主干道路段生成的基本算法为：路段从人口积聚中心向外延伸，且路段长度与人口密度成正向关系。彩图 8.3（c）为主干道路段的基础上生成的在街区道路网。彩图 8.3（d）为以街区道路网为边界生成的面状街区。彩图 8.3（e）为在街区中建筑物生成结果。彩图 8.3（f）和彩图 8.3（g）分别显示了二维及三维 GIS 系统平台中的虚拟城市。图中显示，三维系统中的虚拟城市比二维的更直观、更易理解。

总之，构建以土地利用与交通一体化模型为核心的城市综合规划系统是从根源上解决城市交通等方面问题的一条途径，也是未来城市规划发展的一个重要方向，三维 GIS 与遥感技术的结合成为实现复杂的城市综合规划系统必不可少的工具。

8.2　城市交通流参数监测

随着城市交通和经济的发展，城市交通拥堵问题越来越严重。对城市交通拥堵情况进行监测，分析城市交通流的规律，可以从中找出造成城市交通拥堵的原因，为解决城市交通问题提供数据支持。利用现代科学技术科学管理城市交通，可提高城市交通运行效率，减少拥堵，改善交通环境已成为共识。ITS 作为解决交通运输安全、效率和拥挤问题的有效工具应运而生。国务院 2006 年 2 月 9 日发布的《国家中长期科学和技术发展规划纲要（2006—2020 年）》把交通作为重点领域及优先主题，提出"重点发展智能交通管理系统、重点开发城市交通管理系统"。

交通流参数（traffic flow parameters）的监测是交通管理智能化的前提，是交通规划、设计、交通流理论研究的基础（王笑京，2003）。随着通信技术、空间信息技术、计算机技术的不断发展，遥感、GIS、GPS 技术不断渗入到城市交通管理中，交通流参数采集方式呈现多样化的发展趋势，越来越多的学者将目光投向了高分辨率遥感影像用于交通监测这一领域。当前，国际上利用航空（特别是基于低空遥感平台）和航天遥感传感器获取的地面高分辨率遥感影像进行交通数据采集、交通状况描述和交通流监测应用，正在迅速发展为一个新兴的研究领域。2006 年，国际摄影测量与遥感杂志（ISPRS）出版了"航空和航天监测地面交通"（Airborne and Spaceborne Traffic Monitoring）专刊，讨论了包括机载视频录像、机载与星载光学影像、机载红外扫描影像、机载与 SAR 和 LiDAR 影像等空间数据探测车辆的方法，以及交通参数提取相关的应用问题（Hinz et al.，2006）。

本节主要从城市交通流参数内容、城市交通流监测技术及应用两个方面进行介绍。

8.2.1 城市交通流参数

交通现状信息通常包括静态信息和动态信息两部分。静态信息是指在交通管理过程中相对固定的一些信息，主要包括道路信息、交通附属设施信息、停车场信息、车辆管理信息等随时变化很小的信息。动态信息主要是指在交通管理过程中随交通管理对象的变化而变化的一些信息，主要包括路段与路口的车流量、车道占有率、车速、拥堵分布及程度、路况视频信息、出行分布、交通事故信息和 GPS 巡逻警车信息等动态信息。动态信息随时间变化而变化，需要实时监测、实时采集，这类信息是交通信息中非常重要的一类，组成了城市交通流信息。通常，设置在路段上的交通量调查观测站以及浮动车采集设备成为动态交通信息获取的两大重要渠道。

1. 交通流基本参数

在动态交通信息中，最基本的参数有三个：车辆速度、交通密度和交通流量，这三个参数构成了城市交通流参数的基本内容。交通流量反映车流的数量和交通设施的需求状况，车辆速度和交通密度体现交通流从道路上获得的服务质量，三个参数的变化规律的反映了交通流的基本性质。交通流理论的研究离不开对此三大参数及其之间关系的研究。这三个参数具体含义如下：

车辆速度（V）：即车辆单位时间内的行驶距离，km/h。计算公式为

$$V = s/t \tag{8.1}$$

式中，s 表示车辆在某时间间隔内的运动距离，km；t 表示间隔时间，h。

交通密度（K）：指在单位长度车道上，某一瞬间所存在的车辆数，辆/km。计算公式为

$$K = N/L \tag{8.2}$$

式中，N 表示选定路段内的车辆数，辆；L 表示一个车道内路段长度，km。交通密度反映了城市道路交通的拥挤程度，交通密度越大，交通越拥挤。交通密度是在一段道路上测得的瞬时值，不仅随时间的变化而变动，也随观测点区间的长度而变化。

交通流量（Q）：也称为道路交通量，指时间（T）内通过某路段的车辆总数，辆/h。计算公式为

$$Q = V \cdot K \tag{8.3}$$

式中，V 表示车辆速度，km/h；K 表示交通密度，辆/km。交通流量随时间和空间的不同而呈现数理统计规律的变化，是描述交通流特性最基本的参数。速度与密度呈反比关系，而流量与密度、速度与流量均存在最佳数值，当密度或速度超过某一数值时，交通量从最大值逐渐减小。

2. 其他交通流参数

交通流三个基本参数在具体的应用中又有不同的划分和衍生参数，可按交通性质、计时单位、流量特性进一步细分。

交通流量按交通性质可分为机动车流量、非机动车流量、混合流量及行人流量；按计时单位可分为秒流量（辆/s），1min、5min、15min 流量（辆/min、辆/5min、辆/15min），信号周期流量（辆/周期），白天 12h 流量（7：00～19：00，辆/白天 12h），白天 16h 流量（6：00～22：00，辆/白天 16h），周、月、年流量（辆/周、辆/月、辆/年）等；按流量特性可分为平均流量、最大流量、高峰小时流量和从最大值算起的第 n 位小时流量。

平均流量是取某一时段内流量的平均值（一般以辆/d 为单位），作为某一期间流量的代表。按其不同的目的可分为：

平均日流量（ADT）：任意期间的流量累计之和除以该期间的总天数所得的流量。

年平均日流量（AADT）：一年内连续累计流量之和除以该年的天数（365 或 366）所得的流量。

周平均日流量（WDT）：一周内流量之和除以周日天数（7）所得的流量。

月平均日流量（MADT）：一月内流量之和除以该月天数（28、29、30 或 31）所得的流量。

年平均月流量（AAMT）：一年内连续累计流量之和除以一年的月份数（12）所得的流量。

最高小时流量是在以 1h 为单位进行连续若干小时观测所得结果中最高的小时流量。其单位为辆/小时。既可用观测地点整个断面的流量来表示，也可用每一车道流量表示。按其用途分为：

高峰小时流量（PHT 或 VPH）：一天 24h 内流量最高的某一小时的流量。一般还分为上午高峰（早高峰）和下午高峰（晚高峰）小时流量。其时间的区划一般从 "n 点" 到 "$n+1$ 点" 整数区划。为研究分析目的亦可寻找连续 60min 最高流量（非整点到非整点）。

年最高小时流量（MAHV）：一年内 8760h（闰年为 8784h）中流量最高的某一小时流量。

第 30 位年最高小时流量（30HV）：一般简称为第 30h 流量。将一年中所有 8760h 的小时流量按顺序由大至小排列时其第 30 位的小时流量。

在交通流密度中，能够使道路上的流量达到最大值时的密度，称为最佳车流密度；而道路上发生交通堵塞时的交通流密度，称为堵塞密度。根据定义，密度基本上是在一段道路上测得的瞬时值，它不仅随时间的变化而变化，也随测定区间的长度而变化。为此，常将瞬时密度用某总计时间的平均值表示。此外，必须选择适当的区间长度，因为它与总计的时间有关。相应的区间平均车速（即路段平均车速）也可计算为某瞬间道路上某区间内全部车辆车速分布的调和平均值，或者定义为一批车辆通过某一路段时，其行驶距离与各辆车行程时间的平均值之比。若时间平均车速表征该路段的"点"车速，区间平均车速则表征了某观测路段的"线"车速。其数学表达式可分别写为

$$\overline{V}_s = \cfrac{1}{\cfrac{1}{n}\sum\limits_{i=1}^{n}\cfrac{1}{V_i}} \tag{8.4}$$

$$\overline{V}_s = \cfrac{1}{\cfrac{1}{n}\sum\limits_{i=1}^{n}t_i} \tag{8.5}$$

式中，V_i 表示区间平均车速；t_i 表示第 i 辆车行驶 1 距离所用时间；n 表示观测到的车辆数；1 表示行驶路段的长度。

由于车辆密度在实际应用中难以观测，通常用车头时距、车头间距和道路占有率等参数来间接描述（Toth and Grejner，2006）。道路占有率即车辆空间占有率（R_s）：是指在一定路段上，车辆总长度与路段总长度之比，也在一定程度上反映了道路交通的拥挤程度，表达式为

$$R_s = \cfrac{1}{s}\sum_{i=1}^{n}S_i \tag{8.6}$$

式中，R_s 为空间占有率；S 为观测路段总长度；S_i 表示第 i 个辆车的长度；n 是观测路段内的车辆数。

在基本的交通特征参数上还有一类综合性参数：车辆行驶里程（vehicle distance travel，VMT/VDT，）是指某一特定路网中所有车辆的行程数的总和，该参数常用于交通规划、尾气排放预测和交通环境影响评价。可以通过交通量和相应的路段特征估算各城市较准确的 VMT 值。VMT 值等于路段长度乘以估算的交通流量。在得到估算的路段流量以后，用路段长度 l_k 乘以估算的流量 $\widehat{V}_{k_t}^y$ 就可以得到 VMT（于雷等，2005）。

$$\mathrm{VMT}_{k_t}^y = \widehat{V}_{k_t}^y \cdot l_k \tag{8.7}$$

通过分析城市交通流的规律可以把握城市道路交通的发展现状，找出造成城市交通拥堵的原因，为解决城市交通问题提供支持。还可以预测未来交通的发展趋势，为城市交通规划和交通管理部门的正确决策提供科学依据。

8.2.2　城市交通流参数遥感获取技术

1. 交通流参数获取手段

交通参数获取和交通状态识别是交通需求分析、交通信息服务、交通控制与诱导的重要基础。传统的交通信息采集利用感应线圈、压电式检测器、视频检测器、微波检测器等地面监测设备实现。我国交通监控系统中应用最多的是感应线圈与视频检测器。感应线圈是基于电磁感应原理，当行驶车辆通过线圈时，引起线圈回路电感量变化而获知车辆的存在（尤三伟，2008）。视频监测器通过数字摄影设备连续获取时间帧不间断影像，通过图像处理，获取车辆记数、交通流量等参数。运动车辆视频检测方法包括光流法（Meyer and Denzler，1997）、帧间差分法（Neri et al.，1998）、背景差分法（Haritaoglu et al.，2000）等。

常规交通信息采集方法检测精度和可靠性不高，不能覆盖全部路段，不适合大范围检

测；获取的交通信息量较少，而且软硬件的成本费用高。即使在美国这样的发达国家，也只有25%左右的公路和城市区域布设了传统的监控系统，对交通进行常规的实时监测（Toth et al.，2003）。同时，由于获取的参数不直观、不具有空间特征，不利于大数据的挖掘分析。此外，数据处理分析工作量大，这些均会影响流量统计数据的准确性（McCord，2003）。

目前，交通流参数获取的代表性方法是利用输入的图像序列进行自适应的背景重建，通过目标分割和特征提取实现目标检测和运动跟踪，然后将HSV颜色空间特征应用于车辆目标匹配方法和快速非均匀量化算法用于跟踪发生融合的目标，最后对各交通流参数进行计算和统计（彭哲等，2008）。视频检测方法由于其设备姿态问题，车辆遮挡情况不可避免，使车辆检测与交通流参数采集精度受到较大影响。另外，视频设备的日常维护与维修会影响交通运输的正常进行，为出行带来不便。

传统的交通参数获取方法已难以满足城市交通中应用的需求，研究和实验更先进、更高效的交通参数提取方法就显得更加迫切。随着ITS的提出，虽然GPS技术具有实时、快速、灵活的定位导航功能，成为解决交通堵塞等问题的有效手段，目前采用浮动车来动态获取交通流参数，作为新的交通监控手段，在发达国家中已得到大批量应用；但由于GPS仪器的软硬件误差、城市高层建筑设施的遮挡等，影响了数据的精度和持续性（吴卉等，2006）。利用浮动车采集交通流参数在我国尚属起步阶段（乐均斌和张益鸣，2010），数据源缺乏自主性，相关软硬件普及程度不高，关键技术的研究仍受制于人（吴勇毅，2011）。高分辨率遥感技术能够获取高视角、大范围的地面影像数据，从高分辨率遥感影像图中可以获取交通流参数。并且由于传感器远离路面，与地面调查相比，既不会影响交通、也不会给地面调查人员带来危险，可大幅度降低实地调查的劳动强度和调查成本，提高路网信息采集的广度和全局性，因而它在交通上的应用得到国内外的广泛关注（Reinartz et al.，2006）。2002年美国科罗拉多州丹佛举行的交通遥感研讨会上，Walter等（2002）指出：遥感可以提供常规方法所不能提供的信息，交通系统的管理与运营中有很多需求可以由遥感来解决。

基于高分辨率遥感获取交通基础数据的同时，可进行车辆识别、分类与计数，间接获取交通量、行程时间、区间速度、占有率、拥堵点车队长度等截面和路段的交通参数，开展道路使用效率评价、机动车辆起点到终点的出行（trip）需求或出行规律（origin-destination，OD）调查等研究，有助于全面了解路域交通状况以及区域交通流量在时间、空间上的变化规律。高分辨率遥感技术与传统交通信息采集方式结合，将成为估算大范围交通参数的重要技术途径。卫星遥感也将成为动态交通信息获取的重要途径之一（王笑京，2003），极大满足智能交通对大范围、动态交通信息的需求，以及利用这些信息进行长、短期交通流量预测的需求（乐均斌和张益鸣，2010）。图8.4是基于遥感的区域车辆出行OD估算示意图，表8.1为相应的估算结果。

2. 交通流参数遥感提取

利用遥感手段可以快速获取城市道路交通发展现状及交通拥堵原因，为解决城市交通问题提供信息支持；同时还可以预测交通发展趋势，为城市交通规划和交通管理部门正确决策提供科学依据。遥感获取交通流参数，从获得平台上分为两种情况；一种是利用有人机、无人机和飞艇等航空平台上装载的摄像机，在飞行过程中拍摄的时间连续的航空序列影像来进行交通流参数监测；另一种是利用航天平台中卫星传感器获取的瞬时影像来监测。

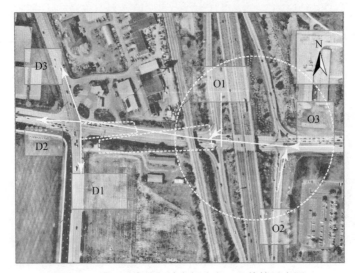

图 8.4　基于遥感的区域车辆出行 OD 估算示意图

表 8.1　基于遥感的区域车辆出行 OD 流估算

OD	D1	D2	D3	Sum(O)
O1				51
O2				55
O3				16
Sum(D)	34	82	6	122

注：D1 为到达目的地 D1 的车辆数量，D2 为到达目的地 D2 的车辆数量，D3 为到达目的地 D3 的车辆数；O1 为从 O1 出发的车辆数，O2 为从 O2 出发的车辆数，O3 为从 O3 出发的车辆数；Sum(O) 为从某起点出发的车辆总数，Sum(D) 为到达目的地的车辆总数。

1）航空遥感交通流参数提取

通过对时间序列的一组航空影像进行相对定向处理、车辆的识别和跟踪预测，可以建立起同一交通路段上每个车辆的非连续行驶轨迹。这样不仅能够获取道路行驶车辆的个数、行驶速度、车辆密度等参数，还能得到精细的车辆行为，分析交通堵塞原因，从而为道路交通规划提供参考。Mirchandani 等（2002）结合航空视频数据和 GPS 数据，从视频数据中直接估计车速，进而计算车辆密度、行驶时间、转弯数、排队长度等一系列交通参数，其工作流程如图 8.5 所示。

另外，Hoogendoorn 等（2003）在易发生交通堵塞路段，利用拍摄间隔时间小于 0.1s 的时间序列的航空灰度影像，自动获得单一车辆运动轨迹，建立数据采集模型，得到精细的车辆行为，了解堵塞原因，从而降低堵塞发生概率。Nejadas 等（2006）针对长时间段的航空视频影像，将 Hoogendoorn 等提出的算法进行了完善和补充，提出了结合尺度空间和光流量的车辆跟踪算法，达到了更好的精度要求。Reinartz 等（2006）对时间间隔为 2.9s 的连续重叠序列航空影像进行车辆检测，进而计算车速。具体的检测方法是先对相

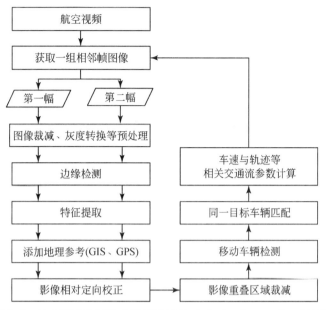

图 8.5　航空遥感交通流参数提取流程（Mirchandani et al.，2002）

邻时间拍摄的影像差分计算和 Sobel 边缘检测，提取出运动的车辆，然后通过相邻两幅影像上对应车辆（对前一影像车辆在前进方向的一定角度范围内搜索）的位移即在时间间隔内的行驶距离，计算出车速和车辆运行轨迹。更多的车辆目标检测算法请参考 2.3 节"4. 车辆目标影像特征与信息提取"部分。

在航空平台上搭载激光雷达扫描仪（LiDAR）与航空数字相机，也成为交通监测研究的一个热点。机载 LiDAR 用于获得高精度、高密度的车辆三维坐标数据，进而构建车辆目标的三维立体模型。美国俄亥俄州立大学的 Toth 和 Grejner-Brzezinska（2006）将具有高性能目标检测优势的 LiDAR 与较高的空间分辨率光学卫星相结合，识别车辆。雷达成像车辆检测与光学卫星相比，能够在缺乏光谱信息的情况下，生成精确的地表三维信息。因此，根据高度信息，就可以精确地将道路上的车辆检测出来，再根据一定时间内的车辆运动轨迹，就可以估算车速、车流量等交通参数，如彩图 8.4 所示。

航空遥感获取交通流参数具有灵活性特点，基于低空遥感平台的城市交通运行状态参数获取技术逐渐成为城市交通遥感空间信息技术应用研究的热点。2004 年，德国联邦教育科研部启动了"明天都市——可持续性发展的研究"科研项目计划，包括中国在内的 11 个国家的一些城市被列为研究对象。2007 年，合肥成为该项目中"中国百万人口城市交通系统"（METRASYS）的试点城市，围绕智能交通技术开展的"直升机/飞艇空中交通遥感检测技术研究和应用研究"是其中的四大主题之一（佚名，2009）。在 2008 年北京奥运会及 2010 年上海世界博览会大型活动期间，利用研究成果进行了试验，取得了较好的效果。但由于每次呈现获取数据的范围有限，再加上成本昂贵，其应用还是受到了很大的限制，大多数应用于应急情况下。

2）卫星遥感交通流参数获取

卫星遥感获取交通流参数最大的优势就是它可以大范围、而且可以不受天气条件等的限制。利用卫星遥感技术可以动态获取城市大范围路网中的车辆速度、交通密度和交通流量等交通流参数。

高分辨率遥感图像的分辨率优于米级，使对城市路段中车辆的检测成为可能，是其他交通流参数获取的基础。彩图 8.5 是利用 QuickBird 0.61m 全色影像与 1m 多光谱影像的融合图像进行车辆检测的结果，其中白色区域为检测出的车辆所在区域范围。

通过对特定路段车道上某一瞬间获取的高分辨率卫星遥感图像中所存在的车辆数，就可以对识别的车辆进行单位长度统计并得到交通密度（辆/km），从而判定出城市道路交通的拥堵程度。一般情况下，以车辆聚集长度、车辆间距作为判别条件，识别道路场景中的交通状态。根据我国公安部交通管理局和建设部城市建设司公布的《城市交通管理评价指标体系》中对城市主干路上机动车的平均行程速度的规定：拥堵状态下，车速 <20km/h，平均车速取粗略的估计值 10~20km/h；自由流状态下，车速 >30km/h。拥堵状态下，可根据背景和车队的影像特征（包括光谱的统计特征、长宽比形状特征的差异），计算道路占有率或者车流密度等参数；自由流状态下，可分别利用单个车辆的移动影子计算其移动距离。

在车辆检测的基础上，利用卫星瞬时影像可以进行交通流信息的提取，其关键在于车速信息的提取。Etaya 等（2004）、Zhang 和 Xiong（2006）以及 Liu 等（2011）利用 QuickBird 全色波段与多光谱波段的拍摄延迟，在单幅影像上计算运动车辆的车速。图 8.6 是高分辨率卫星影像进行车速估算的流程。首先，要将 QuickBird 数据的全色影像与多光谱影像进行目标匹配，然后建立车速估算的数学模型，计算在短暂的时间差内（约 0.2s）对应车辆移动的距离，进而得到车速信息。图 8.7 是利用 4 个场景的 QuickBird 卫星影像，对 13 个样本车辆的行驶方向和行驶速度进行计算的结果示意图。图中，车辆的行驶方向为箭头方向，箭头长度代表车速。

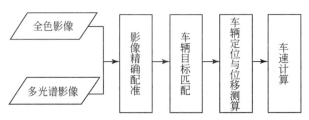

图 8.6　高分辨率卫星影像车速估算流程

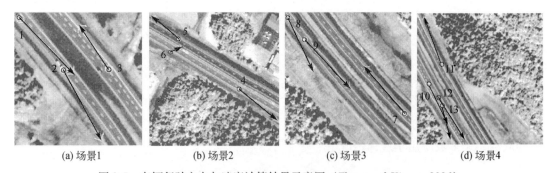

(a) 场景1　　　　　(b) 场景2　　　　　(c) 场景3　　　　　(d) 场景4

图 8.7　车辆行驶方向与速度计算结果示意图（Zhang and Xiong，2006）

综合性交通特征参数 VMT/VDT、AADT 等可为交通规划、尾气排放预测和交通环境影响评价等提供依据。传统的年平均日交通量（AADT）的计算是通过经验性的适应生长因子叠加到前一年的车辆统计数据上估算得到的。McCord（2003）提出了将遥感影像与地面设备采集数据结合提高估算交通流参数精度的方法。他利用了 8 景不同卫星影像和 6 景航空遥感影像进行了试验研究，在 14 条路段用地面调查估算结果进行了比较，最大误差仅为 0.3。由此论证了用同一地区不同时间获得的少量遥感影像估计年平均日交通量（AADT）和车辆行驶里程（VMT）的可行性。Jiang 等（2006）论证并扩展了这一观点，提出将 10 年内每年 1 幅遥感影像数据与当年地面实测数据加以不同的权重，可以得到更精确的 AADT参数，而这一权重是通过国家相关部分收集的统计信息得到的。该方法尚待验证。

国内外将遥感手段应用于交通流监测虽然已有 10 年左右的时间，但是研究内容还比较单一（集中在车辆个数、车辆长宽、车速、微观参数运行轨迹上），AADT 和 VMT 的估测只是停留在理论和模型阶段，缺乏足够的野外实测数据进行验证。遥感数据多使用航空平台搭载的摄影机或短时连拍照相机所获得的时间序列影像，结合单一瞬时卫星影像的交通参数研究尚停留在可行性验证阶段。而从我国目前国情来看，使用无人机等航拍视频数据的成本仍很高，应用于全国大范围的城市交通监测很难实现。另外，使用遥感影像实现交通流监测的前提是，在影像上获取足够准确的车辆目标。利用时间序列影像数据的车辆检测率比较高，平均能达到 90% 以上；但是在单一影像上进行车辆目标识别较困难，明色车辆的识别率可达到 70% 以上，甚至达到 90%，而暗色车辆容易与道路路面和阴影相混淆，识别率只有约 50%～70%。车辆个数的检测结果直接影响着车辆计数和交通流参数的计算（刘珠妹等，2012）。

8.3 城市交通应急

城市道路交通应急事件是指由各种自然、人为因素造成的对城市道路交通的正常运行造成巨大影响的事件。如暴雨、飓风、沙尘暴、大型运动会、商业活动、恐怖活动、大面积停电、交通事故等，都在不同程度上影响着城市道路交通的正常运行，给城市生活带来极大的不便和经济损失。例如，2011 年 6 月北京突降暴雨，多条道路积水超过 1m，导致地铁停运，出租车、公交车无法正常运营，造成极大的道路拥堵，许多市民被困在车站或是公交车上，给城市生活带来极大不便。我国自 2000 年以来，每年死于交通事故的人数都在 10 万人左右，平均每天有将近 300 人死于道路交通事故，其中致死率高达 17%，而发达国家仅为 2%。其中，交通事故应急工作不及时，紧急救援不力是造成我国交通事故死亡人数居高不下的重要原因。因此，对各种突发事件的应急监控和快速、高效地应对是现代城市交通中的重要问题，交通运输的发展对城市交通监控的需求日趋强烈。应急监控主要对灾害的危害程度和涉及范围，受灾区域的交通调度和组织以及救援机构的路径选择进行监控，为及时救灾和应急事件处理提供充足的数据和科学依据。

目前，常用的感应线圈、桥头传感器和固定摄像机等地面传感器获取的主要是主干道路的交通信息，而对那些作为市内道路网主体部分的支干道路或中小型道路上的交通状况很少涉及。遥感数据覆盖范围广、时效性强、精度高，能满足城市交通应急数据的实时性和准确性的要求。如航空遥感数据的空间分辨率可以达到厘米级，在如此高分辨的数据中城市道路、车辆、交通流量等交通应急所需要的信息都清楚可见。获取准确的数据之后，再借助 GIS 建模，配合通讯和网络技术，可以实现车辆和路网的动态监测、应急事件的快速响应和处理。

根据各种事件的形成机理和影响范围的不同，可以将道路交通应急监控分为：灾害监测、城市交通重大事件监控、城市交通事故监控（章锡俏等，2009）。以下从三个方面介绍遥感在城市交通应急监控中的应用。

8.3.1 城市交通灾害监测

当城市发生地震、洪涝、沙尘暴等灾害时，往往覆盖整个城市，涉及面广，易破坏城市交通基础设施，使城市交通受阻、通讯中断（如 2008 年汶川地震）。如不及时采取灾害应急措施，很容易引发次生灾害（如交通事故、电网瘫痪等）。因此，灾害应急监控对数据的及时性、数据获取速度和准确性要求较高。而发生自然灾害时，地面基础设施易受到损坏，使视频、感应线圈等传统设备无法使用，此时，可以说遥感是唯一能进行数据获取的手段，其可为城市交通灾害应急决策提供依据，降低灾害引起的损失。李京和宫阿郡（2005）研究了遥感技术在城市地震、城市洪涝、城市火灾和城市沙尘暴灾害监测与评估中的应用；雷添杰等（2011）研究了无人机航空遥感系统在灾害应急救援中的应用，展示了无人机航空遥感系统作为卫星遥感和载人航空遥感的补充手段，在灾害应急救援方面的应用前景。

利用高分辨率的无人机遥感及卫星遥感等手段获取的数据能够提取出遭受地震灾害的城市中建筑物，构筑物、道路和桥梁等基本要素的损毁信息，不仅节省了大量的人力和财力，还为抗灾赢得了时间。厦门、福州、上海、合肥、乌鲁木齐、自贡等城市均建立了城市防震减灾系统（戚浩平等，2004），可以在地震发生后，立即对地震灾区进行航空（航空摄影和录像）遥感监测，快速获取震区灾害信息和一些重点建筑物、道路破坏情况、交通状况等的数据，科学地指导工作人员进行应急抢救。

在城市火灾应急监测中，可以借助高空间分辨率遥感数据，如 IKONOS、QuickBird 等，以及航空数据，能够实现对城市火场的准确定位；利用中分辨率成像光谱仪（moderate resolution imaging spectrofoometer，MODIS）、TM 等热红外波段数据，可准确探测火源点，定量反演火灾场的温度、能量损失等参数；利用光谱分辨率达纳米级、波段数成百上千的高光谱遥感数据，可实现对城市范围内各种规模火灾的精准监测（李京和宫阿郡，2005），还可以得出火灾分布图以及灾害程度图等。再结合运用遥感技术获取的实时的城市交通状况可以辅助进行重点灾区优先救灾，道路交通疏导、消防调度决策和最佳路径的选择等。

在城市交通气象灾害应急监控系统中（任东峰，2007），利用航空遥感能够监测城市甚至更大范围的天气和交通信息，为城市交通自然灾害应急提供数据支持。利用气象卫星的高重复频率、雷达卫星不受云雨干扰、航空遥感应急反应的特点，将光学遥感数据和雷达遥感数据进行融合，能够实现对洪水等气象灾害的实时监测，及时获取城市气象灾害和交通信息。还可运用遥感数据重建城市 DEM，然后运用 GIS 的空间分析功能，得到洪水淹没的区域，灾区的道路、交通基础设施和建筑物等信息。再结合运用遥感数据获取的日常城市交通量和基础设施分布数据，可以快速评估出受灾区域的交通损失，为灾害应急决策提供依据。

自然灾害交通应急监控不仅包括对灾害信息的监控，还包括对应急设施和应急专用通道的监控，以使工作人员全面了解城市交通信息，为救灾部署提供全面、充分的数据。利用遥感技术可以及时发现应急专用通道的分布以及通道上的违规建筑和设施（专用通道上建设的大型高架、立交桥等易损毁设施）。在路径选择时，应避开交通流量大、容易拥堵的路段，选择出时间最短的路径。随着空间信息技术、数字通信技术和计算机技术等的发展，3S 技术的集成应用以及自然灾害监测体系的进一步完善，遥感在自然灾害监测、防治和灾后重建工作中将发挥更大的作用。

8.3.2 城市交通重大事件监控

道路交通重大事件主要是指节日、盛会（如运动会、博览会）、游行和外交活动。由于这类事件发生的时间、地点及规模是可知的，所以可以对相应的区域和线路运用遥感技术进行定点监控，一旦发生紧急事故可以在最短的时间得到事故现场的数据，并采取相应措施。目前，遥感在道路交通重大事件应急监控中的应用主要有：各道路口的视频监控和航空影像监控。由于卫星遥感数据分辨率有限，所以只能用于宏观的应急监控。下面列举一些遥感在重大事件应急监控中应用的例子。

2008 年北京奥运会期间，利用飞艇遥感技术对奥运通道的交通状况进行全面监测、预警，及时发布沿线公路交通流量、车辆速度、公路路况等交通运行状况（佚名，2011）。其中，由安装在道路上的交通事件检测器组成的交通事件自动检测报警系统，可在第一时间发现交通事故、路面积水等各种意外事件，自动报警并对事件过程全程录像。指挥人员根据这些遥感数据，使用警力定位系统迅速显示事件区域的警员、警车分布，然后指派最近的民警在最短时间内到达现场进行处理。意外事件自动报警应用以来，对交通意外事件的处理时间平均减少 3~5min，大大提高了对交通事件的快速反应和处置能力，保证了城市主干道的安全与畅通。当然，还需要常规的智能化区域交通信号系统通过埋设在路口的交通流检测器采集交通流信息。工作人员可以根据路网流量变化，实时调整车辆通行时间来优化车辆在道路空间的分布。从而大大提高了道路交通的通行效率，增强城市交通整体管控能力，使得城市交通综合通行能力提高了 15%。

2010 年，上海世博会期间应用的交通信息服务平台，充分利用飞艇遥感技术，实现对世博交通信息（各个路段或交通枢纽点的车速和客流数据）的全天候监控，为世博交通分析和决策提供数据支持。此外，运用遥感数据对美国恐怖袭击事件进行监控，监测事件发生的位置以及对交通基础设施的损坏情况等（Uddin and Emad，2002）。

随着遥感数据分辨率的提高和应用成本的降低，相信将会有越来越多的遥感技术应用于道路交通重大事件的应急监控之中。

8.3.3 城市交通事故监控

城市交通事故包括突发事件引起的事故和道路交通事故。突发事件是指由于人为因素或非人为因素使交通设施受到损害，交通秩序受到影响，对道路交通正常运营造成巨大破坏的事件。如火灾、大面积停电、危险品运输和恐怖事件。突发事件突发性强、危害大、不容易监控。因此，事故发生后，如果政府主管部门和其他应急救援单位获取的信息不足，或数据精度不高，就会严重影响应急救援行动的实施，延误最佳救援时机，导致事故影响范围扩大和巨大的经济损失。

道路交通事故是指在道路上行驶的车辆因违反道路交通管理法规等原因造成严重的人身伤害和财产损失，降低城市道路交通的运行效率，造成交通堵塞的事故。道路交通事故主要是由人为因素造成，一般发生在某一路段或交叉口。城市交通流量大，人口密集，如果不对交通事故及时处理，在事故发展阶段往往会引发二次事故（如交通堵塞、诸多车辆连续追尾、受伤人员伤势加重、引发火灾事故），导致事故规模扩大。

城市交通事故应急监控的根本任务是及时、准确地获取发生交通事故的信息，辅助协调各有关方面和部门采取紧急救援行动，最大限度地降低交通事故所造成的人员伤亡和财产损失，并尽快恢复城市道路的通行能力，避免发生二次事故，降低城市交通事故的损失。交通事故发生后，对事故信息准确快速地获取是减少事故影响范围和损失的重要手段。在此，遥感技术以其快速、准确、客观、全天候的特点，在城市交通事故应急监控中发挥着重要作用。

通过航空遥感技术、线圈监测、微波监测、气象监测、视频监测和浮动车信息采集技术和设备，收集有关气象、道路环境、交通流状况（交通流量、流速、区间行程时间）等信息。可以及时预测和发现应急事件的发生地点、规模及发展趋势，为应急反应决策及指挥提供可靠的依据。在应急事件现场可以根据遥感图像、视频影像和反馈信息，随时响应和调整应急救援措施，协调组织救援工作。以北京市城市道路交通应急系统为例，它由应急事件信息系统、应急事件决策系统、通讯系统和应急事件救援系统四部分组成，其系统框架如图8.8所示。

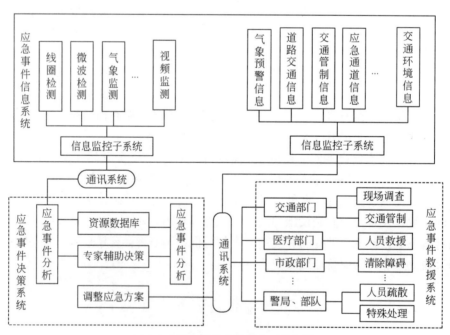

图8.8　城市道路交通应急系统框架

在城市交通事故自动报警系统中，也往往运用遥感技术，如"电子警察"，与电子警察监视设备相结合，可以识别地面很小的目标，及时掌握各大道路、路口近一段时间的交

· 192 ·

通信息。用监控系统代替传统的警车巡逻，能够及时、准确地发现路面突发情况，实现高效出警。系统通过连续监视路面情况，一旦遇到交通事故，或是出现交通拥堵和车流速降低的情况，就会自动报警；并及时将监控现场的视频图像切换到监控中心，以确保工作人员第一时间发现灾情，及时应对，减少损失。可以利用遥感影像第一时间确定事故发生的位置，通过视频检测器监测事故发生现场，及时了解事故状况，或结合遥感数据运用 GIS的空间分析和模拟工具模拟交通事故的发展过程和趋势，辅助进行快速、准确的交通疏导（安楠，2004）。

发生火灾时，利用视频监控和热红外遥感技术快速获取火灾现场的数据，结合以往获得的城市交通、交通流量分布和消防部门分布数据，综合分析灾害规模趋势和救灾路线、人力部署等，为救灾抢险提供科学依据。

遥感与先进的通信、图像处理、电子和计算机技术，结合可视化指挥调度、数字录音、GIS、GPS、视频监控、视频会议等多种智能应用平台，在地铁、公交、出租、长途客运等交通日常调度以及应对自然灾害、事故灾难等突发事件的应急预案调度指挥中也随处显示其重要作用。

8.4　城市交通基础设施运营管理

城市交通基础设施主要包括城市内部交通和连接城市对外交通的基础设施。例如，城市道路、城市轨道、交通运输枢纽、车站、加油站、停车场、交通标志（如道路上的指示箭头，信号灯等）和客运、货运交通工具。城市交通基础设施是联系城市各方面的纽带，是城市交通的载体，它的状况和管理直接关系到城市交通的运行效率。

目前我国城市交通基础设施的养护和管理水平较低，存在以下问题：

（1）城市道路路面情况监测较少，不能及时发现和修补损毁路面，造成城市交通不畅。

（2）缺乏必要的行人及自行车交通安全设施（包括行人及自行车道与机动车道之间的有效隔离设施，行人、自行车专用信号灯和安全岛）以及交通标志标线。由于我国城市中行人及自行车交通安全设施非常不完善，行人及自行车的交通通行权得不到保障，在客观上造成行人及自行车违章过街无法控制，很容易引发交通事故（徐兵和盛玉奎，2007）。

（3）交通标志标线指示不清或设置不合理，不符合人们的思维习惯。主要表现为：无信号控制道路交叉口停车让路标志，特别是行人及自行车过街横道前的停车让路标志的不完善，以及指引标志设置形式不当，道路衔接处缺乏必要的警告标志及限速标线；部分主干道上交通标志的位置、几何尺寸以及数量不符合驾驶员的驾驶特性。

（4）不能及时发现设置不合理的公交站台。公交站台设置不合理的现象在城市中很普遍。例如，公交站点离居民区较远，很多中间有隔离带的道路上的公交换乘特别麻烦，要走很远的路才能找到。城市中设置很多单行道，导致行人过马路或是进行公交换乘要走很长的路才能找到过街天桥，给居民生活带来极大的不便。

（5）停车场少，分布不均。大城市中特别是中心区严重短缺停车设施，车辆大都停在道路、自行车道或人行道上，加剧了城市交通拥堵和交通事故的发生，严重影响城市交通的运行效率。

（6）我国在城市交通信息化和城市交通基础设施智能化管理方面基本上还是空白。

要解决这些问题，必须对城市交通基础设施有全面而准确的了解，要有大量充足的数据作为支撑。传统的人工调研的方法显然不能满足现代城市交通对数据的要求。而运用航空遥感、地面遥感（如车载测量）技术获取数据不仅速度快，精度高，而且还能节省大量人力、物力和财力，在城市交通基础设施养护和管理中发挥着重要作用。利用遥感对城市交通基础设施信息进行分析，可以发现违规设施或现有交通管理中不合理的问题和现象。例如，首先，运用高分辨率航空遥感数据对城市交通基础设施进行监测，获取交通基础设施的详细信息（安楠，2004）；然后，结合 GIS 的空间分析功能，发现城市交通基础设施配置的不合理问题，并给出解决方案等；接着，应用 GPS、摄影测量和遥感技术进行交通基础设施的病害监测，实现对桥梁、路基、路标等交通基础设施的变化检测；最后，通过 GIS 将病害与路网信息关联，做到实时监测、及时维修，保障交通基础设施的安全，确保交通系统的正常运转（李德仁等，2008）。

8.5 小 结

在城市交通问题越来越突出的今天，利用遥感技术不仅可使城市交通基础设施得到高效而合理的应用，也能在一定程度上为城市交通规划与建设、解决交通拥堵等现实问题提供新的解决思路和技术手段。本章对城市交通遥感在城市交通规划与优化、城市交通流参数监测、城市交通应急以及城市交通基础设施管理等方面应用进行了介绍。在城市交通规划与优化方面，遥感一方面可为城市道路选线提供沿线工程地质状况资料，利用 LiDAR 等遥感技术快速生成 DEM，结合 GIS 与虚拟现实等技术实现数字化城市道路选线和城市交通三维景观设计，为制定合理的城市交通规划服务。另一方面，可提供交通规划和优化所需用的土地利用、人口分布与出行情况和现有交通设施等基础数据。此外，通过对城市区域路网交通流参数遥感监测，为研究城市交通规律提供新的手段；在城市交通应急中，无人机遥感、飞艇遥感等手段可以突破地面条件限制迅速获取灾情和城市交通状况等。

参 考 文 献

安楠．2004．"3S"技术在北京市交通中的应用．科技情报开发与经济，14（9）：292～293

安实，王健．2002．城市道路动态信息采集系统结构设计．交通运输系统工程与信息，2（2）：59～62

陈华文．1990．航空遥感技术在上海市交通调查中的应用．遥感技术动态，8：55～59

程昌秀，严泰来，朱德海．2001．GIS 辅助下的图斑地类识别方法研究——以土地利用动态监测为例．中国农业大学学报，6（3）：55～59

冯甜甜．2010．基于高分辨率遥感数据的城市精细尺度人口估算研究．武汉大学硕士论文

郭勇涛．2007．交通小区人口遥感估算方法研究．东南大学硕士论文

贾承丽，赵凌君，吴其昌，等．2008．基于遗传算法的 SAR 图像自动道路提取．中国图象图形学报，13（6）：1134～1142

江东，杨小唤，王乃斌，等．2002．基于 RS、GIS 的人口空间分布研究．地球科学进展，17（5）：734～738

乐均鸣，张益鸣．2010．GPS 在交通系统和安保领域中的运用．现代商贸工业，4：322

雷添杰，李长春，何孝莹．2011．无人机航空遥感系统在灾害应急救援中的应用．自然灾害学报，20（1）：178～183

李德仁，李清泉，杨必胜，等．2008.3S 技术与智能交通．武汉大学学报信息科学版，33（4）：331～336

李京，宫阿郡．2005. 空间信息技术在城市安全防灾中的应用．建设科技，8：40～41

刘英，赵荣钦．2006. 遥感技术在中国城市环境监测中的应用研究进展．云南地理环境研究，18（1）：101～104

刘珠妹，刘亚岚，谭衢霖．2012. 高分辨率卫星影像车辆检测研究进展．遥感技术与应用，27（1）：8～14

陆化普．2006. 城市土地利用与交通系统的一体化规划．清华大学学报（自然科学版），46（9）：1499～1504

毛蒋兴，闫小培．2004. 国外城市交通系统与土地利用互动关系研究．城市规划，28（7）：64～69

米金套，王志石，何平．2009. 基于 Landsat TM 的澳门城市热场影响因素分析．生态与农村环境学报，25（3）：94～98

彭哲，吴炜，杨晓敏，等．2008. 基于视频的交通流参数智能检测系统研究．成都信息工程学院学报，2：147～151

戚浩平，蔡先华，王炜．2005. 利用高空间分辨率卫星遥感数据制作影像交通图．公路交通科技，22（11）：152～154

戚浩平，王炜，田庆久．2004. 高空间分辨率卫星遥感数据在城市交通规划中的应用研究．公路交通科技，21（6）：109～112

任东峰．2007. 高速公路雾区交通安全与监控系统的研究．长安大学硕士学位论文

孙琪．2010. 基于高分辨率卫星影像的交通流参数提取研究，北京交通大学硕士学位论文

谭玉敏，朱丽云，陈燕．2004.GIS-T 中的数据处理问题研究．测绘标准化，2：13～15

王春兰，陈健飞．2004.ASTER 高光谱影像提取地面人工建筑物信息的应用．地球信息科学，16（2）：106～108

王缉宪．2009. 国外城市土地利用与交通一体规划的方法与实践．国际城市规划，（S1）：205～209

王笑京．2003. 智能交通系统的现状和 2003 年的展望．交通世界，21：54～57

魏成阶，刘亚岚．2003. 扬州市服务区航空遥感土地利用遥感调查报告．中国科学院遥感应用研究所

吴卉，盛志杰，喻泉，等．2006.GIS/GPS 城市交通流监测系统中的地图匹配算法．计算机工程，7：237～239

吴健平，张立．2003. 卫星遥感技术在城市规划中的应用．遥感技术与应用，18（1）：52～56

吴勇毅．2011. 智能交通成"十二五"规划重点车联网概念迎来新机遇．通信世界，4：27

徐兵，盛玉奎．2007. 探究城市道路交通拥挤原因．山西科技，1：86～87

徐永健，阎小培．1999. 西方国家城市交通系统与土地利用关系研究．城市规划，23（11）：38～43

颜梅春，雷秀丽．2004. 基于高分辨率卫星 IKONOS 影像的城市道路信息提取研究．遥感技术与应用，19（2）：85～89

燕琴，张继贤，孙晓霞．2002.IKONOS 数据在土地利用动态监测中的应用方法研究．测绘科学，27（2）：40～42

杨清华，齐建伟，孙永军．2001. 高分辨率卫星遥感数据在土地利用动态监测中的应用研究．国土资源遥感，（4）：20～27

佚名．2009. "中国百万人口城市交通系统"在合肥全面启动．http：//www.hefei.gov.cn［2009-06-12］

佚名．2010. 谈北京奥运会与城市交通运输．http：//www.21its.com［2011-09-21］

尤三伟．2008. 高速公路常用车辆检测器的性能比较．甘肃科技，1：83～85

于雷，乔凤翔，刘娟．2005. 基于采样交通量与路段特征车辆行驶里程（VMT）估算模型．交通运输系统工程与信息，5（1）：38～46

宇林军．2012. 城市土地利用动态规划模型及 3D GIS 集成技术研究．中国农业大学博士论文

宇林军，潘影．2011. 服务式 2D、3D 结合 GIS 的核心问题及其解决方案．地球信息科学学报，13（1）：

58 ~ 64

宇林军，孙丹峰，李红. 2009. 基于紧密型二三维结合的 GIS 构架与系统实现. 地理与地理信息科学，25
（5）：17 ~ 20

章锡俏，隋丽娜，李士莲. 2009. 城市道路交通应急管理框架研究. 交通标准化，（7）：138 ~ 142

郑宏，胡学敏. 2009. 高分辨率卫星影像车辆检测的抗体网络. 遥感学报，13（5）：920 ~ 927

周君，刘伊主. 2005. 城市交通基础设施的网络分析与可持续发展. 城市交通，3（2）：21 ~ 24

周萍. 2002. 卫星遥感技术在内蒙多伦土地利用调查中的应用. 资源科学，24（6）：29 ~ 34

周绍光，刘娟娟，陈仁喜. 2010. 从高分辨率遥感影像中提取城市道路的新方法. 计算机工程与应用，46
（32）：216 ~ 219

朱长青，王耀革，马秋禾，等. 2004. 基于形态分割的高分辨率遥感影像道路提取. 测绘学报，33（4）：
347 ~ 351

朱元清，宋俊高，李平. 2002. 航片遥感在城市防震减灾系统中的应用. 自然灾害学报，1（3）：71 ~ 75

Bo H. 2003. Web-based dynamic and interactive environmental visualization. Computers, Environment and Urban
Systems, 27（6）：623 ~ 636

Etaya M, Sakata T, Shimoda H, et al. 2004. An experiment on detecting moving objects using a single scene of
QuickBird data. Journal of the Remote Sensing Society of Japan, 24（4）：529 ~ 551

Garin R A. 1966. Research note：a matrix formulation of the lowry model for intrametropolitan activity
allocation. Journal of the American Institute of Planners, 32（6）：361 ~ 364

Gecen R, Sarp G. 2008. Road Detection from high and low resolution satellite images. The International Archives
of the Photogrammetry, Remote Sensing and Spatial Information Sciences, XXXVII（B4）：355 ~ 357

Haritaoglu I, Harwood D, Davis L S. 2000. Real-time surveillance of people and their activities. IEEE Transactions
on Pattern Analysis and Machine Intelligence, 22（8）：809 ~ 830

Haverkamp D. 2002. Extracting straight road structure in urban environments using IKONOS Satellite
imagery. Optical Engineering, 41（9）：2107 ~ 2110

Hinz S, Bamler B, Stilla U. 2006. Theme issue：airborne and spaceborne traffic monitoring, ISPRS journal of
photogrammetry and remote sensing. Elsevier, 61（3 ~ 4）：135 ~ 136

Hoogendoorn S P, van Zuylen H J, Schreuder M, et al. 2003. Microscopic traffic data collection by remote sens-
ing. Transportation Research Board, 1855：121 ~ 128

Jensen J R, Cowen D C. 1999. Reomote sensing of urban/suburban infrastructure and socio-economic attributes.
Photogrammetric Engineering and Remote Sensing, 65（5）：611 ~ 622

Jiang Z, McCord M R, Goel P K. 2006. Improved AADT estimation by combining information in image-and
ground-based traffic data. Journal of Transportation Engineering, 132（7）：523 ~ 530

Knapp S, Bogdahn J, Coors V. 2007. Improve public participation in planning processes by using web-based 3D-
models for communication platforms. Paper presented at the REAL CORP 2007 proceeding, Tagungsband：Vi-
enna

Kraft W H. 2002. Improved Transportation Management and Operations Through the Use of Remote Sensing：The
fourth Pecora 15/Land Satellite Information Conference. Denver, Colorado

Langford M, Unwin D J. 1994. Generating and mapping population density surfaces within a geographical
information system. The Cartographic Journal,（31）：21 ~ 26

Langford M, Maguire D J, Unwin D J. 1991. The areal interpolation problem：estimating population using remote
sensing in a GIS framework. In：Masser L, Blakemore M（eds）. Handing Geographical Information：
Methodology and Potential Applications. New York：Longman Scientific & Technical/John Wiley & Sons,
55 ~ 77

Leontief W. 1967. Input-Output Economics. New York：xford University Press

Liu W, Yamazaki F, Tuong T V. 2011. Automated Vehicle Extraction and Speed Determination from QuickBird Satellite Images. IEEE Journal of Selected Topics In Applied Earth Observations And Remote Sensing, 4 (1): 75~82

McCord M R. 2003. Estimating AADT from Satellite Imagery and Air Photos Empirical Results. TRB 2003 Annual Meeting

Meyer D, Denzler J. 1997. Model Based Extraction of Articulated Objects in Image Sequences for Gait Analysis. Washington, DC

Miller J S, Hoel L A. 2002. The "smart growth" debate: best practices for urban transportation planning. Socio-Economic Planning Sciences, 36 (1): 1~24

Mirchandani P, Hickman M, Angel A, et al. 2002. Application of Aerial Video for Traffic Flow Monitoring and Management: Pecora 15/Land Satellite Information IV/ISPRS Commission I/FIEOS 2002 Conference Proceedings

Nejadas F K, Gorte B G H, Hoogendoorn S P. 2006. Optical flow based vehicle tracking strengthened by statistical decisions. ISPRS Journal of Photogrammetry & Remote Sensing, 61: 159~169

Ncri A, Colonnese S, Russo G, et al. 1998. Automatic moving object and background separation. Signal Processing, 66 (2): 219~232

Ogrosky C E. 1975. Population estimation from satellite imagery. Photogrammetric Engineering & Remote Sensing, (41): 707~712

Putman S H. 1983. Integrated Urban Models: Policy Analysis of Transportation and Land Use. London: Pion Limited

Reinartz P, Lachaise M, Schmeer E, et al. 2006. Traffic monitoring with serial images from airborne cameras. ISPRS Journal of Photogrammetry & Remote Sensing, 61: 149~158

Runge H, Suchandt S, Kotenkov A, et al. 2005. Traffic monitoring with TerraSAR-X: Proceedings of the International Radar Symposium IRS2005. Berlin

Salvini P. 2005. ILUTE: an operational prototype of a comprehensive microsimulation model of urban systems. Networks and Spatial Economics, 5 (2): 217~234

Samadzadegan F, Zarrinpanjeh N, Schenkb T. 2011. Swarm Based Urban Road Map Updating Using High Resolution Statellite Imagery [2011-11-01]

Shaw S L, Xin X. 2003. Integrated land use and transportation interaction: a temporal GIS exploratory data analysis approach. Journal of Transport Geography, 11 (2): 103~115

Su H Y, ZhaoH, Shibasaki R. 2003. Road Network Extraction from High-Resolution Satellite Image for GIS Applications. KSCE Journal of Civil Engineering, Surveying and Geo-Spatial Information Engineering, 7 (5): 595~602

Toth C K, Grejner-Brzezinska D. 2006. Extracting dynamic spatial data from airborne imaging sensors to support traffic flow estimation. ISPRS Journal of Photogrammetry & Remote Sensing, 61: 137~148

Toth C K, Grejner-Brzezinska D, Merry C. 2003. Supporting traffic flow management with high-definition imagery: Proceedings of Workshop on High Resolution Mapping from Space 2003. Hannover

Tupin F, Houshmand B, Datcu M. 2002. Road detection in dense areas using SAR imagery and the usefulness of multiple views. IEEE Transaction on Geoscience and Remote Sensing, 40 (11): 2405~2414

Uddin W, Emad A. 2002. Airport Obstruction Space Management Using Airborne LiDAR Three-dimensional Digital Terrain Mapping. CD Proceedings, Federal Aviation Administration Technology Transfer Conference. Atlantic City, May 2002

Waddell P. 2002. UrbanSim: modeling urban development for land use, transportation and environmental planning. Journal of the American Planning Association, 68 (3): 297~314

Wang J, Chen J, Ju W, et al. 2010. IA-SDSS: A GIS-based land use decision support system with consideration of carbon sequestration. Environmental Modelling and Software, 25 (4): 539 ~ 553

Wilson A G. 1967. A Statistical Theory of Spatial Distribution Models. Transportation Research 17B (1): 253 ~ 269

Xiao Y G, Tan T S, Tay S C. 2005. Utilizing edge to extract roads in high-resolution on satellite imagery. IEEE International Conference on Image Processing, ICIP: 637 ~ 640

Zhang Y, Xiong Z. 2006. Moving vehicle detection using a single set of QuickBird imagery: ISPRS Commission VII Mid-term Symposium, Remote Sensing: From Pixels to Processes. Enschede, the Netherlands: 397 ~ 402

第9章 交通遥感应用展望

目前以公路、铁路、城市交通、航空、水路、管道运输等交通运输方式并存发展的局面在许多国家已经形成，呈现出一体化、物流化、智能化的发展趋势。根据交通发展规划，在"十二五"期间，我国除将部分精力继续放在交通基础设施建设上外，大多转移到以提高基础设施的使用功能与安全性和舒适性，改善交通对周围环境、人文景观的影响上来，进入到提高运输服务质量及运营管理水平的新阶段。

通过ITS发展缓解日益严重的交通问题的技术和方法，已经成为交通发展的主导科技和发展趋势。ITS通过实现人、运输工具及运输线路的智能化，降低国民经济成本，提高交通运输的效率和可靠性，以最小的资源消耗，为社会提供最全面的交通运输服务，最大限度地满足社会经济发展和人类生活所产生的运输需求。交通运输领域的每一次技术革命都意味着一个新的时代的到来，蒸汽机、汽车、远洋船……新技术让世界的面貌发生了根本的改变。公路、铁路、城市交通以及航空、水运、管道等交通运输方式都将在新技术的推动下在为社会创造更多财富的同时提供越来越便捷的服务。

遥感技术作为交通发展主导科技中的一项关键技术，与GIS、导航定位技术、仿真技术、互联网与物联网技术等的结合将推动交通运输信息化发展。特别是随着各国对地观测计划的实施，遥感进入到一个新的发展阶段。近年来迅速发展的InSAR，高分辨率与高光谱卫星遥感技术以及无人飞机、飞艇等低空遥感技术在交通建设中也开始逐渐展现其应用潜力。尤其是到2020年，我国将形成自主高分辨率资源卫星、雷达卫星、测图卫星和环境与灾害监测小卫星群，未来5年内将在空间、光谱与时间分辨率上出现新的突破，形成高、中、低轨道结合，大、小、微型卫星协同，粗、精、细分辨率互补的遥感网络；同时，无人机与飞艇遥感技术得到极大发展，为交通建设提供更丰富的数据获取手段。遥感在综合交通领域具有广阔的应用前景。

1. 公路交通遥感

以遥感技术为核心的空间信息技术在公路交通领域已从公路规划、建设到运营管理的各个环节得到广泛应用，提供较高精度大比例尺的地质环境、地形信息以及动态地表覆盖信息，生成三维DTM，彻底变革了传统的工作方式，大幅降低了公路建设工程项目的人力和时间成本；通过三维可视化技术建立公路地面景观模型，利用遥感进行环境评价和运营管理系统建设，推动了公路建设信息化与运营管理水平的提升。

随着遥感技术的不断发展，公路交通领域的应用也将随之更加深入。在公路规划和设计过程中，将可针对更高分辨率的遥感数据实现专题信息的智能化识别与自动分类提取，更高效地获取所需的信息；借助海量数据存储与管理及高性能计算技术，将推动以遥感、GIS、导航定位技术以及三维可视化技术为核心的公路三维可视化辅助仿真设计软件的问世，实现三维影像的自动生成，直观地进行工程边坡设计、路线平纵参数设计和计算工程量，使设计人员与数据的交互性更强，使设计更为灵活，大大提高设计的合理性与质量；

利用卫星图像和航空正射影像构建三维场景、模拟飞行、预览路线实地景观，实现室内选线。借助 GIS 可视化空间分析技术、网络技术、通讯技术与传感器技术等其他发展迅速的技术，提高公路交通领域各个环节工作的信息化与智能化程度，将成为实现公路交通现代化跨越式发展的直接动力。

2. 铁路交通遥感

遥感技术用于铁路勘测调查、选线规划、施工保障以及运营管理，大大减少了人力投入和工作成本，显著提高了工作效率和实施质量，使铁路的线路设计更加科学合理，使铁路施工建设更加安全可靠。尤其航空遥感技术在铁路选线地质调查、隧道勘查、水文调查以及桥梁选址中已经发挥了重大作用并产生了巨大的社会经济效益。随着遥感技术的发展和传感器种类的增多，可以提供的数据源将越来越多元化，遥感技术在铁路交通领域的应用范围也越加广泛，应用形式也将更加丰富。计算机技术和空间信息产业的发展，使 3S 技术与三维模拟、虚拟现实等技术结合更加紧密。

遥感数据源多元化发展将为铁路建设提供新的数据获取手段。近年来迅速发展的 InSAR、高分辨率、高光谱卫星遥感等新技术在我国铁路建设中开始逐渐展现其应用潜力。利用 InSAR 能够实现对铁路沿线区域细微的地表形变以及引发的路基沉降的连续监测；综合利用多源遥感数据获得铁路沿线基础设施的详细信息，可以为铁路运营管理系统的建立提供准确可靠的数据支撑；利用高光谱、雷达等遥感技术进行长期、连续、动态的沿线地质环境监测，并实现灾害异常信息的预警等，将成为遥感技术在铁路交通领域的应用趋势。随着遥感分辨率的提高，海量数据处理技术的成熟，虚拟现实技术中的铁路设计环境动态建模技术日益完善，动态仿真建模更为简便，同时现场的动态模拟效果将更为细腻、直观和生动。

3. 水路交通遥感

遥感技术在水路交通参数检测、水运环境监测以及港口规划中已经得到了广泛应用，并发挥了重要的作用。随着遥感基础研究的深入，对水体本身的光谱特性研究取得进展，悬沙浓度遥感反演已经成为港口、航道工程应用中泥沙信息的可靠来源。随着卫星遥感技术与图像处理技术的发展，遥感将成为港口、航道研究的一种新型、快捷、可靠且低成本的一种重要技术手段，尤其在水运环境监测及污染源识别、航道安全监测方面将更好地发挥作用。遥感技术用于港口、航道工程的研究是一个发展方向，前景十分广阔。

此外，信息化是 21 世纪现代交通运输的发展方向，作为综合交通一个不可缺少的环节，水运及其基础设施的信息化、数字化是必然趋势。在 3S 一体化技术的支持下，水路交通正向"数字航道"方向的发展，形成一个能够支撑整个水路交通信息化的信息资源共享平台及其相应的业务应用系统体系，为港口、航道的水运经济服务。

4. 航空交通遥感

随着遥感影像空间分辨率和光谱分辨率的不断提高，采用遥感技术为机场建设进行区域宏观地质环境调查、区域地形地貌以及环境状况评价，利用高分辨率卫星遥感和 LiDAR 获取系统生成高精度的 DEM，在此基础上叠加遥感图像、地理要素和文字符号标注等，制作遥感三维可视化图像，将机场勘查选址等各项工程应用到三维虚拟现实环境中，并结合 GIS 地理空间分析和三维可视化分析功能，直观、快捷地进行工程量计算、净空分析与环境评价，将成为航空领域遥感应用的趋势。

5. 管道运输工程遥感

以往管道设计和工程建设中的遥感应用主要是航空遥感，卫星遥感的应用尚处于尝试和摸索阶段。随着高分辨率卫星遥感技术的发展，卫星遥感在管道工程选线中的应用将得到普及。管道运输工程中遥感的发展趋势主要是利用更高分辨率的可见光（厘米级为主）与 SAR 遥感数据，获取复杂地貌和地物相对稠密地区的精确专题数据，使得数据达到管线工程选线的精度要求；采用激光雷达提高所获取高程的精度。遥感结合卫星导航定位技术，实现 GPS 导航选线定桩，减轻野外工作量、减少建设成本，逐步达到实用化要求；遥感技术在管道安全监测中的作用也将越来越受到重视，并将成为监测的主要手段；与GIS、卫星导航定位技术以及通讯技术等的结合与集成，使遥感应用越来成熟，并将最终进入管道运输工程规划、设计、建设与运营管理的数字化与自动化阶段。

6. 城市交通遥感

高分辨率遥感影像保证了地面信息的丰富性，可为地表建模提供详细的几何和语义信息。随着卫星遥感数据分辨率的提高以及卫星遥感星座的建立和完善，针对高分辨率遥感数据的道路、人口、交通量等和城市规划与管理相关信息的提取技术研究将得到加强；卫星遥感在车速调查、道路交通量调查、高峰时段车辆分布调查以及应急事件的管理和决策中将有望代替成本高、空中管制严格的航空遥感而成为主要的数据获取手段，使城市交通的数据成本大大降低，使城市交通卫星遥感应用走向实用化。随着信息技术的发展和信息化进程的加快，城市交通规划中的遥感应用将越来越受到重视。

二维信息已不能满足城市建设的现实需求，LiDAR、GPS 与遥感数据结合起来，获取三维、动态、实时的一体化地理空间信息进一步扩充了遥感技术在城市交通中的应用范围。遥感与虚拟现实和三维景观技术相结合，模拟城市交通规划的效果，实现三维城市交通数字化建设和管理；随着遥感技术及其信息处理技术的发展，城市交通基础设施管理、交通应急等是城市交通遥感应用的必然趋势；遥感与 GIS、GPS 相结合，协同建立完善的城市交通信息系统，实现对城市交通的智能规划以及土地利用与城市交通一体化规划、电子管理和自动应急处理，对海量交通信息高效、科学、数字化表达、管理和定量分析等，皆成为城市交通遥感应用的发展趋势。

综上所述，将遥感与相关空间信息技术及交通领域传统工作方法更有机地结合，即借助遥感技术高分辨率、高时频、多平台、多载荷，高效、灵活的数据获取手段，综合应用 2D 与 3D GIS、卫星导航定位技术、仿真技术、互联网、物联网技术等先进技术，建立安全、快捷、机动、智能、可靠、可持续的综合交通体系，使交通环境更加安全，交通运营管理更加智能，保障国家社会经济安全、促进社会经济发展，是综合交通技术发展的必然趋势。因而，遥感和其他空间信息技术一起将会成为未来国家空间基础设施建设中不可或缺的有机组成部分。与此同时，交通遥感也将作为遥感应用领域的一个分支，随着遥感技术的进步而得到广泛应用和深入发展。